EL PRINCIPIO

DOCTOR ALEXANDER LOYD

EL PRINCIPIO

El principio secreto para alcanzar
el éxito en la vida, el amor y la felicidad

Traducción de
M.ª CARMEN ESCUDERO MILLÁN

MADRID - MÉXICO - BUENOS AIRES - SAN JUAN - SANTIAGO

2015

Diseño de cubierta: Gerardo Domínguez

Editorial Edaf, S. L. U.
Jorge Juan, 68. 28009 Madrid, España
Tel. (34) 91 435 82 60 - Fax (34) 91 431 52 81
http://www.edaf.net
edaf@edaf.net

Algaba Ediciones, S.A. de C.V.
Calle 21, Poniente 3223, entre la 33 Sur y la 35 Sur
Colonia Belisario Domínguez
Puebla 72180, México
Teléfono: 52 22 22 11 13 87
edafmexicoclien@yahoo.com.mx

Edaf del Plata, S. A.
Chile, 2222
1227 Buenos Aires (Argentina)
edafdelplata@edaf.net

Edaf Antillas / Forsa
Local 30 A-2
Zona Portuaria Puerto Nuevo
San Juan PR00920
(787) 707-1792

Edaf Chile, S. A.
Coyancura, 2270, oficina 914. Providencia
Santiago, Chile
edafchile@edaf.net

2.ª edición, febrero de 2015

ISBN: 978-84-414-3526-1
Depósito legal: M-2084-2015

PRINTED IN SPAIN   IMPRESO EN ESPAÑA

COFAS, S. A. - Móstoles (Madrid)

El principio te enseña técnicas espirituales y mentales, como la imposición de manos, la meditación guiada y las afirmaciones, todo ello para ayudarte a alcanzar la plenitud en la vida. El programa no ofrece asesoramiento ni formación en materia de negocios y la intención de Alexander Loyd no es dar consejos para tomar decisiones concretas en el terreno económico.

¡A Hope! La mayor parte de las cosas hermosas de mi vida han brotado gracias a ti, incluida la información contenida en este libro. Lo que empezó con tanto dolor y tanta pena ha transformado ahora mi vida en «esperanza cumplida», y con creces. Si le son de provecho a alguien estas páginas, nunca habría sido posible sin ti.

Gracias por aguantarme. Sé que es un trabajo a tiempo completo. ¡TE QUIERO!

Índice

Agradecimientos 13

Introducción. *Vida más allá de la voluntad* 15

PARTE I
FUNDAMENTOS DEL *GRAN PRINCIPIO*

Capítulo 1. *Identificación de tu meta fundamental de éxito.* 43

Capítulo 2. *Memoria celular* 75

Capítulo 3. *La física espiritual de la verdad y del amor* . . . 101

PARTE II
CÓMO FUNCIONA EL *GRAN PRINCIPIO*

Capítulo 4. *Las tres herramientas para desprogramar y reprogramar el disco duro humano y su* software 137

Capítulo 5. *Metas de éxito en lugar de metas de estrés* 217

PARTE III
PUESTA EN MARCHA DEL *GRAN PRINCIPIO*

Capítulo 6. *Diagnósticos básicos: identifica y sana la fuente
de tus problemas para alcanzar el éxito* 241

Capítulo 7. *El plan de éxito del* Gran principio 269

Guía rápida. *Los diez pasos del Plan de éxito del* Gran principio 297

Conclusión. *Ama de verdad* 299

Epílogo. *Espiritualidad práctica* 305

Otros recursos 327

Sobre el autor 331

Agradecimientos

Un agradecimiento especial a ti, Kathleen Hagerty, que me ayudaste a sacar todo esto de mi cabeza y de mi corazón para plasmarlo en papel y ¡lo hiciste de maravilla!

A Amanda Rooker, que recibiste un manuscrito realmente burdo y supiste darle sentido; no habría podido hacerlo si ti.

A Harry, Hope y George, gracias por aguantarme cuando tomaba notas y escribía en los momentos más inoportunos, y por quererme a pesar de todo.

A Dios, por darme algo sobre lo que escribir. ¡Soy todo vuestro!

Introducción

VIDA MÁS ALLÁ DE LA VOLUNTAD

Este libro trata sobre cómo llevar la vida más allá:

más allá de la voluntad,
más allá de lo corriente,
más allá de tus temores,
más allá de tus circunstancias,
más allá de tus esperanzas y de tus sueños.

Siempre creí que era posible vivir una vida más allá de todas estas dimensiones. Pero solo cuando perdí lo que más me importaba encontré realmente el modo de hacerlo.

Aunque los conceptos que aprenderás en *El principio* son ancestrales, la ciencia más puntera que confirma estos conocimientos es muy nueva, de vanguardia, como lo es el procedimiento paso a paso que aprenderás y que te permitirá no solo elegir esa vida más allá, sino empezar a vivirla desde este preciso momento.

Me costó veinticinco años descubrir y pulir este método, pero creo que finalmente puedo ofrecértelo.

Lo he llamado «el principio más grande del mundo y que casi nadie conoce».

Antes de seguir adelante, me gustaría hacer una pregunta al lector: ¿cuál es tu mayor problema o tu potencial no realizado? ¿Qué es lo que buscas? ¿Cuál es ese aspecto en tu vida al que tendrías que enfrentarte en primer lugar, o que tendrías que poner en marcha o

sobre el cual no estaría de más agitar una varita mágica? Te pido
que no sigas leyendo hasta que tengas en el pensamiento al menos
un aspecto de tu vida que necesites arreglar, aunque lo hayas probado ya todo para superarlo y nada haya funcionado. Piensa en algo
que deba ser rescatado del fracaso o de la mediocridad para que
puedas alcanzar el éxito.

Creo que el *Gran principio* es esa varita mágica que necesitas.
Soy consciente de que esta afirmación suena algo presuntuosa, pero
lo digo únicamente porque, a lo largo de los últimos veinticinco
años de actividad profesional, he observado que ha funcionado
prácticamente en el 100 por cien de los casos de los clientes que he
conocido. Creo que puedes aplicar el procedimiento que se describe
en este libro a cualquier aspecto de tu vida y ver cómo se transforma
de oruga en mariposa.

Deja que adivine lo que te está pasando por la mente en este momento. Estás pensando: «Ya he oído esto antes». Efectivamente lo
habrás oído cientos de veces y, en el caso de algunos de vosotros,
lo habréis oído tantas veces que no podréis creer que os esté contando todo esto. Pensaréis: «Ya está, otra panacea que promete el
oro y el moro y te deja luego exactamente donde empezaste». Si
esto es lo que te pasa por la cabeza, lo entiendo. Yo he pasado por
lo mismo. Pero necesito contarte un secreto sobre toda la industria
montada en torno a la autoayuda y el éxito personal: registra un índice de fracaso del 97%.

Autoayuda: un índice de fracaso del 97%

Casi todos hemos leído o nos hemos imaginado que la inmensa
mayoría de los programas de autoayuda y éxito personal fracasan.
Si funcionaran, no tendríamos que estar buscando uno nuevo cada

año, ¿no crees? Y la «industria» que gira en torno a esta actividad (por valor de 10.000 millones de dólares anuales solamente en Estados Unidos)[1] se vendría abajo, porque si existiera un programa que realmente funcionara para todo el mundo, todos viviríamos felices y sanos y tendríamos una vida plena. Por ejemplo, una de las categoría de libros superventas no de ficción es la de los títulos dedicados a la pérdida de peso. Ahora bien ¿quiénes piensas que van a comprar este año esos libros para perder peso? Respuesta: los mismos que los compraron el año pasado, ¡porque los libros del año pasado no funcionaron! Pero el secreto no es que la mayoría de esos planes de autoayuda y éxito personal fracasen, sino que *los expertos de la industria del éxito personal lo saben.* Y el índice de fracaso es mucho más alto de lo que pensábamos.

Según los expertos, el porcentaje de fracaso en la industria del éxito personal (que abarca libros, conferencias, cursos, programas y mucho más) es de alrededor del 97%. Sí, has leído bien, del 97%. Mi colega y amigo Ken Johnston dirigió la mayor compañía que se dedica en Estados Unidos al desarrollo personal y ha declarado abiertamente lo que la mayor parte de los expertos en este campo solo se atreven a susurrar a puerta cerrada: que la media de éxito es de alrededor del 3%. Sobre la base de ese 3% de resultados positivos se consiguen testimonios suficientes para que la publicidad de este gran negocio pueda ofrecer una máquina de éxito que funciona para todo el mundo. Sin embargo, *según su propia experiencia,* no es así.

Pero lo que es aún más interesante es que la inmensa mayoría de estos programas siguen el mismo esquema:

---

[1] Timothy D. Wilson, «Self-Help Books Could Ruin Your Life!», *The Daily Mail online,* 15 de agosto de 2011, www.dailymail.co.uk/femail/article-2026001/Self-help-books-ruin-life-They-promise-sell-millions.html#ixzz1ovSZDP2z.

1. Céntrate en lo que quieres.
2. Crea un plan para conseguirlo.
3. Pon en marcha el plan.

Así es. Escoge un programa, libro, médico o mentor y muy probablemente te enseñará alguna versión de este modelo. De hecho, puedes retroceder en el tiempo hasta el libro esencial de autoayuda *Piense y hágase rico*, de Napoleon Hill, publicado originalmente en 1937 y que ha sido dado a conocer a través de otros libros y programas a lo largo de los últimos sesenta y cinco años. Céntrate en el resultado que deseas alcanzar, crea un plan y utiliza tu fuerza de voluntad para ponerlo en práctica.

La fórmula tiene sentido ¿verdad? Claro que tiene sentido. Es lo que hemos estado escuchando toda la vida. El problema es que no va a funcionar. De acuerdo con el último estudio realizado por las universidades de Harvard y Standford, que tratamos con detalle en el capítulo 1, este paradigma no solo es ineficaz, sino que para un 97% de la gente es un auténtico plan para el fracaso.

¿Por qué? El esquema clásico de autoayuda en tres pasos —identificar lo que quieres, hacer un plan y trabajar sobre ese plan hasta conseguir eso que quieres— se basa en dos componentes: esperar un resultado final externo (pasos 1 y 2) y confiar en la herramienta de la fuerza de voluntad (paso 3). Tal y como veremos en el capítulo 1, las expectativas provocan en sí mismas estrés crónico, hasta que se alcanza —o no— el resultado final. Por otro lado, la ciencia médica ha demostrado en repetidas ocasiones que el estrés es el origen clínico de casi cualquier problema que podamos tener en la vida y que, en esencia, es una garantía de fracaso. La dependencia de la fuerza de voluntad (paso 3) también asegura prácticamente el fracaso, porque la voluntad depende de la fuerza de la mente consciente. Como veremos también en el capítulo 1, nuestro subconsciente y nuestras actitudes inconscientes son literalmente *un millón de veces* más fuertes que nuestra mente consciente, de modo que si, por cualquier razón, nuestro subconsciente e inconsciente se oponen directamente a nuestra voluntad, nuestra mente consciente perderá la partida. Por otro lado, tratar de «forzar» con la voluntad un resultado que nuestro inconsciente está bloqueando dispara el grado de estrés, activando la causa de prácticamente cualquier problema que tengas en la vida.

En otras palabras, la razón por la cual en los últimos sesenta y cinco años se ha registrado un índice de fracaso del 97% es que el modelo aceptado enseña literalmente a fracasar. Los estudiantes que aplicaron ese procedimiento estaban aprendiendo estrictamente lo que se les estaba enseñando. Este es el factor decisivo: si las expectativas nos conducen de forma inherente al estrés y, por otro lado, la probabilidad de alcanzar la felicidad y el éxito mediante nuestra voluntad es de uno entre un millón (y da lugar a más estrés), entonces este modelo no solo garantiza que no lograremos la felicidad ni el éxito a largo plazo, sino que, además, su aplicación hará que las cosas vayan *incluso peor* que si, en primera instancia, nunca hubiéramos aplicado el modelo.

Puede que te preguntes: *si este modelo es un plan para el fracaso, entonces ¿por qué me parece tan correcto y natural?* Existen tres razones:

1. **Es una tendencia innata.** La tendencia a centrarte en el resultado final es innata y se conoce también como programación estímulo/respuesta o de búsqueda de placer/evitación del dolor. Forma parte de tu instinto de supervivencia y es lo que utilizaste de manera casi exclusiva durante los primeros seis u ocho años de vida: querías un helado, planeabas conseguir un helado y lo hacías todo por conseguir ese helado. Esta

es la razón por la cual te parece tan natural. El problema es que se supone que, cuando ya somos adultos, no vivimos de este modo, a no ser que nuestra vida corra peligro inmediato. A partir de los seis u ocho años empezamos a vivir de acuerdo con lo que sabemos que está bien y es bueno y, en general, sin tener en cuenta el dolor o el placer implicados (explicaré también más detenidamente este aspecto en el capítulo 1). De modo que, en esencia, si vivimos según este modelo siendo ya adultos, estamos actuando como si tuviéramos cinco años, aunque no lo sepamos.

2. **Es lo que ves que hace todo el mundo.** En otras palabras, este modelo es el que has visto proponer como el enfoque correcto en prácticamente cualquier contexto: ves algo que quieres, piensas en la manera de conseguirlo y utilizas tu fuerza de voluntad para lograrlo. Lo has aprendido de tus compañeros, de tus profesores, de tus padres.

3. **Es lo que los expertos han venido enseñando durante los últimos sesenta y cinco años.** Como ya he dicho, este modelo ha constituido la base prácticamente de todos los *best seller* y programas de autoayuda durante cerca de siete décadas.

La metodología típica de los programas de autoayuda y éxito personal de hoy en día no solo está anticuada, sino que era defectuosa ya en origen. Pero realmente no necesito estadísticas ni estudios para saber que perseguir un resultado final con mi fuerza de voluntad es un plan seguro de fracaso. Lo sé por experiencia.

Hace unos veinte años, estaba trabajando como consejero de adolescentes y de sus familias, para ayudarles a seguir el camino correcto y a tener éxito en la vida. Como parte de mi preparación había aprendido a seguir este clásico plan de autoayuda y lo había aplicado durante años en todas las esferas de mi vida. Sin embargo, vi que fracasaba en mi trabajo con los adolescentes. Es más, estaba fracasando también desde el punto de vista económico, hasta el punto de llevarme a la quiebra. Aunque mostrara una cara feliz, por dentro estaba destrozado. Durante años había estado buscando respuestas paras saber cómo ayudar a la gente —y también a mí mismo— a alcanzar el éxito en la vida: a través de la religión, la autoayuda, la psicología, la medicina y el asesoramiento de personas merecedoras de mi respeto. Nada funcionó. Y, por supuesto, me echaba la culpa a mí mismo, no a las enseñanzas. «¡No me estoy esforzando lo suficiente, o no lo estoy haciendo bien!», me decía a mí mismo.

Estaba a punto de tirarlo todo por la borda, porque sentía que no podía seguir viviendo de ese modo. Recuerdo que pensaba: *¿cómo lo he estropeado todo tan deprisa?* Tenía poco más de veinte años y sentía que había fracasado en todas las áreas de mi vida. Pues bien, al parecer me quedaba todavía bastante por hacer.

Una tormentosa noche de domingo de 1988, después de tres años de matrimonio, mi mujer, Hope, me dijo que «tenía que hablar conmigo». A pesar de que ya me había dicho antes eso mismo miles de veces, nunca lo había hecho como aquella vez. Supe en mi interior que algo iba mal, y estaba en lo cierto. Estuvo un rato, que se me hizo eterno, mirándome a los ojos. Tenía la voz temblorosa, pero aseguraría que estaba tratando de que fuera firme. «Alex, necesito que te vayas de casa. No soporto ya seguir viviendo contigo.»

Yo crecí en una familia al estilo italiano. Discutíamos y nos peleábamos constantemente por todo, desde política hasta religión, pasando por lo que íbamos a hacer el fin de semana. Sin embargo, en este momento tan importante de mi vida no tuve ninguna palabra de oposición que pronunciar. Todo cuanto pude decir fue: «Está bien».

De modo que me fui. Aturdido, hice una pequeña maleta con lo imprescindible y me marché sin hacer ruido y sin decir nada más. Me fui a casa de mis padres y pasé toda la noche en el patio trasero, orando, pensando, llorando… sintiéndome como si estuviera muriendo por dentro.

Lo que no sabía en ese momento es que aquello era lo mejor que me podría haber ocurrido. Durante las seis semanas siguientes experimentaría el cambio de rumbo más positivo de toda mi vida. Acababa de ingresar en una suerte de «escuela espiritual», donde iba a aprender la clave de todas las cosas: lo que he decidido llamar «el principio más grande del mundo y que casi nadie conoce».

Pero aquella noche sentí como si se me escapara la vida. Me preguntaba, una y otra vez: «¿Por qué está ocurriendo esto?». Era una pregunta acertada, porque si había algo en lo que yo debería haber tenido éxito, era mi matrimonio. Cuando Hope y yo nos casamos, estábamos más preparados para el matrimonio que nadie que conociéramos. En nuestra primera cita fuimos a un parque, extendimos una manta sobre la hierba bajo el cielo de una hermosa noche estrellada y *hablamos*. Y hablamos. Y hablamos. Así es. Durante seis horas seguidas, hablamos. No paramos de hablar, de lo que fuera. Y esa fue solo la primera cita.

Cuando nos quedábamos sin temas sobre los que conversar, leíamos algún libro juntos. Conseguíamos el mismo libro —sobre relaciones personales o algún otro tema que nos interesara a los dos— y lo leíamos cada uno por nuestra cuenta, subrayando y tomando notas. Después, cuando quedábamos, comparábamos notas y decidíamos la siguiente lectura. Acudimos *voluntariamente* a sesiones de asesoramiento prematrimonial. Nos sometimos a pruebas de personalidad, las comparamos y hablamos con nuestros consejeros sobre posibles problemas y sus soluciones. Se puede decir que, cuando llegó el día de la boda, el 24 de mayo de 1986, estábamos preparados.

Bueno, nosotros *pensábamos* que estábamos preparados. De hecho, menos de tres años más tarde, ella no podía ni verme y yo también me sentía muy infeliz. ¿Por qué?

Aquella noche, en el patio trasero de la casa de mis padres, fue cuando comenzó mi verdadera formación. Escuché una voz en mi cabeza que pensé que era la de Dios. Esa voz me dijo algo que yo no deseaba oír, algo que, de hecho, me ofendió. Después, aquella voz me hizo tres preguntas que me llegaron muy hondo y que durante las siguientes seis semanas me desprogramaron y reprogramaron hasta lo más profundo de mi ser. Ya nunca volvería a ser el mismo. Aquellas tres preguntas se convertirían en el inicio del Plan de éxito del Gran principio (que puedes encontrar en el capítulo 7). Me ocurrió en un instante, pero tardaría los siguientes veinticinco años de mi vida en averiguar exactamente cómo aplicarlo a cualquier persona que lo requiriera. De hecho, tal y como existe hoy en día, se podría decir que es exactamente lo contrario del típico plan de autoayuda en tres pasos. Y además tiene exactamente el efecto contrario: un índice de éxito del 97% o superior, basándome en mi experiencia, frente al índice de fracaso del 97% del clásico plan de autoayuda en tres pasos de los últimos sesenta y cinco años.

Cuando llevábamos alrededor de seis semanas separados, Hope aceptó de malagana acudir a una cita para vernos de nuevo. Más tarde me diría que la primera vez que me miró a los ojos ese día supo que no era el mismo hombre. Y estaba en lo cierto. Aunque por fuera pareciera el mismo, me había transformado en una persona completamente distinta por dentro. En aquel momento no me lo dijo y no bajó la guardia, pues lo había pasado muy mal. Pero el resultado era inevitable e irremediable.

Aunque más tarde pasamos momentos difíciles por la salud de Hope y por problemas económicos [2], las cosas más importantes

---

[2] Para más información sobre el proceso de curación de Hope y sobre el conjunto de recursos que han contribuido a sanar los más diversos síntomas físicos y emocionales en el plano subconsciente, consultar mi libro *El código de curación*

de nuestras vidas no volvieron a ser las mismas. El *Gran principio* me había transformado, y seguía transformándome. Y Hope estaba comenzando también a experimentar esa misma transformación.

A partir de aquel día empecé a enseñar el *Gran principio* a todo el que podía, incluidos los adolescentes y los padres con los que trabajaba en aquel momento. No importaba cuál creían que era su problema, no importaba de qué pensaban que tenían que ser rescatados: lo que realmente debían conocer era el *Gran principio*. En pocas palabras:

Prácticamente cualquier problema, así como la ausencia de felicidad y de éxito, tiene su origen en un estado interior de miedo, incluso los problemas físicos. Y ese estado interior de miedo se debe a un déficit de amor en relación con esa cuestión en particular.

Otra manera de referirse a la respuesta de miedo es «respuesta de estrés». Si el miedo es el problema, entonces el antídoto es el amor. En presencia de amor verdadero, no puede existir miedo (excepto en una situación que suponga una amenaza inminente para la vida). Esto puede sonar muy teórico. Afortunadamente, en los

---

(Edaf, Madrid, 2011), escrito en colaboración con el doctor Ben Johnson. Quienes estén familiarizados con los códigos de curación tal vez se pregunten por qué razón mi esposa no utilizó el *Gran principio* para resolver su problema de salud. En primer lugar, por aquel entonces, aún no estaba configurado por completo. Me llevó varios años desarrollarlo hasta el punto de poder aplicarlo en mi consulta y, en aquella época, todavía estaba en fase de definición y desarrollo de dos de las tres herramientas que se describen en este libro. Sin embargo, lo más importante sea tal vez que, en la época en la que estaba desarrollando el *Gran principio*, había probado ya tantas cosas para intentar abordar los problemas de Hope (ninguna de las cuales funcionó) que, lógicamente, ella buscó su propio camino. Poco después llegaron los códigos de curación.

últimos años se han realizado estudios para respaldar científicamente tal afirmación (aspecto que trataremos extensamente en este libro). Todo, incluso las cuestiones relacionadas con los logros y las circunstancias externas, tiene relación con tu estado interior de miedo o de amor.

Cuando comencé mi trabajo como terapeuta, esto es lo que empezaba a enseñar a cada cliente que entraba en terapia: no importaba cuál fuera su problema inicial —salud, relaciones personales, éxito, ira, ansiedad—, yo consideraba que la fuente subyacente era siempre un problema de amor/miedo. Si el amor podía reemplazar al miedo, sus síntomas mejorarían, algo que no se podía conseguir de ningún otro modo.

Pero pronto descubrí un problema: el mero hecho de decir a la gente que «amara» no funcionaba. Hacer que leyeran, estudiaran y meditaran sobre antiguos manuscritos y principios pocas veces funcionaba. Intenté enseñarles a «hacer» lo que mi transformación interior me había llevado a hacer de forma natural, pero prácticamente nadie lo conseguía. Adivina: estaba enseñándoles el plan de fracaso en tres pasos ¡y no me daba cuenta! Estaba diciéndoles que cambiaran su pensamiento consciente basado en el miedo por un pensamiento basado en el amor, que cambiaran sus emociones basadas en el miedo por emociones basadas en el amor y su comportamiento basado en el miedo por un comportamiento basado en el amor. En otras palabras, ¡estaba diciéndoles que se centraran en las expectativas de resultados finales externos utilizando su fuerza de voluntad! Varios de mis clientes dijeron: «Sí, muchas gracias por el consejo». Otros dijeron con sarcasmo: «Sí claro, empezaré hoy mismo después de comer». Luego me di cuenta de por qué eran tan cínicos: ya habían intentado vivir de ese modo y no habían podido, del mismo modo que yo lo había intentado en incontables ocasiones en mi vida antes de aquella noche en casa de mis padres, y tampoco yo había sido capaz.

Aquella noche, y durante las seis semanas siguientes, me había sucedido algo real y transformador, algo que yo he llamado «*ajá*» transformacional. No es que aquella noche simplemente «decidiera» amar y empezara a hacerlo con toda mi voluntad. Algo sucedió en un instante que reemplazó mi miedo interno por un estado de amor y me hizo amar de manera natural, de un modo en el que, sencillamente, yo no había podido amar antes, y sin tener que ejercer fuerza de voluntad. Vi la verdad de un modo en el que no la había visto nunca antes y «sentí» y comprendí profundamente lo que era el amor, y supe que era verdadero. Inmediatamente empecé a pensar, a sentir, a creer y a actuar desde el amor y no desde el miedo, desde la paz y no desde la ansiedad; la luz inundó mi oscuridad y comencé sin esfuerzo alguno a hacer cosas que difícilmente habría podido hacer antes, ni tan siquiera obligándome a mí mismo.

Piensa en el cerebro como en un disco duro de ordenador: pues bien, fue como si mi cerebro hubiese sido desprogramado y reprogramado al instante en lo referente a las cuestiones de miedo y de amor. Fue como cambiar un paquete de *software* por otro. Para ser honestos, este «ajá», esta relevación transformacional, fue algo así como una visión en la que, en apenas un instante, vislumbré la verdad sobre el amor, y me aferré a ella. Einstein escribió acerca de una experiencia similar referente a su teoría de la relatividad. Se vio a sí mismo, en su mente, cabalgando sobre un rayo de luz y consideró esta visión como el comienzo de su famosa teoría ($E = mc^2$). Toda la verdad se le reveló en un instante, pero necesitó doce años para demostrarla matemáticamente.

Pronto comprendí que no puedes tener un «ajá» transformacional simplemente porque desees tenerlo. Me di cuenta de que todavía no «había dado con la fórmula matemática», por decirlo de alguna manera. Necesitaba herramientas prácticas e instrucciones específicas para poder enseñar a las personas, en cualquier situación, a desprogramar sus miedos y reprogramarlos en el amor, en el nivel más profundo, para *vivir* en el amor. Necesitaba herramientas con las que poder abordar realmente el origen de cualquiera que fuese el problema que tuviera la gente, exactamente igual que mi «*ajá*» transformacional había hecho conmigo.

Y eso es exactamente lo que hice durante los veinticuatro años siguientes. Al trabajar con mis clientes, descubrí finalmente las «tres herramientas» (que conocerás en el capítulo 4) que les ayudaban a abordar directamente el origen subconsciente, a desprogramar el miedo y a cambiar su programación predeterminada por amor. No solo descubrí las tres herramientas, sino que también descubrí la inutilidad del modelo clásico de autoayuda en tres pasos. En este libro te enseñaré a alcanzar finalmente la felicidad y el éxito en todas las áreas de tu vida utilizando estas tres herramientas, de forma natural, orgánica y *no* basada en intentarlo con toda la fuerza de tu voluntad.

Cuando empecé a cursar el máster en terapia, me lancé a trabajar incluso antes de finalizar los estudios, cuando me encontraba aún bajo la supervisión de un psicólogo. Entonces hice algo que a algunos de mis colegas más experimentados de Nashville, Tennessee, les molestó y a otros les sirvió de excusa para todo tipo de bromas: cobraba la tarifa completa de una sesión de psicólogo, 120 dólares (y esto hace más de veinte años). ¡Nadie hacía eso con un máster en terapia! Pero, basándome en mi experiencia, yo sabía que, en general, mantenía con mis clientes entre una y diez sesiones, a lo largo de seis meses, hasta que sus problemas se solucionaban y dejaban de necesitarme. Otros psicólogos veían a sus clientes una vez a la semana durante uno a tres años (puede que estés acudiendo a uno de estos psicólogos actualmente). Por otro lado, mientras otros psicólogos enseñaban fundamentalmente a sus clientes mecanismos de afrontamiento para lidiar con cuestiones que probablemente seguirían siendo un problema durante el resto de sus vidas, yo, con mis clientes, llegaba con regularidad a la solución de sus problemas. Y les enseñaba simplemente lo que encontrarás en este libro.

Seis meses después de iniciar el ejercicio de mi profesión de esta manera tan poco ortodoxa, tenía ya una lista de espera de seis meses. Tenía también una fila de compañeros de profesión llamando a mi puerta y por teléfono, bien para maldecirme bien para pedirme amablemente que saliera con ellos a comer y averiguar así qué demonios estaba haciendo para que sus clientes vinieran a verme a mí.

El *Gran principio* no solo cambió mi vida, sino también las vidas de muchos otros en mi ejercicio profesional. Y pienso que también cambiará la tuya.

Un índice de éxito del 97%

El *Gran principio* se halla en perfecta armonía con la ancestral sabiduría espiritual y con lo último en metodología e investigación clínica, además de ofrecer la solución que la fuerza de voluntad no garantiza.

De acuerdo con el estudio que comentaremos en los capítulos 1 y 4, el plan clásico de autoayuda en tres pasos literalmente activa en el cerebro el mecanismo que:

- nos hace más necios,
- desencadena la enfermedad,
- agota nuestra energía,
- deprime el sistema inmunitario,
- aumenta el dolor,
- eleva la presión arterial,
- bloquea las células,
- destruye relaciones,

- causa miedo, ira, depresión, confusión, vergüenza y problemas de valía e identidad y
- nos lleva a hacerlo todo desde una perspectiva negativa, aun con cara de felicidad.

Por el contrario, el *Gran principio* no solo puede desactivar el mecanismo descrito con anterioridad, sino que literalmente puede activar otro mecanismo en el cerebro que, de acuerdo con la investigación clínica:

- mejora las relaciones,
- incrementa los vínculos parentales,
- da lugar a amor, alegría y paz,
- refuerza la función inmunitaria,
- reduce el estrés,
- disminuye la presión arterial,
- contrarresta los síntomas de adicción y abstinencia,
- estimula la hormona del crecimiento humana,
- incrementa la confianza y el buen juicio,
- modula el apetito, una digestión saludable y el metabolismo,
- favorece la curación,
- estimula la relajación,
- estimula la energía sin estrés,
- estimula una mayor actividad neurológica y
- abre las células a la curación y la regeneración [3].

¿En qué consisten exactamente estos mecanismos? El primero es la respuesta de estrés, que tiene su origen en el *miedo* interno. La

---

[3] Cort A. Pedersen, University of North Carolina-Chapel Hill; Kerstin Uvnas Moberg, *The Oxytocin Factor: Tapping the Hormone of Calm, Love and Healing* (Pinter & Martin, 2011).

respuesta de estrés da lugar a la liberación de cortisol, que causa todos los síntomas de la primera lista. El segundo mecanismo se activa por ausencia de miedo interno, lo cual equivale a *amor* interno. La experiencia de amor interno libera oxitocina (conocida popularmente como «hormona el amor») y otros péptidos del cerebro y del sistema hormonal, que dan lugar a todos los síntomas positivos de la segunda lista.

Para que te hagas una idea de la profundidad del estudio clínico que respalda estas listas, George Vaillant publicó recientemente los resultados del Grant Study sobre el Desarrollo Humano llevado a cabo por la Universidad de Harvard, el estudio longitudinal sobre desarrollo humano de mayor duración realizado en la historia. Emprendido en 1938, el estudio llevó a cabo un seguimiento de 268 varones universitarios no licenciados hasta bien entrados los años noventa, para determinar los factores que contribuían a la felicidad y al éxito en el ser humano. Así resume los hallazgos Vaillant, que dirigió el estudio durante más de treinta años: «Los setenta y cinco años y veinte millones de dólares invertidos en el Grant Study han llevado a una conclusión que puede resumirse en cinco palabras: Felicidad es amor. Y punto» [4].

Espero que ahora puedas darte cuenta de que nuestro éxito y nuestro fracaso dependen de nuestro estado interior y de que sea el amor o el miedo el que rija dicho estado interior. Si en tu vida está actuando el primer mecanismo, es decir, la respuesta de estrés —algo que, según mi experiencia, es aplicable a la inmensa mayoría de la

---

[4] «75 Years in the Making: Harvard Just Released Its Epic Study on What Men Need to Live a Happy Life», *FEELguide,* 29 de abril, 2013, http://www.feel-guide.com/2013/04/29/75-years-in-th-making-harvard-just-released-its-epic-study-on-what-men-require-to-live-a-happy-life/. Este artículo incluye una sinopsis del estudio, aunque los datos completos se pueden consultar en George Vaillant, *Triumphs of Experience: The Men of the Harvard Grant Study* (Belknap Press, 2012).

gente—, *vas a fracasar* o, por lo menos, no vas a alcanzar el éxito perfecto. Vivirás empujando esa roca inamovible hasta que no puedas más. En cambio, si el mecanismo que está actuando en tu vida es el segundo, el amor interno, *alcanzarás el éxito*, y no porque estés intentándolo con más ahínco. Será, simplemente, que estás «programado» para el éxito.

Mi amigo y doctor en Medicina Ben Johnson afirma que, si algún día pudiéramos crear una píldora que activara este segundo mecanismo en el cerebro y que provocara la liberación natural de oxitocina, se convertiría inmediatamente en el fármaco con mayor éxito de ventas de todos los tiempos. No sería simplemente la píldora milagrosa. ¡Sería la píldora «cien por cien feliz y sano todo el tiempo»! ¿Te gustaría que te recetaran algo así? Pues bien, este libro es tu receta.

Alineación de la verdadera ciencia con la verdadera espiritualidad

Ahora puedo explicar algo más sobre lo que aprendí durante esas seis semanas de «escuela espiritual», después de que Hope me echara de casa hace ahora veinticinco años. Todo comenzó cuando me di cuenta de que no solo no había amado nunca de verdad a Hope, sino que ni tan siquiera sabía lo que era el amor. Es más, me di cuenta de que nadie entre mis conocidos entendía lo que era realmente el amor.

En otras palabras, mi matrimonio no se había basado en el amor por Hope en el contexto de una relación íntima; se había basado en un acuerdo empresarial, en una negociación. Ese acuerdo era mi red de seguridad: si haces esto por mi, yo haré eso por ti… Si no, bueno… sería justo que yo retuviera algo hasta recibir lo acordado,

¿verdad? Si, cuando estábamos saliendo, Hope no hubiera hecho lo que yo quería que hiciera y no hubiese actuado del modo que yo quería, nunca le habría pedido que se casara conmigo. Incluso ahora que estábamos casados, seguía esperando que Hope hiciera lo que yo quería que hiciese y que no hiciera lo que yo no quería que hiciese, como condición tácita de mi amor. Sin embargo, yo nunca habría pronunciado estas palabras, de modo que las vivía. Cuando ella no hacía lo que yo quería, me sentía irritado y enfadado, y lo mismo le ocurría a ella.

Este tipo de acuerdo es a lo que casi todo el mundo se refiere cuando utiliza la palabra amor. Sin embargo, una denominación más precisa sería, según los expertos, WIIFM (*What's in it for me?*, ¿Qué hay para mí?). La expresión inglesa WIIFM ha sido, durante décadas, el credo de prácticamente cualquier acuerdo o negociación comercial. En la década de 1970 los libros superventas empezaron a enseñarnos a aplicar este paradigma en nuestras relaciones personales y otras áreas de la vida. Haré esto, si tú haces eso. Y desde entonces, lo hemos estado aplicando en nuestra vida. ¡Y luego nos preguntamos por qué fracasamos! WIIFM es exactamente lo contrario del amor. Se basa en el miedo, en la recompensa inmediata (hablaremos de ello más extensamente en el capítulo 5) e inevitablemente conduce a mayor dolor y fracaso a largo plazo.

El verdadero amor, por otro lado, no tiene nada que ver con la respuesta de la otra persona. Si realmente amas a alguien, lo das todo: sin red de seguridad, sin plan B, sin guardarte nada. El verdadero amor significa renunciar a ese paradigma de «Haré esto si tú haces eso», de modo que todas las partes implicadas puedan ganar, incluso si para ello tienes que sacrificarte. El verdadero amor puede llevar a retrasar el placer momentáneo, pero siempre conduce al éxito a largo plazo y al tipo de placer que va más allá de la palabras y que no puede comprarse ni con todo el oro del mundo.

A lo largo de la historia los estudiosos han diferenciado entre estos dos tipos de amor utilizando los vocablos *agape* y *eros*. *Agape* es el amor espontáneo e incondicional, con origen en lo divino. Con *agape* la persona ama simplemente, porque en su naturaleza está amar, no por alguna circunstancia externa ni por una cualidad de la otra persona. De hecho, *agape* genera valor en la otra persona como resultado del amor incondicional. *Eros*, o WIIFM, es lo contrario: utiliza el objeto de amor para controlar el dolor o el placer personal y, después, pasa al siguiente objeto. *Eros* depende de las cualidades externas del otro y obtiene recompensa del otro. Por el contrario, *agape* no tiene nada que ver con la recompensa externa de la otra persona[5].

La constatación de que realmente nunca había amado de verdad a mi esposa me golpeó como un mazo, y empecé a llorar. Entonces me enfrenté a una pregunta: ahora que sabía lo que era realmente el amor —sin red de seguridad, sin plan B, sin nada guardado— ¿elegiría amar a Hope, incluso si no cambiara nada en nuestra relación? No respondí de inmediato. Pero al final, después de unos días pensando y rezando, fui capaz de decidir: sí, amaría a Hope de ese modo, sin condiciones. Y fue entonces cuando recibí mi *ajá* transformacional. No solo entendí en un instante lo que significaba realmente el amor, sino que fui capaz de ponerlo en práctica. El cambio tuvo lugar no en mi mente consciente, sino en el lugar donde se encuentran la verdadera ciencia y la verdadera espiritualidad: lo que algunas personas denominan mente inconsciente o subconsciente, y lo que yo llamo corazón espiritual.

Antes me referí a este principio como «varita mágica». Tradicionalmente tendemos a calificar las cosas como mágicas cuando no

[5] Anders Nygren, *Agape and Eros: The Christian Idea of Love,* traducción al inglés de Philip S. Watson (Chicago: University of Chicago Press, 1982).

entendemos cómo funcionan o cómo han ocurrido. Pero cuando comprendemos el mecanismo que hace que algo funcione y podemos reproducirlo, entonces hablamos de tecnología.

Cuando llegas a casa por la tarde, ¿recorres las habitaciones con una caja de cerillas encendiendo lámparas de aceite? Cuando quieres ir a alguna parte, ¿sales veinte minutos antes para enganchar los caballos al carro? Cuando quieres comer, ¿empiezas por hacer fuego en el fogón? Si hubiera formulado estas preguntas hace aproximadamente un siglo, la gente me habría mirado como si estuviera chiflado. «Por supuesto; todo el mundo lo hace». ¿Por qué no se hacen estas cosas hoy en día? ¡Porque tenemos nuevas tecnologías!

Las nuevas tecnologías no implican necesariamente que los principios en los que se basan sean nuevos; seguramente habrás oído la expresión «nada nuevo bajo el sol». Cuando se inventaron la bombilla, el automóvil y la electricidad, se utilizaron principios que existían desde el inicio de los tiempos. Esos inventos siempre habían sido posibles, pero fueron necesarios muchos siglos para que supiéramos juntar todas las piezas del rompecabezas. Yo pienso que el proceso que me dispongo a compartir contigo es una técnica nueva para superar nuestros problemas físicos, emocionales y espirituales, forjada a partir de ancestrales principios que siempre han existido.

Por favor, comprende que, con el término *espiritual, no* me refiero a nada religioso. Yo huyo de la religión. De hecho, me llevó décadas recuperarme de mi educación religiosa. Yo creo que gran parte de la religión se basa en el miedo y, por consiguiente, la mayor parte de las veces hace más mal que bien. Sin embargo, intento con todas mis fuerzas ser una persona espiritual, otorgando prioridad al amor, a la alegría, la paz, el perdón, la bondad y las convicciones. Se trata de cuestiones espirituales que, como aprenderás a lo largo de este libro, son las que rigen tu vida.

Aunque ha sido recientemente cuando la ciencia ha descubierto que el amor es la clave de la felicidad y del éxito, a lo largo de la historia todos los grandes maestros espirituales han enseñado esta idea milenaria, aun sin disponer de la metodología ni de la tecnología para ponerla en práctica.

Por ejemplo:

Ser profundamente amado por alguien te da fuerza, mientras que amar a alguien profundamente te da valor.

LAO TSE

Una palabra / nos libera de todo el peso y dolor de la vida: / Esa palabra es amor.

SÓFOCLES

Si tengo el don de la profecía, y entiendo todos los misterios y todo el conocimiento, y tengo tanta fe como para mover montañas, si no tengo amor, nada soy.

APÓSTOL SAN PABLO

Hasta que no sienta amor incondicional y ecuánime por todos los seres, el hombre no encontrará la paz.

BUDA

Cuando me desespero, recuerdo que a lo largo de la historia el camino de la verdad y del amor siempre ha vencido. Ha habido tiranos y asesinos y, por un tiempo, puede que parecieran invencibles pero, al final, siempre cayeron. Piensa en ello, siempre.

MAHATMA GANDHI

Si quieres que otros sean felices, practica la compasión. Si quieres ser feliz tú, practica la compasión.

DALAI LAMA

La oscuridad no puede acabar con la oscuridad: solo la luz puede hacerlo. El odio no puede acabar con el odio: solo el amor puede hacerlo.

MARTIN LUTHER KING JR.

Aprender a amar es la meta y el propósito de la vida espiritual, no aprender a desarrollar poderes psíquicos, no aprender a tirar al arco, a cantar, a hacer yoga o a meditar, sino aprender a amar. El amor es la verdad. El amor es la luz.

LAMA SURYA DAS

Uno de los más asombrosos avances de nuestro tiempo es que la ciencia está empezando a cuantificar estos ancestrales principios espirituales y a verificar no solo que el «corazón espiritual» existe, sino que es la fuente, el origen de todo cuanto ocurre en nuestras vidas, tanto si es bueno como malo. La verdadera espiritualidad ha discurrido siempre paralela a la ciencia verdadera y en la actualidad estamos observando cada vez más evidencias de ello.

Dada esta alineación entre verdadera ciencia y verdadera espiritualidad, tu éxito con este procedimiento no depende de tu visión del mundo, de tu pertenencia a un sector demográfico o a otro ni de si crees o no en el *Gran principio*. Solamente tienes que *hacerlo*. En los veinticinco años que llevo enseñando la técnica, he comprobado que funciona prácticamente siempre, en personas con cualquier visión del mundo y pertenecientes a cualquier sector de la población que puedas imaginar. Ahora mi trabajo tiene gran alcance en todo el mundo; tenemos presencia en los cincuenta estados de Estados Unidos, así como en ciento cincuenta y ocho países, y la cifra va en aumento. De todos estos clientes, puedo contar con los dedos de las manos el número de personas con las que he trabajado personalmente y que no han conseguido el éxito perfecto mediante este método. Entre estos cinco a diez clientes, hay dos grupos:

1. Los que simplemente no completaron el procedimiento (por cualquier razón).
2. Los que no estaban de acuerdo con los principios filosóficos del procedimiento, de modo que nunca lo intentaron de verdad. De todos los demás supe que habían alcanzado el éxito.

Una de las ideas más extendidas ahora mismo es la de que «has de creer en ello para lograrlo». Esto no es cierto en nuestro caso. No tienes que creer que funciona ni creer todo lo que yo te diga. Pero si se *hace* exactamente de la manera que muestro y enseño en el libro, este procedimiento transforma las relaciones personales, la fuente de síntomas físicos y emocionales y, sí, también la riqueza material y las circunstancias.

Las herramientas de trabajo apropiadas

La verdadera felicidad y el éxito personal suponen vivir en el amor, interna y externamente, y en el momento presente, sin importar las circunstancias. Si puedes hacerlo, todo irá mejor, por dentro y por fuera. Por supuesto que la mayor parte de la gente *no puede* hacer esto solo con su fuerza de voluntad, como tampoco puedes conseguir que tu ordenador haga algo para lo que no está programado.

Tu corazón espiritual, o tu mente inconsciente o subconsciente, funciona de forma muy similar a cómo lo hace un ordenador. De hecho, tus células, al igual que un chip de ordenador, presentan una sustancia similar al silicio. (Recuerda, los ordenadores fueron diseñados *a imitación* de la manera en la que trabaja el ser humano, no de otro modo). Por ejemplo, si tienes un virus en el ordenador o si has descargado algún programa que bloquea tu ordenador, puede que seas la persona mejor intencionada y más decidida del mundo, pero si no tienes las herramientas ni los conocimientos adecuados, nunca llegarás a borrar ese virus o a desinstalar ese programa. Por el contrario, si dispones de los conocimientos apropiados y de las herramientas correctas, la tarea te resultará sorprendentemente fácil. De hecho, casi no podrás hacer que deje de funcionar, ni aun queriendo, porque está programado para hacerlo.

Las herramientas que necesitas para alcanzar el éxito en la vida abordan la mente inconsciente y subconsciente, no la mente consciente (como hace la voluntad). Ahí se localizan el corazón espiritual y los recuerdos celulares, y la fuente de todos nuestros problemas en la vida. A lo largo de los últimos veinticuatro años he desarrollado y probado tres herramientas capaces de desprogramar los virus basados en el miedo, que atacan al disco duro del ser humano y que conducen a ciclos destructivos en la vida, y de reprogramar luego al individuo en el nivel inconsciente y subconsciente para vivir en la verdad y en el amor, de dentro hacia afuera, sin depender de la voluntad y sin expectativas en cuanto a resultados. Después de la desprogramación y la reprogramación, vivir en el amor y en el presente (por dentro y por fuera) será tu programa por defecto.

En *El principio* encontrarás no solo los principios que te mostrarán cómo generar felicidad y éxito en todas las áreas de la vida, sino también el método y las herramientas para que el *Gran principio* funcione en tu caso. Encontrarás aquí el procedimiento perfecto y completo, escrito por primera vez hace miles de años y confirmado ahora por nuevos estudios y por doctores de las mejores universidades, pero con todas las instrucciones paso a paso para que puedas encajar todas las piezas.

- En la Parte I identificaremos cuál es tu meta de éxito más importante, es decir, aquello que deseas más que ninguna otra cosa, un concepto importante que sentará las bases para el *Plan de éxito del Gran principio*. A continuación, aprenderemos algo más sobre algunos principios científicos y espirituales, para ayudarte a comprender por qué el *Gran principio* actúa del modo en que lo hace.
- En la Parte II aprenderás a utilizar las tres herramientas que desprogramarán y reprogramarán tus problemas de éxito en su origen —herramientas que no encontrarás en ningún otro lugar— y a establecer metas de éxito en lugar de metas de estrés, dos piezas clave en el procedimiento del *Gran principio*.
- En la Parte III aprenderás a aplicar el *Gran principio* para alcanzar la felicidad y el éxito. En primer lugar, veremos algunos diagnósticos básicos para identificar el origen de los problemas que impiden alcanzar el éxito, para lo cual emplearemos las tres herramientas que habrás aprendido a utilizar en la Parte II. Después conocerás el *Plan de éxito del Gran principio*, el método de cuarenta días para generar y alcanzar, paso a paso, el éxito que deseas en cualquier área, sobre la base de todos los conceptos aprendidos.

El *Gran principio* hará algo más que rescatarte del fracaso. Puede convertirte en un alumno destacado, incluso si eres ya una persona con talento y extraordinariamente dotada. A diferencia del clásico plan de autoayuda en tres pasos, que puede llevarte al fracaso aún en mayor medida que si siguieras alguna estrategia propia, el *Gran principio* te facultará para alcanzar un nivel de rendimiento máximo, no solo más allá de tu voluntad, sino más allá de tus expectativas e incluso de tus esperanzas y sueños.

Del mismo modo que la Tierra siempre fue redonda, incluso cuando todos pensaban que era plana, el *Gran principio* siempre ha sido verdad. Sin embargo, solo desde hace unos años la ciencia nos ha permitido demostrarlo. Y, por primera vez, tienes en tus manos el programa completo y las herramientas para alcanzar la felicidad y el éxito perfectos y para vivir una vida *más allá*.

PARTE I

Fundamentos del *Gran principio*

• • • • • • • • • • •

Capítulo I

Identificación de tu meta fundamental de éxito

Permíteme comenzar este capítulo con una pregunta. Si no puedes contestarla correctamente, habrá pocas posibilidades de que obtengas lo que más deseas en la vida. Probablemente quedarás bloqueado en un círculo vicioso durante años, décadas quizá, o puede que incluso para el resto de tu vida. Aun siendo tan esencial, según mi experiencia, muy poca gente conoce la respuesta a esta pregunta. Así que aquí la tienes.

¿Qué es lo que deseas más que ninguna otra cosa en este momento?

Para ayudarte a dar con la respuesta correcta, tengo una regla: no filtrar. ¿Qué quiero decir con esto? A la mayor parte de las personas, cuando escuchan esta pregunta, les viene a la mente una respuesta superrápida, visceral. El problema es que muchas veces, y de forma inmediata, intentan convencerse a sí mismas de que esta no debe ser su respuesta. Empiezan a construir todo un argumento para dar una respuesta que sea socialmente más aceptable, más en la línea de su educación, menos en la línea de su educación, más religiosa, menos religiosa, cualquier cosa. He oído de todo. ¡No hagas eso!

Este libro quiere ayudarte a conseguir lo que *realmente* deseas. Responder sinceramente a esta pregunta es el primer paso, porque si no sabes lo que realmente quieres, o no admites la verdad acerca de los que realmente quieres, casi con toda seguridad no lo conseguirás. De modo que quiero una respuesta sincera, que te salga de las entrañas. Si lo que te surge de forma natural es decir un millón de dólares, genial, sigue adelante con ello. Si se trata de un problema de salud que deseas resolver, fantástico, funcionará. Si hay una relación que deseas mejorar, maravilloso. Cualquier cosa que te surja de forma natural y espontánea será tu respuesta.

El ejercicio del genio

Para ayudarte a responder a esta pregunta sin filtrarla, hagamos un ejercicio. ¿Te acuerdas del cuento de Aladino y la lámpara maravillosa? De niño, era uno de mis relatos favoritos; no sé cuántas veces imaginé, caminando por el patio trasero de mi casa, lo que elegiría con mis tres deseos y lo que podría suceder después. De niño yo era un fanático de los deportes, de modo que generalmente mi deseo era ser el siguiente Jimmy Connors o, si era temporada de béisbol, el *pitcher* de la victoria en el séptimo juego de la Serie Mundial para el equipo de los Cardinals de Saint Louis. Y después salía al jardín y pretendía lanzar durante todo el juego.

Cierra los ojos e imagina que el genio de Aladino está de pie frente a ti en este preciso momento. No hay nadie más alrededor, solo estáis el genio y tú. Y esto es lo que te dice: «Voy a concederte un deseo. Puedes pedir cualquier cosa, con dos únicas condiciones: no puedes pedir más deseos y no puedes recibir un deseo que suponga privar a otra persona de su libre albedrío. Pero, básicamente, desea cualquier cosa, y lo tendrás. Si deseas diez millones de dólares: ¡hecho! Curar una enfermedad «incurable»: ¡lo tendrás! Realizar toda una proeza: ¡victoria! Nadie sabrá nunca cómo lo conseguiste; pensarán simplemente que sucedió de manera natural por circunstancias de la vida. Por otro lado, no se te concederá ningún otro deseo en la vida y, si no me lo dices en diez segundos, perderás la oportunidad».

De acuerdo, ya está; es el momento de la verdad. Considera como si realmente te estuviera sucediendo esto ahora mismo. No filtres nada; tienes diez segundos. Cierra los ojos: ya.

¿Cuál le has dicho al genio que es tu deseo? Escríbelo.

Adivina qué. Te he engañado. Perdóname por ello, tenía que hacerlo, y tal vez más tarde me lo agradezcas. Esta es la única manera que se me ha ocurrido para ayudarte a identificar lo que más deseas en la vida. Verás, la respuesta que has dado es en realidad el objetivo número uno de tu vida en estos momentos. Pero si te lo hubiera preguntado de otra manera, es posible que hubieras dicho algo distinto. Probablemente, algo *muy* distinto, una respuesta que no nos ayudaría en nuestra búsqueda para conocer lo que realmente más deseas.

Pero ¿por qué quiero saber tu objetivo número uno en la vida? Porque es aquello por lo que haces casi todo lo que haces. Es aquello por lo que tienes los pensamientos que tienes. Es aquello en lo que más crees, sin importar lo que digas. Y es lo que traiciona tu programación subyacente. Todo lo que haces, todo lo que has hecho alguna vez y todo lo que harás es por una *meta* que has establecido en algún punto de tu vida, incluso si hace mucho que olvidaste de qué se trata. No te levantarías por la mañana si en algún momento no te hubieses fijado esa meta, de forma consciente o inconsciente. Y lo mismo se puede decir a propósito de lavarte los dientes, vestirte, llamar un taxi, casarte, divorciarte, tener hijos, ir al baño… ¿Captas la idea? La identificación de la meta número uno en tu vida es el primer paso para hacer cualquier auténtico cambio en tu vida.

La respuesta equivocada

Llevo veinticinco años formulando esta pregunta a la gente, tanto individualmente como a miles de personas a la vez. El último grupo con el que realicé este ejercicio estaba integrado por más de mil seiscientas personas. Solo seis dieron la respuesta correcta.

Si la única regla era contestar sinceramente, ¿cómo es posible que dieran una respuesta equivocada? Bien, sé que me dieron una respuesta equivocada porque, después de hacerles otras dos preguntas, ellos mismos me dijeron que habían dado una respuesta equivocada. Un poco más adelante te haré esas otras dos preguntas.

Pero ahora voy a darte una pista: la respuesta correcta es siempre un *estado interior* (como amor, alegría, paz, etc.). La respuesta equivocada es una *circunstancia externa* (dinero, salud, un logro, una relación basada en lo que otro hace o siente, etc.). Es la respuesta equivocada, porque resulta frustrante: te apartará de la felicidad y del éxito que persigues y literalmente generará fracaso (o más fracaso) en tu vida.

¿Por qué? Volvamos al típico «plan para el fracaso» en tres pasos que hemos mencionado en la introducción. Recuerda que este modelo, utilizado por la mayoría en el sector de la autoayuda, tiene una tasa de fracaso del 97%:

1. Céntrate en lo que quieres.
2. Crea un plan para conseguirlo.
3. Pon en marcha el plan.

Los pasos 1 y 2 requieren centrarse en el resultado final para alcanzar el éxito. Dan Gilbert, profesor de Psicología en la Universidad de Harvard y autor del *best seller Tropezar con la felicidad*, describe la conclusión de su estudio en Harvard del modo siguiente: «Las expectativas matan la felicidad»[1]. Dan Gillbert llevó a cabo su

---

[1] Dan Gilbert, «Why Are We Happy? Why Aren't We Happy», *TED Talks* (vídeo), febrero de 2004, https://www.youtube.com/watch?v=LTO_dZUvbJA#t=54.

estudio sobre este tema durante años[2]. Si lees su trabajo de investigación, verás que, cuando habla de «expectativas», se está refiriendo concretamente a circunstancias particulares de la vida, en conexión con algún acontecimiento futuro (en otras palabras, un resultado final). En internet puede verse un magnífico vídeo del profesor en el que describe la manera en la que este fenómeno actúa dentro de cada uno de nosotros, sin que seamos conscientes de ello[3].

Sin embargo, las expectativas relativas a resultados finales no solo matan la felicidad del individuo, sino que también acaban con su salud y con la probabilidad de éxito prácticamente en cualquier cosa. ¿Por qué? La perspectiva de un resultado final te sitúa al instante en una estado crónico de estrés, hasta que alcanzas o no ese resultado. Si llevas viviendo en este planeta los últimos treinta años, probablemente ya sabrás que prácticamente todas las escuelas de medicina y todos los médicos afirman que un 95% de las enfermedades y dolencias provienen del estrés. Pero he aquí el aspecto del que la mayor parte de la gente no se da cuenta: más allá de los problemas de salud, el estrés es el origen de casi todos los problemas que puedas tener en la vida.

Desde el punto de vista clínico, prácticamente cualquier problema en la vida tiene su origen en el estrés. En otras palabras, el estrés genera fracaso. ¿Cómo?

1. El estrés hace que enfermes. El 95% de todas las enfermedades y dolencias están relacionadas con el estrés, según prácticamente todas las escuelas de medicina del mundo. Son viejas noticias.

---

[2] Dan Gilbert, *Stumbling on Happiness* (Vintage, 2007).

[3] Dan Gilbert, «Why Are We Happy? Why Aren't We Happy?», *TED Talks* (vídeo), febrero de 2004, https://www.youtube.com/watch?v=LTO_dZUvbJA#t=54.

2. El estrés aturde. Desvía la sangre de tus centros intelectuales superiores y acaba con la creatividad, las aptitudes para la resolución de problemas y todas las capacidades que necesitas para la felicidad y el éxito.

3. El estrés agota tus energías. Tras un pico inicial de energía debido al cortisol, experimentas una sobredosis de adrenalina y tu energía se desploma. Esto se debe a que se supone que no vas a sufrir estrés a menos que tu vida se encuentre en peligro y necesites luchar o huir (lo cual quemar todo el cortisol). Pero la queja que yo más oigo a la gente, es decir, «estoy siempre cansado», proviene del estrés crónico o constante.

4. El estrés hace que lo abordes todo desde la negatividad. «No puedo hacerlo. No va a funcionar. No soy lo suficientemente bueno. No tengo el talento suficiente. No soy lo suficientemente atractivo. La situación económica es demasiado mala.» Cuando alguien piensa estas cosas, considera que está haciendo una valoración honesta de las circunstancias. Pero no es así; están hablando desde el estrés. Corrige el estrés, y de este modo las sensaciones, las creencias, las acciones y los pensamientos distorsionados se volverán automáticamente positivos. Si no corriges el estrés, puedes tratar de cambiar todo esto con tu fuerza de voluntad, lo cual casi nunca funciona.

5. El estrés hace que fracases prácticamente en cualquier tarea. Esto no es más que la lógica consecuencia de los pasos 1 al 4. ¿Cómo piensas que te van a ir las cosas cuando tratas de conseguir el éxito en algo si estás enfermo, aturdido, cansado y tienes una actitud negativa? Serás capaz de empujar esa roca colina arriba durante un tiempo, pero lo habitual es que pronto ruede de nuevo hacia abajo y te aplaste. Con todo, es posible que alcances tus deseados resultados finales si estás especialmente dotado en ese campo, por ejemplo en el deporte, la ciencia, la

economía o las ventas. Pero no serás feliz, no te sentirás lleno ni satisfecho a largo plazo. Estas sensaciones son una parte esencial de mi definición de éxito: alcanzar tu resultado final deseado *y* sentirte feliz, satisfecho y contento en el proceso. No debes conformarte con menos.

El paso 3, poner el plan en marcha, depende de nuestra fuerza de voluntad, que es tan ineficaz como las expectativas externas. Finalmente la ciencia ha demostrado lo que nuestra experiencia personal lleva años comprobando: no podemos conseguir lo que queremos solo con fuerza de voluntad. Bruce Lipton, antes biólogo celular en la Facultad de Medicina de Standford y actualmente autor de éxito, afirma que tratar de alcanzar la vida, la salud y el éxito que deseas mediante la fuerza de voluntad (sin haber previamente desprogramado y reprogramado tu subconsciente) es una apuesta de uno contra un millón[4]. Esto se debe a que, según Bruce Lipton, el subconsciente (es decir, donde reside nuestra programación) es un millón de veces más poderoso que la mente consciente (es decir, donde reside la fuerza de voluntad).

William Tiller, amigo personal y físico de la Universidad de Standford con un papel destacado en la película *What the Beep Do We Know* (*¿Y tú qué sabes?*), me ha dicho muchas veces en conversaciones personales: «Vayas donde vayas hoy en día, oyes hablar de intención consciente. Pero de lo que no se oye hablar es de que también tenemos una intención inconsciente. Cuando la mente consciente se enfrenta a la mente subconsciente, siempre vence el subconsciente». La mayor parte del tiempo ni tan siquiera nos damos cuenta de que nuestro inconsciente discrepa de nuestra intención consciente. Pensamos que, simplemente, decidimos hacer lo que sea: hacer esa lla-

---

[4] Bruce Lipton, *The Biology of Belief* (Hay House, 2008), 98.

mada, sentarnos en el sofá o pasar otras tres horas viendo en internet algo que no deberíamos. Pero, en todo momento, es nuestro subconsciente el que toma la decisión, no nuestra mente consciente (hablamos más sobre ello en el capítulo 2).

Volvamos al problema de establecer metas sobre la base de expectativas y circunstancias externas (pasos 1 y 2). Si la meta número uno en tu vida es una circunstancia externa, te situará inmediatamente en un estado crónico de estrés, hasta que consigas esa cosa que quieres, o no la consigas. Eso significa que es posible que la causa de tus problemas en la vida sea realmente la meta en sí misma, no la ausencia de una meta en la vida ni los síntomas visibles del estrés. He visto una y otra vez cómo a mis clientes les ocurre esto. Cuando el objetivo número uno en su vida es una circunstancia externa, invariablemente experimentan uno de los siguientes tres resultados:

1. **Si alcanzan esa meta o circunstancia externa que siempre han deseado, se sienten absolutamente encantados, temporalmente.** Al cabo de un día, una semana o un mes, darán un paso en el camino hacia algo nuevo en su vida que no tienen aún y que han decidido que es lo que más desean, entrando de nuevo en el ciclo crónico de estrés, euforia y estrés otra vez. Cuánta gente repite este ciclo una y otra vez durante décadas y después llega al final de la vida y piensa: *¿Qué ha sido todo esto?*

   Tengo un amigo muy querido cuyo sueño durante décadas fue escribir un libro que apareciera en la lista de éxitos de ventas del *New York Times*. Cada vez que hablaba con él, estaba pensando o trabajando en ello. Finalmente, al cabo de veinticinco años, ¡lo consiguió! Cuando su libro apareció en las listas, sintió como si tocara el cielo: recibí cuatro mensajes de texto, tres llamadas telefónicas y varios e-mails suyos. Lo celebré con él, pero como conocía estos principios, sabía también lo que iba a suceder a continuación.

Dos semanas y media más tarde, me hizo finalmente esta confidencia: «No ha sido como yo pensaba que sería». De hecho, cayó en una profunda depresión y desarrolló algunos problemas de salud, a pesar de que había hecho realidad su sueño de toda la vida y de que su situación económica había mejorado. ¿Por qué? Antes de conseguir su meta, vivía con la esperanza de que eso, escribir un libro que apareciera en la lista de superventas del *New York Times*, daría lugar a que una serie concreta de problemas desaparecieran y a que una serie concreta de sueños se hicieran realidad. Cuando todo esto no sucedió, sintió un vacío que nunca había tenido antes y que reemplazó la ilusión que había albergado durante años por escribir ese *best seller*. Y es un mal negocio, el de cambiar ilusión por vacío. En otras palabras, el hecho de alcanzar esa meta o circunstancia externa hizo finalmente que se sintiera *peor* que si nunca la hubiera alcanzado. Sin embargo, no pasó mucho tiempo antes de que dejara todo esto atrás y se encontrara ya pensando en la siguiente circunstancia externa que él pensaba que le aportaría felicidad, y que le llevaría de nuevo directamente al círculo vicioso del estrés.

2. **Si alcanzan la meta, inmediatamente acaban sintiéndose como si su escalera estuviera apoyada contra el edificio equivocado.** En otras palabras, ocurre a veces que ni tan siquiera experimentan la parte de euforia del ciclo. En lugar de, simplemente, recuperarse y dirigirse hacia el siguiente objetivo, se sienten desilusionados y desorientados. En una ocasión vi un documental en televisión sobre una banda de mú-

sica de fama mundial en el que los componentes hablaban de su primer disco de éxito. El entrevistador preguntó a uno de ellos: «¿Qué se siente cuando algo en lo que se ha estado trabajando durante tanto tiempo finalmente ocurre?» Me chocó, aunque no me sorprendió, la respuesta del componente del grupo: «¿Esto es todo? Pensaba que sería diferente, no es lo que esperaba».

Trabajo con músicos, deportistas profesionales, actores y actrices que son multimillonarios. Uno de cada veinte se harán ricos y famosos, y se sentirán realmente sanos, felices y contentos. Los otros diecinueve viven estresados al máximo, trabajando para conseguir un disco de platino, obsesionados con que les va a fallar la voz o con que no serán capaces de escribir ningún otro tema de éxito. Resultan absolutamente increíbles las cosas por las que pueden llegar a estresarse estos personajes cuando, a los demás, nos parece que están en la cima del mundo.

Cuando me encuentro con individuos ricos y famosos y, al mismo tiempo, felices y contentos, algo por otra parte poco habitual, me dicen claramente que su felicidad y su satisfacción no se debe al dinero y a la fama. Se debe a que conocen estos principios: que el amor interior y la verdad son más importantes que cualquier resultado final o circunstancia externa. Y, en general, me cuentan que descubrieron estos principios del modo más duro, a menudo tras pasar por el alcoholismo, las drogas u otras adicciones. Al final, de alguna manera, se dieron cuenta de que el dinero y la fama realmente no les producían satisfacción. Llegado ese momento, cada vez que sentían la tentación de centrarse en las circunstancias externas, tomaban la dirección opuesta: «No quiero pensar en el dinero ni en la fama, porque casi me matan».

Los pasos número 1 y 2 tienen lugar si los individuos alcanzan su objetivo número uno. Pero es probable que busquen esta circunstancia externa sobre la base únicamente de su fuerza de voluntad y sabemos lo efectivo que es eso. Pero, ¿qué sucede si nunca alcanzan el objetivo, después de años, décadas o incluso después de toda una vida?

3. **Si no lo consiguen, a menudo caen en la desesperación y el desaliento, y nunca se recuperan.** He visto ocurrir esto una y otra vez. Una de las cosas más tristes que me han sucedido en la vida ha sido tratar a personas mayores que se dan cuenta de estos principios ya tarde en su vida. Algunas de estas personas sienten dolor por cuestiones de salud, otras tienen problemas económicos o no se llevan bien con sus más allegados. Pero la cuestión más demoledora a la que a menudo se enfrenta la gente, incluso tratándose de celebridades y especialmente si lo son, es el arrepentimiento por la vida que no han vivido. He conocido a viejas glorias del *country* que, señalando una pared llena de premios, decían maldiciendo: «Daría cada pedacito de esta pared por haber vivido en paz, amor y alegría, por haber dado prioridad a mi familia y haber pasado más tiempo con ellos y con la gente que quiero».

En general, cuando la gente se hace mayor, empieza a comprender que vivir en el amor es el más grande de todos los principios.

En ocasiones trato a gente mayor que todavía no lo ha conseguido. Siguen viviendo en el miedo interior, centrados en circunstancias externas. Probablemente estén aferrados con las uñas a esos trofeos y logros. En cualquier circunstancia, eran infelices y se sentían amargados, angustiados, faltos de salud y distantes en sus relaciones. Tal vez sean indecentemente ricos y una leyenda viva. No importa. Si los hubieras visitado conmigo, sentirías pena por ellos. Es posible que utilizaras el término *patético* y mostraras tu determinación a *no* acabar así. Si vienen a verme, les ayudo a vivir en paz, amor y alegría y a tener buenas relaciones en el momento presente y resulta asombroso cómo pueden curarse, aun no quedándoles mucho tiempo. Pero esto no significa que, si pudieran, no cambiarían las opciones elegidas en el pasado. Esta es exactamente la razón por la cual estoy escribiendo este libro: para que no termines así al final de tu vida. Apenas cuarenta días después de empezar con el método que aquí se describe, podrás llegar a un lugar de verdadero éxito, sintiéndote feliz y contento *y* alcanzando tu más alto nivel.

Estas son las razones por las cuales una circunstancia externa siempre es una respuesta incorrecta a la pregunta «¿Qué es lo que deseas en este momento más que ninguna otra cosa?». Sentirte realmente feliz y satisfecho mientras persigues una circunstancia externa como meta fundamental —de acuerdo con los antiguos manuscritos y las últimas investigaciones científicas— se halla sencillamente fuera del reino de lo posible.

Cómo dar con la respuesta correcta

Si perteneces a ese 99% de personas que respondiste a la primera pregunta de forma equivocada, estas otras dos preguntas te ayudarán a comprender cómo es una respuesta correcta. Si lo recuerdas, la pregunta 1 era: ¿Qué es lo que deseas en este momento más que ninguna otra cosa? He aquí las otras dos:

2. Si consiguieras lo que más deseas de la pregunta 1, ¿qué supondría para ti y en qué cambiaría tu vida?

3. Si consiguieras lo que expones en tus respuestas a las preguntas 1 y 2, ¿cómo te sentirías?

Tu respuesta a la pregunta 3 es realmente la respuesta correcta a la pregunta original «¿Qué es lo que deseas en este momento más que ninguna otra cosa?». Eso es lo que quieres *realmente* más que nada, y siempre es un estado interior; nunca es una circunstancia externa[5]. Ese estado interior es lo que vamos a llamar tu *meta fundamental de éxito*, porque eso es exactamente lo que es. Pero si ese estado interior es realmente tu meta fundamental de éxito, entonces ¿por qué no respondiste espontáneamente así desde el principio?

He aquí la razón: casi todo el mundo responde a la pregunta 1 con una circunstancia externa, porque consideran que esa circunstancia les aportará el estado interior con el que respondieron a la pregunta 3.

Deja que te ponga un ejemplo. Hace unos meses estaba preparando una sesión presencial en Los Ángeles. Me encontraba realizando con los asistentes este ejercicio para ayudar a la gente a encontrar su meta fundamental. Una señora encantadora se ofreció voluntaria para subir al estrado y compartir sus respuestas. Como mucha gente, había pasado unos años difíciles, dada la situación económica de los últimos tiempos. Su respuesta a la pregunta 1 fue «un millón de dólares». Cuando dijo esto, la mirada de sus ojos era la de alguien que estuviera hablando del amor de su vida, de su co-

---

[5] Tal vez pienses: «¿Y quién eres tú para decirme que lo que realmente necesito es un estado introspectivo?». La razón por la que estoy seguro de ello es que, a lo largo de diez años, estudié el caso personal de cada uno de los pacientes a los que atendía en mi consulta y a todos ellos les preguntaba «¿Qué es lo que más deseas?» y, a continuación, «¿Por qué motivo?». Para cada una de las respuestas que me daban, yo insistía: «¿Por qué?». Hasta que se quedaban sin respuestas. Cuando esto sucedía, habíamos llegado a un estado introspectivo.

mida favorita o de un goloso postre de chocolate. Su respuesta a la pregunta 2 fue la que probablemente estés imaginando: «Podría pagar mis facturas, tener un poco de desahogo, tomarme esas vacaciones que tanto necesito y vivir con menos presión». Su respuesta a la pregunta 3 fue «paz». Ella pensaba que, para tener paz, tenía que tener dinero. En su situación, pensaba que el dinero, literalmente, compraría para ella la tranquilidad.

Le expliqué cómo funcionaba todo esto y después le pregunté: «¿Es posible que lo que realmente más desees sea paz, pero que pienses que el dinero es la *única* manera de conseguir esa paz que necesitas interiormente?». Se le desencajó la mandíbula, se cubrió la cara con las manos y empezó a llorar ahí mismo, sobre el escenario, entre sollozos. Ya más calmada, compartió con los presentes que hasta ese momento no había sabido lo que realmente deseaba en la vida. Durante décadas había pensado que era el dinero, centrándose siempre en ello, persiguiéndolo y viviendo cada día más estresada, infeliz y llena de ansiedad. Lo siguiente de lo que se dio cuenta fue de que, lo que realmente más deseaba, podía tenerlo en ese momento. No le hacía falta dinero; de hecho, no era necesario que ninguna circunstancia externa de su vida cambiara. Entonces se echó a reír, la invadió una alegría extrema y empezó a abrazarme. Su expresión cambió por completo, ahí mismo, sobre el escenario y delante de los asistentes.

Cuántos de nosotros perseguimos un resultado final, ya sea una carrera, una propiedad, un logro o una relación, porque pensamos que esta circunstancia externa nos aportará el estado interior que realmente más deseamos en nuestra vida. De hecho, probablemente creamos que alcanzar esa circunstancia externa es la *única* manera en la que podemos conseguir estados interiores de amor, alegría y paz. Pero esto nunca es cierto. De hecho, es una de las grandes mentiras del planeta, y el motivo principal del índice de fracaso del

97% del sector de la autoayuda en los últimos sesenta y cinco años. Según William Tiller, «lo que no se ve es siempre pariente de lo que se ve». Y lo contrario nunca es cierto: lo que se ve (la circunstancia externa) *nunca* es pariente de lo que no se ve (el estado interior de amor/alegría/paz, a largo plazo). Simplemente no funciona así, ni en la naturaleza ni en nosotros.

He aquí un ejemplo corriente que demuestra este punto. Pongamos que tenemos a dos personas en plena hora punta de tráfico en Los Ángeles, en sendos coches uno al lado del otro, y el tráfico está imposible. Una se ha dejado llevar por la típica cólera del conductor: las venas hinchadas, la cara enrojecida, agarrada al volante y gritando a la gente que tiene cerca. Pero la persona del coche que está a su lado parece más fresca que una lechuga. Está hablando con sus amigos en el coche, canta con la radio puesta, ríe. Estoy seguro de que has visto antes esta escena, si no en medio del tráfico, sí esperando en la cola del supermercado, sufriendo un mal servicio en un restaurante o en la sala de embarque de un vuelo con retraso. Dos personas en las mismas circunstancias externas pueden tener reacciones muy distintas. Las circunstancias externas no pueden ser la causa de su estado interior, ya que son las mismas para ambos.

Esto no quiere decir que las circunstancias externas no vayan a afectarte interiormente; por ejemplo, si has perdido a tu cónyuge trágicamente en un accidente. En momentos de verdadero peligro o pérdida importante, se pone en marcha nuestra respuesta de estrés, o respuesta de lucha o huida. Si en circunstancias normales experimentamos los estados interiores de amor, alegría y paz, en un caso de pérdida importante pasaremos por las distintas etapas de duelo durante un tiempo, pero al cabo de alrededor de un año nos recuperaremos y nos encontraremos bien. Pero si, en circunstancias normales, experimentas un estado interior de miedo, no te recuperarás, y agentes estresantes externos podrían dejarte fuera de combate. No obstante, la verdadera causa de estrés no es realmente el suceso en sí: es tu programación interior.

Aquello que está fuera nunca puede producir lo que está dentro; el interior es siempre lo que genera el exterior. El éxito en tus circunstancias externas depende completamente de tu estado interno de amor, alegría y paz. Estas cualidades son los requisitos necesarios para alcanzar salud, riqueza, creatividad, felicidad y éxito en todas las áreas. Del mismo modo, los estados interiores de miedo, depresión e ira producen circunstancias externas que son lo contrario del éxito: problemas de salud, dificultades económicas, sensación de atascamiento, infelicidad y fracaso en todas las áreas (en los capítulos 2 y 3 se explica más extensamente cómo sucede esto en realidad). Ahora volvamos a nuestro punto de partida: el estrés es la causa no solo de la gran mayoría de nuestros problemas de salud, sino de prácticamente cualquier otro problema en la vida.

Si estás especialmente dotado en algún campo, como los deportes, los negocios, la ingeniería o la redacción literaria, tu objetivo número uno puede ser una circunstancia externa y es posible que ganes un montón de dinero o que alcances un elevado nivel de logros. Pero no podrás ganar mucho dinero *y* ser feliz, sentirte satisfecho y pleno durante mucho tiempo. En otras palabras, no podrás «tener todo esto», que es mi definición del «verdadero» éxito.

Volvamos al primer punto, a aquel en el que te decía que no se puede hacer nada a menos que se tenga una meta interna que te lleve a hacerlo. La señora que quería un millón de dólares tenía una meta interior relacionada con ese millón de dólares. La pregunta es, ¿cuál era y por qué tenía aquella señora esa meta en particular? La razón está en su *programación dolor/placer*.

Nuestra programación dolor/placer

Uno de nuestros instintos más básicos como seres humanos es el que nos lleva a buscar el placer y evitar el dolor. Esta programación forma parte de nuestro instinto de supervivencia. El ser humano lo tiene desde que es un feto y lo conserva hasta el día de su muerte. De hecho, gobierna nuestra realidad primaria desde el nacimiento hasta los seis años, y por una buena razón. Durante nuestros primeros seis años de vida, cuando somos más vulnerables, nuestro instinto de supervivencia está en su máximo grado de alerta para averiguar tan rápidamente como sea posible lo que es seguro y lo que no lo es. Desarrollamos un sistema de estímulo/respuesta que básicamente dice dolor = malo y placer = bueno. Otra terminología utilizada para este concepto de estímulo/respuesta es la de causa/efecto y acción/reacción. Dicha programación responde a una de las leyes naturales del universo, concretamente a la Tercera Ley del Movimiento de Newton, que dice que cada acción tiene una reacción igual y otra opuesta.

En este contexto yo hablo de programación dolor/placer. En otras palabras, si causa placer, es seguro y, en consecuencia, es bueno y deseable. Si causa dolor, no es seguro y, en consecuencia, nuestro cerebro nos dice que luchemos, nos quedemos quietos o huyamos rápidamente. Desde el punto de vista de la supervivencia, este sistema de estímulo/respuesta es muy eficaz en nuestros primeros seis años de vida y probablemente nos salvara la vida en numerosas ocasiones cuando éramos niños. Si un crío de dos años toca una estufa ardiendo, retira la mano inmediatamente: nadie le ha enseñado a hacerlo y después de esta experiencia nunca volverá a hacerlo. Y si, ya de adultos, nos encontramos en una situación de peligro y nuestra programación dolor/placer (es decir, lucha/huida) se desata, también puede salvarnos la vida.

Hace unos años, tras recibir una multa por exceso de velocidad, me dieron la opción de asistir a una academia de conducción en lugar de pagar la infracción. El policía encargado de las clases era absolutamente genial. Nos dijo que era posible que estuviéramos conduciendo en condiciones normales, un día despejado y a una distancia prudente detrás de otro coche, pero que si el conductor que iba delante de nosotros pisaba de repente el freno, sería imposible evitar el choque si la reacción dependiera de nuestra mente consciente. Sería algo así como *Oh, mira. El conductor que va delante de mí ha pisado el freno. Tengo que levantar el pie del acelerador y ponerlo en el freno y pisar tan fuerte como pueda, o me empotraré contra él.* No tienes tiempo suficiente para hacerlo y, si dependieras de ello, estarías chocando cada dos por tres.

El policía continuó: afortunadamente, contamos con un mecanismo en nuestro cerebro que *evita* que choquemos cada dos por tres (si respetamos la debida distancia de seguridad). Tan pronto como nuestros ojos ven la luz de freno, nuestra mente inconsciente literalmente «puentea» nuestro pensamiento consciente y da lugar a que levantemos el pie del acelerador y pisemos el freno antes de que nos haya dado tiempo a pensar conscientemente en ello. Antes de que te des cuenta de lo que está sucediendo, ya te habrás detenido, y todo gracias al instinto de lucha/huida.

Nuestra programación de dolor/placer no es mala en sí misma. Se halla directamente ligada a nuestro instinto de supervivencia y a nuestra respuesta al estrés y está diseñada para tener un papel dominante en nuestra vida hasta aproximadamente los seis años de edad y, después de los seis, desencadenarse solo en circunstancias que supongan una amenaza para la vida. Nuestra programación dolor/placer es formidable cuando se trata de que no suba el seguro del coche, pero es una lata cuando me impide ser feliz, tener salud y éxito en la vida. ¿Qué pretendo decir? Si mi vida no corre peligro inminente, entonces se supone que no tengo que vivir, creer, sentir ni aplicar ese mecanismo del que hablaba el policía.

Por supuesto, el mecanismo de dolor/placer es exactamente lo que hay detrás del clásico plan de éxito en tres pasos sugerido en el ámbito de la autoayuda en los últimos sesenta y cinco años, el de la tasa de fracaso del 97%.

De hecho, cuando somos niños, estamos programados para seguir exactamente este modelo y es así como la mayoría de los niños intentan obtener lo que desean. Por ejemplo, si un niño de cinco años quiere un helado, lo primero que pensará será *Quiero un helado* (paso 1). Después hará un plan: Voy a pedírselo a mamá (paso 2). Por último, pondrá en marcha el plan y le pedirá a mamá el helado (paso 3). Pero ¿y si mamá dice que no? Probablemente modificará su plan anterior en el paso 2 y cambiará «voy a pedírselo a mamá» por «negociaré con mamá». Después seguirá con el paso 3, pidiéndole a mamá «Si ordeno primero mi cuarto, ¿tendré luego mi helado?». Esta vez su madre dice sí. ¡Éxito!

Pero para alcanzar el éxito en el mundo adulto, este modelo nos aleja en realidad de los que queremos, porque hace que nos centremos en una mentalidad de «dolor igual a malo y placer igual a bueno». Como adultos, debemos considerar este modelo como un sistema de creencias con «ruedines» y hemos de aprender a vivir desde el amor y la verdad, sin importar el dolor ni el placer. Como adultos, todos sabemos que en ocasiones el placer no es saludable y que a veces la elección dolorosa es la mejor. Por desgracia, pocos adultos descartan su sistema de creencias con «ruedines»; la mayoría siguen buscando el placer y evitando el dolor a toda costa, incluso si ello les cuesta el amor, la verdad y el estado interior de paz. En esencia, la mayoría de nosotros seguimos viviendo como si tuviéramos cinco años.

Verás, cuando vivimos según nuestra programación dolor/placer y nos encontramos en una situación de lucha o huida, caemos en un estado similar al de *shock*. Es posible que hayas experimentando un estado de *shock* si has sufrido un accidente de tráfico u otro tipo de traumatismo súbito. Cuando alguien está en *shock*, la mente inconsciente desconecta la mente consciente. Con ello el organismo pretende apartar el pensamiento consciente y salvar la vida (además embota los sentidos, deprime el sistema inmunitario y hace todas esas cosas que hace el estrés y que hemos mencionado más arriba).

Pongamos que un hombre casado tiene una aventura de una noche con una mujer. Después del hecho, se siente fatal; vuelve a casa y, en un terrible ataque de dolor y culpabilidad, llama a su mejor amigo y le cuenta lo sucedido. Su amigo no sale de su asombro: él nunca había hecho nada parecido antes. Finalmente, el amigo le calma y ambos deciden que tiene que decírselo a su mujer. Con gran sufrimiento, esa noche, después de cenar, se sienta con su mujer y le cuenta que ha tenido una aventura. La mujer está desolada y ambos pasan una hora terrible de dolorosas preguntas y respuestas. El marido se siente atormentado por la culpabilidad, pero aun así mantiene que no tenía intención de hacerlo y que nunca lo volverá a hacer. La mujer está confundida y destrozada y se siente como si no conociera al hombre con el que lleva años casada.

Si preguntaras directamente al hombre «¿Querías realmente tener una aventura?», seguramente te diría: «¡No! Yo amo a mi mujer; fue solo la locura del momento». Lo sé; he asesorado a cientos de hombres en esta misma situación. Pero si me preguntas a mí lo que pienso, te diré: «Si no hubiese querido tener una aventura, no la hubiese tenido». Como podrás imaginar, cuando he asesorado a personas que habían tenido aventuras amorosas y les he dicho eso, ¡se han enfadado conmigo! Entonces ¿por qué demonios les digo eso?

¿Quiero volver loca a la gente? Por supuesto que no. Recuerda que detrás de toda acción existe una meta interior. Y detrás de cada meta interior existe una convicción. No importa cuáles sean tus convicciones o creencias, siempre hacemos aquello en lo que creemos, el cien por cien de las veces.

Para tener una aventura, el hombre tuvo que creer antes que el hecho de tener un lío era lo mejor para él en ese momento: *Esto me producirá un enorme placer, que es lo que yo necesito y deseo ahora mismo. Mi mujer no ha estado muy receptiva últimamente, de modo que tengo justificación. Solo voy a hacerlo una vez: me arrepentiré y no volveré a hacerlo.* Al mismo tiempo, muy probablemente tuvo también la convicción de que no quería tener una aventura. Cuando tienes dos convicciones que se contradicen, lo que haces en el momento surge de la convicción en la que estés centrado y pensando en ese momento, y que sientes más intensamente. Una convicción de aquel hombre tenía sus raíces en su programación dolor/placer (su pensamiento de niño de cinco años) y la otra en el amor y la verdad (su pensamiento de adulto).

En tal situación puede que el hombre comenzara a dar pasitos de bebé hacia una situación comprometida y que realmente, durante un tiempo, no pensara hacer nada. Puede que él y aquella mujer estuvieran teniendo una conversación perfectamente informal después de una reunión de trabajo por la tarde. Puede que uno de ellos invitara al otro a ir a alguna parte y que el otro encontrara una justificación y aceptara, pensando que continuar la conversación era inofensivo. Pero en algún momento el hombre cruzó la línea y como en el fondo, en alguna parte, tenía la convicción de que una aventura es buena porque proporciona placer, seguir adelante con la aventura fue inevitable.

En el momento de decidir este hombre se encuentra en situación de lucha o huida, pensando: *Es una de las peores cosas que voy a hacer en mi vida.* Puede que incluso esté cerca del *shock,* donde su pensamiento racional consciente está tan desconectado que no tiene capacidad de resistencia. Ha llegado a un punto en el que es casi como un animal, en el que solo «siente», y después actúa en función de esas sensaciones. Cuando llega a esa línea, su mente consciente está tan desconectada que casi no puede dar marcha atrás. Difícilmente podrá ya acceder a su mente racional. Cuando la aventura termina, su mente racional de adulto vuelve y el hombre se siente más que sucio. *¿Por qué lo he hecho? ¡Sabía que no debía hacerlo!* Lo hizo por su programación dolor/placer. Actuaba y pensaba como un niño de cinco años, y su mujer estará de acuerdo.

Si, ante este tipo de comportamiento, te pones del lado de la esposa, ese «No era mi intención hacerlo» puede sonar un poco vacío. La programación dolor/placer no justifica el comportamiento de nadie, pero, con suerte, ayuda a explicarlo. Sí, el marido optó por hacerlo, pero en cierto modo no era él quien elegía. Su decisión estuvo causada por una programación destructiva e inconsciente, basada en la respuesta dolor/placer. De modo que cuando alguien dice «No lo volveré a hacer», la única manera de que esto sea verdad pasa por corregir esas convicciones equivocadas. La única manera consiste en reparar la programación.

Esto no es solo aplicable a las aventuras amorosas; tu programación dolor/placer explica también por qué gritas a tus hijos o por qué no puedes resistirte a un helado de vainilla y chocolate cuando estás tratando de perder peso, prácticamente cualquier circunstancia en la que haces lo que no quieres hacer. Simplemente tu voluntad ya no tiene posibilidades.

La presencia de nuestra programación dolor/placer no solo explica por qué la voluntad es tan ineficaz, sino también por qué perseguir una circunstancia externa nunca debe ser nuestra meta fundamental si estamos buscando el éxito en la vida.

Cuando somos honestos con nosotros mismos, como espero que hayas sido tú al contestar a mis preguntas, y nos damos cuenta de que aquello que pensamos que es lo que más queremos es una circunstancia externa —especialmente si no es una situación ganadora para todas las partes implicadas (como el cónyuge, la familia o nuestro socio en el negocio)—, nuestro deseo de una circunstancia externa por encima de todo es un signo inequívoco de que se trata de una meta arraigada en nuestro instinto de supervivencia y basada en el miedo. Por alguna razón, creemos que esa circunstancia va a proporcionarnos placer o bien a protegernos del dolor, y la necesitamos para sobrevivir. En algún lugar por el camino sucedió algo, probablemente en una etapa temprana de la vida, que nos enseñó que alcanzar tal circunstancia era una cuestión de supervivencia, o algo imprescindible para «estar bien» en la vida. Tenemos tendencia a volver a nuestra programación dolor/placer para calmar y suavizar esa sensación interior de inquietud y carencia.

En una ocasión tuve un cliente que era multimillonario. Le hubiera resultado muy difícil gastarse todo el dinero que tenía. Sin embargo, era al mismo tiempo una de las personas más tristes que he conocido. Siempre estaba estresado, preocupado, enfadado o irascible. Sabes a qué tipo me refiero (o tal vez seas de ese tipo). Escarbando solo un poco encontramos el origen: este señor había crecido en un entorno difícil, pobre, ridiculizado por sus ropas viejas y ajadas, y avergonzado. De modo que este individuo se había hecho una promesa, al estilo de Scarlett O'Hara en *Lo que el viento se llevó* y su «A Dios pongo por testigo de que nunca volveré a pasar hambre». Se prometió que nunca volvería a ser pobre y esto se convirtió en una cuestión de vida o muerte. Pensó que con dinero compraría los estados internos de amor, alegría y paz. *Si puedo conseguir una cantidad X de dólares, ropa, coches y propiedades, entonces estaré bien.* Pero todos sabemos que esto nunca funciona, y tampoco lo hizo en su caso.

En resumen, se puede decir que, aunque lleguemos a pensar que una circunstancia externa es lo que más deseamos, la mayoría de nosotros realizamos dos suposiciones enmascaradas que sencillamente son erróneas: que una circunstancia externa nos hará felices y nos aportará satisfacción a largo plazo y que una circunstancia externa nos llevará inmediatamente a un determinado estado interior (amor, alegría, paz, etc.). Los grandes maestros de todos los tiempos siempre han enseñado que el éxito en la vida no proviene de buscar el placer y evitar el dolor a toda costa. El éxito viene de vivir en la verdad y en el amor, en todo momento, y las circunstancias a las que esto da lugar son las mejores para nosotros, incluso si existe dolor implicado.

Por qué el estado interior es la respuesta correcta

Repasemos un poco. Si tu objetivo número uno en la vida es una circunstancia externa, lo más probable será que no lo consigas, porque el estrés, de por sí, sabotea todos tus esfuerzos. E incluso si lo consigues, no te producirá satisfacción ni te llenará a largo plazo. Sin embargo, si el objetivo número uno en tu vida es un estado interior, tus resultados cambiarán un poco.

1. **Casi siempre lo conseguirás.** No es necesario que cambie nada externo y lo único que tiene que cambiar por dentro son los patrones de energía, que pueden cambiar fácilmente con las herramientas adecuadas. Como ya he dicho, rara vez he visto que esto no funcione en mis clientes, en todo el mundo y en cualquier circunstancia imaginable. Conocerás muchas de sus historias a lo largo del libro.

2. **Una vez que lo consigues, nadie puede quitártelo.** Esto es lo que Victor Frankl descubrió durante el Holocausto. Lo llamó «la última de las libertades del hombre»: el derecho a

elegir tu estado interior o tu actitud, independientemente de tus circunstancias externas. Sobrevivió en varios campos de concentración y, cuando salió, escribió el clásico *El hombre en busca de sentido* y ayudó a millones de personas a centrarse en su actitud interna (estado introspectivo) en lugar de hacerlo en las circunstancias externas de su vida [6].

3. **Una vez que lo alcanzas, tienes la garantía de que te producirá satisfacción y te llenará completamente, porque es lo que realmente quisiste todo este tiempo, aunque puede que no lo supieras.**

4. **Si el objetivo número uno es un estado interior, casi siempre se consiguen las circunstancias externas que se desean, como si de un extra gratis se tratara.** He aquí la verdadera magia: una vez que hayas creado el estado interior de amor, alegría o paz —o lo que quiera que respondieses en el paso 3—, habrás creado la fuente interna de alimentación que generará las circunstancias externas que deseas en la vida. Pero sin ese estado positivo interior, sería como pasar la aspiradora a la alfombra sin haber enchufado el cable.

De qué modo ayuda el *Gran principio* a conseguir lo que realmente deseas

La mayor parte de la gente vive toda su vida creyendo que lo que realmente quiere es algún resultado externo. Mucha gente persigue en su vida una o dos docenas de tales resultados, pensando en cada caso que con eso tendrá lo que quiere. Darte cuenta de que has empleado los mejores recursos de tu vida en una mentira puede ser una experiencia traumática e incluso desoladora. Es posible que hayas

---

[6] Viktor E. Frankl, *Man's Search for Meaning* (Simon & Schuster, 1959).

perdido tu juventud, tu dinero, tus relaciones, tu energía y tu salud persiguiendo «eso» que pensabas que era lo que más querías, para descubrir no solo que no era lo que verdaderamente querías, sino que en realidad te estaba *apartando* de lo que más querías. Tal vez hayas descubierto que te has creído una mentira en la que cree la inmensa mayoría de nuestra cultura: las circunstancias externas compran el estado interior de amor y paz.

Por otro lado, si te cuentas entre las personas de ese pequeño segmento que respondieron a la pregunta número 1 con un estado introspectivo, déjame antes de nada que te felicite. Te encuentras verdaderamente en el percentil más alto de lo que yo creo que es el parámetro más importante de medición del éxito. Sin embargo, eso no significa que hayas *alcanzado* el deseado estado interior. En general, no se desea algo que ya se tiene. Si ya cuentas con el estado introspectivo de amor y paz, probablemente habrás contestado a la pregunta del genio con algo así como «No deseo nada. Tengo todo lo que necesito y quiero. Tal vez más amor y paz».

Tanto si acabas de descubrir que el estado interior es tu meta fundamental de éxito como si lo sabes desde hace tiempo, las herramientas y el procedimiento del *Gran principio* representan la manera en la que vas a conseguirlo. Como concepto, el *Gran principio* es en realidad muy simple: supone hacer lo contrario de lo que desencadena tu respuesta de estrés. Concretamente, tienes que abandonar tus expectativas de un resultado final concreto y futuro alcanzado mediante la fuerza de voluntad y, en su lugar, centrarte en la creación del estado interno que es la fuente de energía para tus circunstancias externas. He aquí otra manera de exponer el mismo concepto, pero en términos más prácticos:

Hagas lo que hagas, hazlo desde un estado introspectivo de amor, centrándote en el momento presente.

Así es. En eso consiste el *Gran principio*. Lo sé, esto no es más que el capítulo 1. Pero nos hemos dado un paseo por toda la información que necesitas para comprender plenamente por qué el modelo clásico de éxito no funciona y por qué esta teoría y su aplicación sí. Vivir en el amor y centrado en el momento presente es todo cuando has de hacer para alcanzar el mayor éxito imaginable, en cualquier área de la vida: el éxito *perfecto* para ti. Si has respondido con sinceridad a las preguntas de este capítulo, habrás descubierto lo que realmente quieres en la vida, y ya conoces la teoría básica sobre cómo conseguirlo.

Si pudiera hacerte un regalo para tu vida, sería tu respuesta a la pregunta 3: el estado introspectivo de amor. Pero yo no puedo dártelo. Debes conseguirlo por ti mismo, mediante el procedimiento que aprenderás en los capítulos siguientes. Es lo que más deseas y necesitas y lo que realmente te llenará y generará el éxito perfecto para ti. Pero, para alcanzarlo, tienes que renunciar al resultado final externo que tú pensabas que era lo que más deseabas. ¡Este acto de fe te abrirá la puerta a lo resultados que más quieres!

Antes de proseguir, me gustaría brindarte la oportunidad de recibir el mismo tipo de *ajá* transformacional que tuve yo hace veinticinco años, cuando Hope me echó de casa, y que cambió mi corazón en un instante y me hizo capaz de vivir siguiendo el *Gran principio*. El ajá transformacional es similar a una experiencia próxima a la muerte, en la que alguien —incluso su personalidad— cambia para siempre de un modo que probablemente nunca habría podido suceder con la fuerza de voluntad. Tal vez esa persona haya incluso intentado realizar esos mismos cambios antes, sin éxito. Pero el corazón y la mente controlan el cuerpo. Cuando la programación cambia, todo puede cambiar, y a menudo al instante. Cuando esto sucede, ¡no cabe la confusión!

No es posible controlar si recibimos o no este *ajá* transformacional, pero es un regalo tan increíble que quiero estar seguro de que vas a darte todas las oportunidades para recibirlo. Todo cuanto tiene que hacer ahora es orar [7] y meditar sobre esta idea del *Gran principio*, abriendo las puertas a la posibilidad de recibir esta experiencia. En concreto, me gustaría que meditaras sobre cada uno de los siguientes puntos, uno a uno y por este orden:

- Si te centras en una circunstancia externa para alcanzar el éxito, estarás prácticamente garantizando tu propio fracaso, no solo en relación con esa cuestión en particular, sino en cualquier asunto, ya que centrarse en una circunstancia externa como meta en la vida lleva al estrés crónico. También estarás prácticamente garantizándote que nunca vas a encontrar el verdadero éxito, ya que el estrés crónico lo bloquea.
- Mirar a través de la lente del «qué hay para mí» (WIIFM) en todas y cada una de las áreas de tu vida puede hacer que consigas lo que quieres a corto plazo, pero da lugar a mayor dolor a largo plazo y al fracaso en todas las ocasiones. Renunciar al WIIFM, desde el amor, conduce siempre al éxito y a los únicos sentimientos que te llenarán y te producirán satisfacción con el tiempo.
- Lo que realmente has deseado todo este tiempo no es externo ni material. Es interior, concretamente los estados introspectivos de amor, alegría y paz, en mente y corazón.

---

[7] Si te cuesta asimilar la idea de rezar, te recomiendo encarecidamente el magnífico libro *Reinventing Medicine*, de Larry Dossey, en el que el autor pasa revista a numerosos estudios de investigación doble ciego en los que la oración arrojó, como cabe imaginar, resultados milagrosos, incluso en casos en los que la persona no sabía muy bien con qué finalidad estaba rezando. Si aun así sigues teniendo problemas con el hecho de rezar, simplemente realiza un ruego a tu corazón, en lugar de dirigirlo a esferas más elevadas.

- Si basas tu éxito o tu fracaso en tu fuerza de voluntad sin antes desprogramar ni reprogramar, tienes una probabilidad de uno entre un millón de tener éxito, y un millón de posibilidades de fracasar frente a una de no hacerlo. Tratar de hacer algo que en esencia eres incapaz de hacer también genera más estrés, incrementando a largo plazo la probabilidad de fracaso. Lo contrario al control malsano a través de la fuerza de voluntad consiste en renunciar a los resultados finales con fe, convicción, confianza y esperanza.

- Si alcanzas el estado interior de amor/alegría/paz, este generará circunstancias externas que sería imposible que alcanzaras solo con la fuerza de voluntad.

- Vivir en el momento presente desde el amor, renunciando a circunstancias y resultados externos, produce éxito y felicidad más allá de tus sueños más salvajes.

- Debes dejar de usar la *fuerza de voluntad* y las *expectativas* para conseguir lo que realmente más deseas.

Practica la oración y medita sobre estas ideas durante una hora, una semana o durante todo el tiempo necesario para que calen en tu corazón. Date a ti mismo la oportunidad de recibir ese *ajá*, esa revelación transformacional que puede desprogramarte y reprogramarte al instante. Asimismo, puedes orar y meditar diariamente a medida que, con el tiempo, vayas utilizando las herramientas. Si recibes el *ajá* transformacional y te reconoces al instante capaz de amar todo y a todos, hagas lo que hagas, libre de expectativas de futuro, entonces puede que no necesites el resto del libro. Pero, aun así, te sugiero que lo leas para comprender un poco mejor los mecanismos subyacentes a lo que ha cambiado en ti, o para trabajar en un nuevo ámbito de éxito. También puedes compartir el libro con otra persona que lo necesite.

A menudo me preguntan: «¿Cómo sabré si he tenido una de esas revelaciones transformacionales?» ¡*Lo sabrás*! Es como el amor (el verdadero): va más allá de las palabras. Sabrás y sentirás que algo dentro de ti ha cambiado y nunca volverás a ser el mismo. Es posible que sientas calidez, emoción, paz, sensación de bienestar más allá de lo físico, liviandad, ausencia de miedo o preocupación, y amor. Tus pensamientos, creencias y actos cambiaran de forma espontánea. Créeme, ¡lo sabrás!

Pero, por favor, no te preocupes si no se produce este *ajá* transformacional. Ello no significa que hayas hecho algo mal. Puede ocurrir más tarde o puede ser que, en tu caso, el mejor camino a seguir sea utilizar el juego de herramientas para desprogramarte y reprogramarte, lo cual dará lugar automáticamente y de forma mecánica a la transformación.

Si no recibes el *ajá*, hagas lo que hagas, *no te detengas aquí*. Recuerda que eso es lo que hacen la mayoría de los libros: tardan doscientas páginas o más en explicar los principios y después se detienen, dando por supuesto que, una vez que el lector sabe qué hacer, puede simplemente usar su fuerza de voluntad para aplicar el método. Parece como si fuera suficiente con saber qué hacer. Tal vez quieras intentarlo ya y probar tú mismo. De modo que así lo decides, quiero que te sientas libre para cerrar el libro y comprometerte a aplicar el *Gran principio* solo con la fuerza de tu voluntad. Es posible que hagas un buen trabajo de amar a todos y de vivir en el momento presente durante los primeros dos o tres días, pero me temo que descubrirás que pocas veces dura. De hecho ¡casi no dura nada! Tu disco duro y tu *software* te tienen programado en contra. Casi nadie que conozco ha sido capaz de hacerlo solamente con su fuerza de voluntad, ni tan siquiera yo. La comprensión del concepto y el uso de la fuerza de voluntad para aplicarlo no funcionan a largo plazo.

Por otro lado, tal vez te resulte aún difícil comprender el concepto en sí mismo. Muchos de los clientes con los que he trabajado no eran capaces de comprender los principios inicialmente, debido a nuestra programación innata y a lo que en general se enseña. Era casi como si estuviera diciéndoles que la Tierra en realidad es plana, o como si les hablara en otro idioma. Simplemente no eran capaces de concebir que pudieran alcanzar su meta final renunciando a ella y que pudieran alcanzar lo que nunca habían sido capaces de alcanzar sin intentarlo con tanto ahínco.

Tenía que repetir los principios una y otra vez, lo cual daba lugar a una mirada de intensa confusión en su rostro. Finalmente, lo conseguían, como no podía ser de otra forma. Invariablemente, una sonrisa emocionada aparecía en sus caras, todo su lenguaje corporal se ponía en marcha y decían algo así como: «Ohhhh…», o bien «Anda…» o «Ya veo…». La luz se había encendido; ahora comprendían. De modo que si todavía no te ha llegado la luz, es lo normal. Sigue orando y meditando sobre los principios, y ocurrirá. Cuando suceda, será como encontrar en tu vida una puerta secreta a la felicidad que nunca supiste que existía.

De cualquier modo, lo mejor de todo esto es que tu éxito en la vida no depende de la fuerza de voluntad ni del conocimiento intelectual únicamente. El resto del libro explica las herramientas y el método para poner en práctica el *Gran principio* con buenos resultados.

Pero antes de adentrarnos en las herramientas y en el procedimiento en sí mismo, vamos primero a aclarar dos conceptos importantes: la memoria celular y lo que yo llamo «física espiritual».

Capítulo 2

Memoria celular

En general, suele ser bastante fácil saber si algo no está yendo bien en nuestras vidas; los síntomas de dolor o ansiedad no pasan desapercibidos fácilmente. Tal vez tengas dolor de muelas o te hayas quedado despierto hasta tarde por la noche, preocupado por donde estará tu hijo adolescente. Lo que no es tan fácil es descubrir el verdadero origen de estos problemas y sanar realmente esa fuente, en lugar de abordar simplemente los síntomas. Tenemos una tendencia natural a pensar que el problema es nuestra circunstancia actual, pero esto es a menudo inexacto. Si invertimos nuestra energía en cambiar nuestras circunstancias como si fueran el origen de nuestros problemas, cuando *no* es así, ¡simplemente creamos más estrés!

Durante los últimos cincuenta años, y especialmente en los últimos quince, los expertos han comprobado que la fuente de los síntomas de dolor y ansiedad generalmente no se localiza en el cuerpo, ni tan siquiera en tu entorno. El origen se encuentra en los aspectos no a la vista de tu mente inconsciente y subconsciente, o lo que la ciencia llama «recuerdos celulares».

¿A qué nos referimos exactamente cuando decimos «recuerdos celulares?». En realidad, estamos hablando simplemente de tus *recuerdos*. Los investigadores empezaron a añadir la palabra *celulares* cuando observaron que todos los recuerdos se almacenaban en el cerebro. A lo largo de muchos años y tras estudiar a montones de pacientes, los cirujanos analizaron las distintas partes del cerebro y encontraron que los recuerdos residían ahí. Más tarde llegaron las experiencias de los receptores de trasplantes de órganos. Ahora sabemos que los recuerdos quedan almacenados en células por todo el organismo, pero siguen siendo nuestros «recuerdos», que es la manera en la que me referiré a ellos a lo largo de lo que queda del libro. Por otro lado, de los distintos términos utilizados por escritores e investigadores para los recuerdos celulares, yo prefiero el término que utilizaba el rey Salomón de Israel, «asuntos del corazón», habida cuenta, además, de que es la fuente más antigua que he encontrado para este concepto. Pero para no confundirlo con nuestro corazón cardiovascular, yo lo denomino «corazón espiritual». De modo que cuando me refiera al *corazón espiritual* en las páginas siguientes, puedes sustituir tranquilamente el término por *memoria celular* o *mente inconsciente o subconsciente*. Solo pretendo referirme al lugar donde residen nuestros buenos y malos recuerdos, la fuente de todos nuestros conflictos y problemas.

El 12 de septiembre de 2004, el periódico *Dallas Morning News* publicó un artículo, «Medical School Brakthrough», sobre un nuevo estudio que acababa de completarse en el Southwestern University Medical Center de Dallas, Texas. Los científicos habían descubierto que nuestras experiencias no residen solo en el cerebro, sino que son registradas a nivel celular en todo el organismo, y consideraron que esa *memoria celular* era la verdadera fuente de enfermedades y dolencias. Realizaron una entrevista a Eric Nestler, doctor en medicina por la Universidad de Harvard, quien dijo:

> Los científicos piensan que estos recuerdos celulares podrían suponer la diferencia entre una vida saludable y la muerte… El cáncer puede ser el resultado de un mal recuerdo celular que ha sustituido a uno bueno… Este concepto ofrece una de las formas más poderosas de curación de la enfermedad [1].

---

[1] «Medical School Breakthrough», *Dallas Morning News,* 12 de septiembre de 2004.

Este artículo fue reeditado en todo el mundo. Si lees la letra pequeña sobre lo que el artículo denomina «recuerdos celulares» y sobre lo que el rey Salomón llamaba «asuntos del corazón», te darás cuenta de que hablan de lo mismo.

En octubre de 2004, el *Dallas Morning News* publicó un artículo que era una continuación del arriba citado: «A Cell Forgets» (Una célula olvida). Se trata de un artículo extenso, pero merece la pena leerlo de principio a fin:

> En la naturaleza, los científicos están encontrándose con que las células y los organismos graban sus experiencias, todo sin intervención de un cerebro. Los científicos consideran que esta memoria celular podría suponer la diferencia entre vida sana y muerte.
>
> El cáncer puede ser el resultado de malos recuerdos celulares que sustituyen a unos buenos. Los traumas psicológicos, la depresión y las adicciones pueden verse impulsados por una memoria anómala en las células. Los científicos sospechan que las enfermedades que aparecen en etapas tardías de la vida podrían deberse a recuerdos errantes programados en las células al envejecer las personas. Incluso la memoria verdadera, la que requiere un cerebro, parece también residir en recuerdos encerrados en las células.
>
> En la actualidad los científicos están intentando comprender de qué modo las células adquieren esa memoria y contemplan la posibilidad de tratar la enfermedad desde su raíz, actuando sobre esa memoria.
>
> «Esto podría proporcionar una de las formas más poderosas de curación de las enfermedades», afirma Eric Nestler, director del Departamento de Psiquiatría del Southwestern Medical Center de la Universidad de Texas, en Dallas.
>
> Afirma el doctor que, para muchas enfermedades, los tratamientos no son hoy mucho mejores que una tirita. Abordan los síntomas

de la enfermedad, pero no su causa. «La aplicaicón de este conocimiento», dijo Nestler, «ofrece la posibilidad de corregir realmente la anomalía» [2].

El artículo continúa explicando que Eric Nestler y otros biólogos celulares, como Susan Lindquist y Eric Kandel, galardonado con el Premio Nobel, han descubierto marcadores químicos específicos en la superficie de nuestras células que parecen señalar si un gen determinado debe ser utilizado o no. De hecho, Nestler publicó un estudio en la revista *Journal of Neuroscience* en el que indicaba la manera en la que las descargas eléctricas alteran los marcadores en genes de cerebro de ratón [3].

No obstante, el estudio puso de manifiesto que, aparte de la descarga eléctrica, hay otra cosa que puede alterar también estos marcadores de memoria celular: el amor de madre. En experimentos de laboratorio con ratas, los investigadores encontraron que una mamá rata que lame a sus crías modifica literalmente los marcadores químicos unidos al gen que gobierna su experiencia del miedo, dando lugar a crías que manifiestan menos temor durante toda su vida, lo cual pone de manifiesto que el amor de madre puede «programar su cerebro para toda la vida» [4].

En otras palabras, estos investigadores han comprobado que el amor es un antídoto contra el miedo, y tanto el amor como el miedo pueden medirse en el plano celular. Los estudiosos en este campo están observando asimismo que las influencias externas pueden dar lugar al «lavado de cerebro» de una célula, que de otro modo sería

---

[2] Sue Goetinck Ambrose, «A Cell Forgets», *The Dallas Morning News,* 20 de octubre de 2004, www.utsandiego.com/uniontrib/20041020/news_z1c20cell.html.

[3] *Ibíd.*

[4] *Ibíd.*

una «célula tranquila», convirtiéndola en una célula cancerosa invasiva, lo cual puede verse también en estos marcadores. «La célula tranquila resulta *reprogramada* [el énfasis es mío] con marcadores genéticos estratégicamente situados, que dan lugar a un crecimiento descontrolado.» [5]

Este estudio es de 2004. Actualmente los científicos siguen volcados en el estudio de los marcadores específicos de memoria celular y en comprender cómo trabajar con ellos en el laboratorio. De hecho, puede que hayas oído hablar del poder de la memoria celular en las historias que cuentan los pacientes de trasplantes de órganos. Un ejemplo famoso es el de Claire Sylvia, que narró su experiencia en el libro *A Change of Heart* (Un cambio de corazón). Tras su trasplante de corazón y pulmón en el Yale-New Haven Hospital en 1988, Claire Sylvia notó importantes cambios en su personalidad: tenía fuertes antojos de comer pollo de la cadena Kentucky Fried Chicken, que antes del trasplante no habría comido nunca, pues era coreógrafa y bailarina y por ello consciente de la importancia de una comida sana; de repente, le gustaban los azules y verdes, en lugar de los tonos naranjas y rojos brillantes con los que le había gustado vestirse hasta entonces; y su comportamiento pasó a ser agresivo, algo más ajeno a su personalidad. Tras investigar un poco, descubrió que todos estos rasgos nuevos de personalidad eran característicos de su donante. Se cuentan docenas de experiencias similares de receptores de trasplantes de órganos. La explicación está en la memoria celular [6].

---

5 *Ibíd.*

6 Paul Pearsall, Gary E. Schwartz y Linda G. Russek, «Organ Transplants and Cellular Memories», *Nexus* 12:3 (abril-mayo de 2005), www.paulpearsall.com/info/press/3.html. Véase también Claire Sylvia, *A Change of Heart* (Warner Books, 1997). Para consultar más referencias relacionadas con receptores de tras-

Bruce Lipton, científico investigador en la Universidad de Wisconsin, clonó células musculares humanas para tratar de determinar por qué se atrofiaban. Descubrió que las células musculares, por separado, reaccionan y cambian en función de la «percepción» que tienen de su medio, que no es necesariamente su medio «real». Posteriores investigaciones le llevaron a descubrir que este mismo concepto es aplicable al ser humano como un todo: reaccionamos y cambiamos en función de nuestra percepción del entorno (no en función de cómo es en realidad nuestro entorno). Otro término para referirnos a esta percepción puede ser *creencia*[7]. Bruce Lipton dice que prácticamente cualquier problema de salud tiene su origen en una creencia equivocada de la mente subconsciente. Después de leer la letra pequeña del estudio que avala sus conclusiones, creo que lo que Lipton llama creencias de la mente subconsciente es exactamente lo que el Nestler y sus colaboradores denominan memoria celular, y lo que el rey Salomón llamó corazón espiritual. Y como dijimos en el capítulo anterior, dado que la mente subconsciente es literalmente un millón de veces más poderosa que la mente consciente, la probabilidad de tener la vida que deseas sin cambiar esas creencias es como una apuesta de uno contra un millón[8].

El fenómeno de la memoria celular es aplicable a cualquier persona del planeta, no solo a enfermos o perdedores. Antes o después, la memoria celular (o creencias subconscientes, o asuntos de tu corazón espiritual) se manifestará, como ocurría en el ejemplo del ma-

---

plantes de órganos y con la conexión con la memoria celular véase *The Heart's Code: Tapping the Wisdom and Power of Our Heart Energy* , de Paul Pearsall (Broadway Books, 1998).

[7] Bruce Lipton, «The Biology of Perception» (vídeo), 2005, www.youtube.com/watch?v=jjj0xVM4x1I.

[8] Bruce Lipton, *The Biology of Belief: Unleashing the Power of Consciousness, Matter, & Miracles* (Hay House, 2007).

rido que tenía una aventura amorosa, propuesto en el anterior capítulo. Ocurre como con los virus de tu ordenador, que no puedes ignorarlos y esperar a que desaparezcan milagrosamente: sencillamente, eso no ocurrirá.

El doctor John Sarno, de la Facultad de Medicina de la Universidad de Nueva York, ha llevado a cabo un trabajo revolucionario en el campo de las enfermedades psicosomáticas y de la conexión cuerpo-mente, concretamente en relación con el dolor de espalda [9]. Sarno coincide con Bruce Lipton y Eric Nestler y afirma que en el adulto, el dolor crónico y las enfermedades tienen su origen en recuerdos celulares destructivos. Si se cura la memoria celular, la enfermedad y el dolor crónico desaparecen.

De hecho, el terapeuta holístico Andrew Weil dice en su *best seller Health and Healing*: «Todas las enfermedades son psicosomáticas» [10]. Con ello no quiere decir que no sean reales (como tampoco pretende decir esto John Sarno); quiere decir que no tienen su origen en una fuente física, coincidiendo así con los expertos arriba mencionados.

Doris Rapp, alergóloga pediátrica mundialmente reconocida, es una querida amiga y, para mí, toda una heroína. Hace muchos años mostró su disposición a salir del encasillamiento de la medicina estándar para ayudar a los niños. Ello le ha valido las críticas de sus colegas por hacerlo, pero aun así ha mantenido el rumbo. Hoy en día, existen miles de personas en todo el mundo que consideran que la doctora Rapp supuso para ellas un punto de inflexión y ha recibido una lista larguísima de galardones por su labor humanitaria.

---

[9] John E. Sarno, *Healing Back Pain: The Mind-Body Connection* (Grand Central Publishing, 1991), y *The Divided Mind: The Epidemic of Mindbody Disorders* (Harper Perennial, 2006).

[10] Andrew Weil, *Health and Healing: The Philosophy of Integrative Medicine and Optimum Health* (Houghton Mifflin, 1983), 57.

En su libro *¿Es este tu hijo?*, que ha sido éxito de ventas, habla del «efecto barril»[11]. De hecho, fue en su libro donde vi por primera vez que se hablaba de esta cuestión, y me causó gran impacto, hace ahora ya muchos años. Según el efecto barril, podemos pensar que todo el estrés de nuestra vida está en un gran barril en nuestro interior. Mientras el barril no esté lleno, nuestro cuerpo podrá afrontar nuevas situaciones de estrés. Puede que alguien nos enfade, que algo no vaya como a nosotros nos gustaría o que nos encontremos expuestos a una toxina, pero nosotros seguimos encontrándonos bien; nuestro cuerpo y nuestra mente pueden soportarlo. Sin embargo, cuando el barril está lleno, el detalle más pequeño nos arrastra. De modo que el dicho de la «gota que colma el vaso» resulta aquí científicamente bastante acertado.

Por ejemplo, digamos que ayer comiste unos cacahuetes y pasaste bien el día. Pero hoy te has comido un cacahuete y tienes una reacción alérgica. No tiene ningún sentido: no han podido ser los cacahuetes ¿no? Comiste unos cuantos ayer, y no te pasó nada. ¿En qué es distinto hoy? La verdad es que fue el cacahuete y no fue el cacahuete. Sí, comer ese cacahuete desencadenó una reacción física negativa. Pero el cacahuete no habría desencadenado la reacción si tu barril de estrés no hubiese estado lleno. La causa real no fue el cacahuete, fue el estrés (o más concretamente, la «fuente» interna de estrés). Tu nivel de estrés era el único factor diferenciador.

Esta teoría es cierta tanto física como psíquicamente. Si eres padre o madre de familia, probablemente lo habrás visto con tus hijos. Cuando estás en el parque y le dices a tu niño de dos años que ha llegado la hora de volver a casa, el miércoles es posible que trote obediente a tu lado. Pero el domingo, cuando le digas lo mismo, en el mismo momento del día, en el mismo parque, puede que se

---

[11] Doris Rapp, *Is This Your Child?* (William Morrow, 1992), 62-63.

ponga furioso y libere un chorro de adrenalina en forma de la peor rabieta que ha tenido nunca. Su reacción en cada momento depende de lo lleno de estrés que esté su barril. Cuando su barril de estrés está rebosante, su mente inconsciente considera que tener que irse del parque es una amenaza inminente para su vida (visto desde fuera, parece simplemente que tiene una reacción excesiva). Se constata en este ejemplo que no estamos diseñados para vivir con un barril de estrés lleno. Vivir de este modo, sin equilibrio, nos lleva a un «mal funcionamiento» tanto físico como psíquico.

No obstante, la función número uno de nuestra respuesta al estrés es protegernos, no hacernos felices. Nuestra respuesta al estrés, ya sea física como psíquica, debería ser una reacción excesiva, más que una reacción por debajo de lo normal, y a menudo dispara la reacción de lucha o huida, «por si acaso». Si la reacción es inferior a la normal, podríamos morir, y habría fallado en su función primordial. Además, la cantidad de adrenalina liberada en el momento del episodio, en función del estrés que nos produzca la situación en el momento, determina la fuerza de ese recuerdo en nuestro corazón espiritual a lo largo de nuestra vida. Nuestra mente siempre va a otorgar prioridad a experiencias que considera que nos mantendrán a salvo y fuera de peligro y determina dicha prioridad en función de nuestros recuerdos, concretamente, nuestros recuerdos basados en el miedo. Como ves, todos tenemos en nuestro corazón espiritual una programación inútil. Así, un recuerdo estresante que está causando estragos en nuestra vida en este momento podría deberse a que tuvimos un mal día en el parque cuando teníamos dos años!

Nuestro barril de estrés incluye recuerdos generacionales. Puede que hayas tenido una infancia idílica y una vida sin traumas, pero por alguna razón es posible que todavía tengas importantes problemas de confianza, de salud, depresión y adicciones. He trabajado con muchas personas que encajan en esta categoría y que llegan a descubrir que, varias generaciones antes de la suya, tuvo lugar en su familia un trauma importante, como, por ejemplo, que un niño fue atropellado por un tren y murió. Después de aquel episodio nadie en la familia volvió a ser el mismo nunca más. Estos recuerdos, que son potentes virus del disco duro humano, se transmiten como el ADN. Cuanta más adrenalina se libera cuando se produce el episodio, más fuerte es el recuerdo, más afecta al individuo y más probable es que sea transmitido a generaciones futuras. De manera que los recuerdos que te están afectando pueden incluso no ser tuyos. La memoria generacional podría explicar la existencia de lo que comenzamos llamando «el ciclo» y «romper el ciclo» hace unas décadas, o los patrones de comportamiento, pensamiento y sentimientos que siguen repitiéndose en algunas familias. Si puedes eliminar el estrés de la persona que tiene ahora el problema (aunque sea genético y hayan pasado generaciones desde su origen), el problema genético suele curarse.

Uno de mis clientes finalmente descubrió que el origen de sus síntomas actuales tenía más de cien años de antigüedad. Era una señora que, después de hacer algunas averiguaciones en su historia familiar, descubrió que durante la guerra civil en Estados Unidos, su tatarabuela había sido testigo de cómo el enemigo mataba a su marido y a sus tres hijos y de cómo su casa ardía hasta los cimientos. Solo cabe imaginar la manera en la que ese suceso afectó a aquella mujer, condicionando su salud y toda su vida. Transmitió aquellos recuerdos angustiosos (y sus síntomas) a sus descendientes, incluso a aquellos totalmente ajenos a aquella tragedia, entre ellos mi clienta. Pero tanto estrés no supone que no exista esperanza de curación. Una vez identificado aquel recuerdo procedente de generaciones pasadas, pudimos abordar la fuente de los problemas de mi clienta, que acabó curándose. Aprenderás a hacerlo en la parte III del libro.

Si comparas los detalles de los trabajos de investigación de todos los expertos arriba mencionados, verás que dicen lo mismo: la fuente de todos los problemas puede vincularse a nuestra mente subconsciente, conocida también como memoria celular o corazón espiritual. El desencadenante es algún elemento de nuestras circunstancias actuales relacionado con recuerdos del pasado, y el síntoma es la respuesta de estrés.

La memoria celular como causa de síntomas negativos en nuestra vida

He aquí lo que en realidad significa todo esto. Tu cuerpo está integrado por 7.000.000.000.000.000.000.000.000.000 de átomos. Cada uno de estos átomos se halla bajo la influencia de tus pensamientos. Cada vez que tienes un nuevo pensamiento, estás creando nuevas conexiones o vías nerviosas en tu cerebro. Cuando un determinado suceso desencadena de manera automática los mismos pensamientos o emociones, ese pensamiento o esa emoción proviene de una red neural que se creó cuando viviste un determinado acontecimiento por primera vez. Estas redes neurales constituyen tu memoria celular. Cada vez que vives un acontecimiento similar, se desencadena el mismo recuerdo, no sabiendo en general de forma consciente de dónde procede o por qué te sientes de ese modo.

El reto consiste en que la mayor parte de tus respuestas tienen lugar con «piloto automático», sobre la base de esos recuerdos de experiencias anteriores. Si creciste con buenos modelos de rol y tu vida ha sido enriquecedora, entonces puede que seas una de esas personas afortunadas que goza hoy de una vida estupenda. Pero si tuviste traumas en el pasado que todavía no has superado, bien tuyos bien de algún antepasado, entonces es probable que tu vida esté llena de experiencias similares que vuelven una y otra vez sobre la base de tu memoria celular.

Tu memoria celular es el punto de referencia que utiliza tu cerebro para decidir cómo responder aquí y ahora. Esta es la razón por la cual muchos de nosotros reproducimos el papel de nuestros padres en nuestras relaciones como adultos, para bien o para mal, incluso cuando sabemos que sería mejor que no actuáramos de ese modo.

Así que, si tienes un recuerdo que te produce ira, miedo, baja autoestima o cualquier otro sentimiento igual de negativo, ese recuerdo puede hacer que caigas enfermo, llevarte al fracaso y destruir tus relaciones más importantes. Cuando te enfrentas a una situación cualquier en la vida, tal vez pienses que estás acercándote a esa situación completamente de nuevas, como adulto lógico y racional, y que tomas nuevas decisiones conscientes sobre cómo vas a reaccionar en el momento presente. En realidad, tu corazón espiritual está buscando el recuerdo que coincida en mayor medida con la información sensorial que está recibiendo. Según las investigaciones realizadas, nuestra percepción sensorial (vista, oído, sensación, etc.) se desvanece al cabo de un segundo. De modo que lo que respondemos pasado un segundo no tiene nada que ver con nuestros sentidos: tiene que ver con nuestro banco de recuerdos [12]. «No vemos las cosas como son. Las vemos como *nosotros* somos» [13]. Recuerda el ejemplo que utilizamos antes de laos dos conductores en un

---

[12] *Your Brain, A User's Guide: 100 Things You Never Knew, National Geographic*, número especial, 2012, pág. 50.

[13] Esta afirmación ha sido atribuida a fuentes tan diversas como el Talmud o Anaïs Nin, aunque, con independencia de su origen, actualmente puede considerarse realmente como un hecho científico.

atasco, cada uno en su coche, uno al lado del otro. Uno en el típico estado de cólera propia de tráfico; el otro más fresco que una lechuga. Los dos se encuentran exactamente en la misma situación. La diferencia no puede estar en las circunstancias. Tiene que ser algo interno, y así es.

Si tu corazón espiritual encuentra un recuerdo feliz, tiendes a reaccionar de forma positiva. Si encuentra un recuerdo doloroso, tiendes a reaccionar desde el miedo y la ira. El recuerdo basado en el miedo produce síntomas negativos en tu fisiología, tus pensamientos, creencias, emociones y comportamientos. Un recuerdo funciona en gran medida como un teléfono móvil, pues está constantemente recibiendo y enviando. Ese recuerdo envía una «señal de miedo» a las células de alrededor, así como al hipotálamo del cerebro, que regula la respuesta de estrés. Cuando las células reciben esa señal, se cierran y caen en modo de muerte y enfermedad; no eliminan toxinas, no captan el oxígeno ni los iones necesarios, no se nutren ni hidratan. Si la célula permanece en estado cerrado durante mucho tiempo, se dispara la probabilidad de que se manifieste un gen de enfermedad. De hecho, Bruce Lipton afirma que esta es la *única* manera en la que se tiene una enfermedad manifiesta en la vida. Si no sucede esto, literalmente no puedes caer enfermo, porque tu sistema inmunitario y tus recursos de curación siempre estarán trabajando en niveles óptimos.

Cuando el hipotálamo recibe la señal de miedo proveniente de un recuerdo, dispara la respuesta de estrés. ¡Bingo!: ahí es donde empiezan todos los problemas. Nuestra reacción de lucha o huida se dispara, el hipotálamo inunda el cuerpo de hormonas como el cortisol y nos desviamos hacia una programación de dolor/placer, de modo que debemos buscar a toda costa alivio para ese dolor o ese miedo. Ahora lo que queremos es huir de eso, o bien destruirlo. Nuestro cerebro ha desconectado o ha rechazado nuestro pensamiento consciente, *salvo* para racionalizar la lucha o la huida. Ese estrés hace que enfermemos, nos vuelve negativos, nos deja cansados y aturdidos y nos conduce al fracaso, dando lugar prácticamente a todo tipo de síntomas negativos posibles. ¿Ves la conexión?

Este concepto tiene implicaciones muy importantes en cuanto al papel de nuestra mente consciente en la toma de decisiones y en el paso a la acción. El doctor William Tiller me habló de la intención consciente e inconsciente: «Si entran en conflicto, el inconsciente gana siempre». Si actuamos sobre algo, un segundo antes de que conscientemente nos decidamos a hacerlo, se produce en el cerebro un pico químico, que ordena cuál va a ser nuestra decisión y moviliza rápidamente el cuerpo para ponerla en acción, todo ello justo un segundo antes de que nuestra mente consciente decida lo que vamos a hacer. De modo que, si tenemos un recuerdo de miedo (del que a menudo no somos conscientes) relacionado con la situación, nuestra elección consciente se halla en realidad gobernada por nuestra programación: solo estamos llegando a una explicación lógica para la decisión que ha tomado ya nuestro inconsciente/subconsciente. La revista *National Geographic* se refiere a este fenómeno como «la ilusión de la intención» [14].

Habrás visto muchos ejemplos de ello en tu propia vida. En Estados Unidos hay familias de granjeros que no han conducido más que automóviles de la marca Chevrolet durante generaciones («Es algo de familia: conducimos *chevrolets*»). Aunque la marca Chevrolet ocupe el número 47 de las listas de calidad de vehículos, los conductores de estas familias llegan a todo tipo de posible racionalización que explique la supuesta conspiración existente en este sentido y el porqué Chevrolet debería ocupar el número uno en las listas, pero no es así. Por supuesto, estos argumentos no se basan en la

---

[14] *Ibíd.*

verdadera calidad del vehículo, sino en la programación que han recibido de sus padres y abuelos, y de su entorno. Si Chevrolet ocupa el número uno, entonces su mente consciente y su mente inconsciente están en armonía. En caso contrario, se preguntan por qué la gente escribe toda esa sarta de mentiras sobre los automóviles Chevrolet, y siempre están en tensión, lo cual, por poca importancia que pueda parecer que tiene el asunto, se va añadiendo al barril de estrés y posiblemente estará provocando en su vida diversos síntomas, para los que no pueden encontrar la causa. ¿Por qué siguen haciendo esto? ¿Por qué no pueden reconocer lo que están haciendo y empezar a creer la verdad? Porque su mente inconsciente está «ordenando» que compren un Chevrolet y la mente consciente tiene una «necesidad» innata de dar un sentido a las circunstancias y al por qué piensas, sientes, crees y haces lo que haces. De modo que hacen lo que están «obligados» a hacer, sin saber por qué, y racionalizan el porqué, ya que realmente no saben.

Un ejemplo más grave sería el de nuestra educación religiosa. En mi caso me crié en un hogar muy estricto en cuanto a la religión, lo cual me produjo algo así como un conflicto esquizofrénico interno: me habían enseñado que Dios es amor, pero también que ese mismo Dios estaba esperando a que pisara un milímetro fuera de la línea para castigarme. Cuando fui ya un joven adulto, tiré por la borda este concepto de Dios porque no tenía sentido para mí. O por lo menos mi mente consciente lo tiró por la borda, porque me estaba causando mucho dolor. Sin embargo, pasaron literalmente décadas antes de que mi corazón espiritual siguiera este mismo camino. A partir de ese momento empecé la búsqueda. Con el tiempo, mis creencias sanaron y cambiaron y hoy en día he optado por no formar parte de religión alguna (es decir, visitar con regularidad un determinado edificio en nombre de alguien y con una serie de normas para seguir siendo un «buen miembro»). He encontrado cosas buenas y malas en todas las religiones.

Ello no obstante, en modo alguno pretendo insinuar que piense menos en la gente que cree y vive en la religión, ni que la desprecie. No lo hago. Simplemente estoy transmitiendo mis propias creencias y mi propio camino. En la actualidad me considero un seguidor de Jesús, ni más ni menos. Jesús enseñó que si amas, lo has hecho todo: si no vives en el amor, has perdido la señal. Yo creo que mi labor, con cada persona y en cualquier situación, es amar, sin orden del día ni ataduras, tanto si gusto y me tratan bien como si no. Mi trabajo no es juzgar, es amar. Y creo que eso es vida «espiritual», no religiosa.

Pero he aquí mi pregunta: ¿Qué hay en tu interior? ¿Un Ford o un Chevrolet? ¿Religioso o no?¿ Indios o vaqueros? ¿Actitud progobierno o antigubernamental? ¿Tiene algún sentido la comparación o la competición cuando aquello en lo que crees, sea lo que sea, tiene que ganar? ¿O estás buscando constantemente, abierto a a la verdad, no importa cuál sea? Estados Unidos es una de las naciones más ricas y afortunadas del planeta. Aun así muchos estadounidenses viven increíblemente estresados por asuntos económicos, porque comparan su situación con la de alguien que ellos piensan que vive mejor. Siempre que una persona viene a mi consulta estresada por asuntos económicos, le pregunto: «¿Tienes una casa? ¿Tienes comida en la mesa? ¿Tienes electricidad?» Arrepentidos, suelen responder: «Sí». Es típico que estén preocupados por algo que nunca sucederá e, incluso si han perdido algo grande, de alguna manera seguirán teniendo un techo sobre su cabeza y comida en la mesa. Pero la fuente de su estrés es la programación basada en el miedo interior, que hace que se comparen a sí mismos con los demás, no porque verdaderamente su seguridad o su supervivencia esté amenazada.

En una ocasión vi una encuesta *on-line* en la que se preguntaba «Si pudieras coger tu casa, tus pertenencias y el lugar en el que vives ahora mismo y ponerlo todo en el sitio más pobre de Etiopía ¿te sentirías diferente en algo?» La reacción me fascinó. La mayoría de la gente dijo que sí, que se sentirían diferentes, pero no porque se sintieran más satisfechos y compasivos. Se sentirían inquietos porque iban a tener la necesidad de proteger sus pertenencias de todo el que las tuviera mucho peores. Este tipo de intención inconsciente es la razón por la que tenemos que desprogramar y reprogramar los recuerdos en nuestro corazón espiritual. De lo contrario, seremos un títere a merced de las cuestiones subconscientes o inconscientes, que no solo no ayudan ni son de utilidad, sino que incluso pueden no ser ciertas en origen.

Veamos cómo es la intención inconsciente en acción. Un hombre se acerca a una fila de coches parados en un semáforo en rojo, y entra en cólera. La ira es una emoción basada en el miedo, de modo que si está experimentando miedo en una situación que no supone una amenaza para la vida, es un signo de que tiene un virus en su disco duro, lo cual simplemente significa que algo en su mecanismo de supervivencia no funciona bien.

Es decir, ese individuo tiene recuerdos en su corazón espiritual (o mente subconsciente) que le están diciendo que es una situación que amenaza su vida, ya sea por su educación, su experiencia pasada o incluso una experiencia generacional que puede que conozca o no. Pongamos también que ese individuo ha leído la introducción de este libro, de modo que su mente consciente sabe lo que se supone que debe hacer: sentarse pacientemente en su coche y amar al conductor que tiene delante. Buena suerte con ello ¿de acuerdo?

Puede que ya veas el problema: esa percepción consciente no tiene ninguna posibilidad. Cuando su química cerebral y corporal le están diciendo que luche, lo último que quiere hacer, o que puede hacer, es quedarse sentado con amor. ¡Eso es lo último que cualquiera de nosotros querría hacer! Pocos son capaces de resistir la programación dolor/placer cuando su cuerpo está en un estado ac-

tivo de lucha o huida. La fuerza de voluntad no va a funcionar, porque el disparador saltó antes de que ni tan siquiera se diera cuenta
de lo que estaba sucediendo. De hecho, por mucha fuerza de voluntad que pongan las personas en la reacción de lucha o huida,
suele ser apenas suficiente para llevar rápidamente la mano a la bo-
cina del coche, o cualquier cosa que tengan a mano y que les permita «desahogarse» u obtener cierto alivio instantáneo del dolor
que está sintiendo. Generalmente, no es suficiente para que hagan
lo que creen que sería correcto.

No existe verdadera curación sin la curación de tus recuerdos

Así pues, no existe verdadera curación sin la curación de tus recuerdos, físicos o no físicos. Si hay algo que no te gusta de tu experiencia actual, puedes estar seguro de una cosa: tienes recuerdos que
contienen experiencias negativas similares y una programación específica para lo que estás experimentando. En otras palabras, estás
reviviendo y reproduciendo recuerdos basados en el miedo, una y
otra vez. Si te encuentras en la vida en algún tipo de círculo vicioso,
esos recuerdos son el origen de ese círculo. De hecho, todo —tu fisiología, tus creencias, tus emociones y tu comportamiento— son
manifestaciones de tus recuerdos y de las convicciones que provienen de ellos. Tu programación basada en el miedo está gobernando
tu situación actual.

Espero que veas ahora con mayor claridad por qué la fuerza de
voluntad y la mayor parte de las terapias no funcionan: no abordan
el origen del verdadero problema. Incluso terapias como la desen-
sibilización consciente, que *parecen* llegar a los recuerdos mismos,
no suelen proporcionar una curación duradera. ¿Por qué? Tienden

a programar nuestra mente inconsciente para *reprimir* esos recuerdos y desconectar así de ellos nuestras respuestas emocionales. Esto es afrontamiento, no verdadera curación. Además, incluso reprimidos, estos recuerdos llenan nuestro barril de estrés. En otras palabras, nos sitúan efectivamente en un estado constante de estrés interior inconsciente. Incluso si ya no te molestan desde el punto de vista emocional, es posible que esos recuerdos pueden estar causando más problemas que nunca en forma de diversos síntomas de los que parece que no puedes deshacerte. Represión más afrontamiento es lo *contrario* de curación. Muchas personas acaban sencillamente sintiéndose bloqueadas, insensibles, en lugar de experimentar los resultados positivos de amor, alegría o paz. Represión más afrontamiento equivalen a estrés.

A lo largo de los años muchas veces ha venido a verme gente en relación con un problema concreto, para luego mencionar de forma despreocupada otro incidente más traumático ocurrido tiempo atrás. Posiblemente creyeran que habían superado ese incidente porque habían seguido terapia durante treinta años. Yo diría «Eso es genial», pero también sé que el problema volverá probablemente a aparecer de nuevo en mi trabajo con ellos. Lo más probable es que solo haya estado reprimido o que el paciente haya aprendido mecanismos de afrontamiento, pero no estará curado.

La hipnosis es otra técnica que trata de abordar y curar problemas arraigados en nuestro inconsciente. Pero yo no permitiría nunca que me hipnotizara nadie, ni tan siquiera la persona en la que más confío en el mundo. No digo que no pueda funcionar. Por muy bien intencionado y por mucha experiencia que tenga el terapeuta, es muy fácil que el hipnotizador pueda, sin querer, alterar algo en nuestro inconsciente o dejar una sugerencia posthipnótica involuntaria que podría empeorar mucho las cosas. Y nadie, ni siquiera el hipnotizador, sabría por qué.

He visto suceder esto más de una vez. Nunca olvidaré cuando fui testigo de ello en una de mis prácticas de doctorado. El tipo que realizaba la hipnosis era un genio, al menos en mi opinión. Era el jefe del departamento en una universidad puntera, tenía mucha experiencia y era muy respetado como terapeuta clínico. Yo me encontraba asistiendo a una sesión en la que el citado experto estaba sometiendo a hipnosis a una persona, cuando oí a alguien hablar del otro lado de una ventana cerrada. La persona que estaba fuera no tenía ni idea de que en el interior del edificio estuviera llevándose a cabo una sesión de hipnosis y, sencillamente, estaba conversando. Pero a través de la ventana cerrada escuché lo siguiente, en tono muy bajito: «no va a ser capaz de hacerlo nunca». No tenía ni idea de lo que estaban hablando. ¿Una tarea, una relación, una blusa nueva? Pero cuando escuché el comentario, tuve lo que parecía un pensamiento casual: *me pregunto si la persona sometida a hipnosis lo habrá oído*. La expresión del rostro de la persona hipnotizada me hizo creer que efectivamente lo había oído y, si lo había hecho, esa frase —«no va a ser capaz de hacerlo nunca»— se convertiría al instante en una sugerencia hipnótica que iría directa a su mente inconsciente. Cualquiera que fuese la solución que estuviera sugiriendo el hipnotizador, el inconsciente de la persona hipnotizada estaba diciéndole que nunca sería capaz de hacerlo. Unos seis meses más tarde me enteré de que los problemas de esa persona habían aumentado después de la hipnosis y que nadie sabía por qué. Cuando escuché esto, acudí al hipnotizador y le conté lo que había visto y oído y le pregunté si lo sucedido podía ser la razón por la que las cosas habían empeorado. Por la expresión de su cara, podría decir que sabía que aquella bien podía ser la razón. «Sin embargo», dijo, «dudo que tenga nada que ver». Pero en realidad él lo sabía y, de todos modos, no había nada que pudiera hacer al respecto. Para complicar aún más la cuestión, la mente inconsciente puede interpretar las palabras del hipnotizador de un modo diferente a la intención de este, sobre la base de una programación de recuerdos de miedo previos.

Por favor, ten en cuenta que esta es solo mi opinión. He visto surgir algunas cosas buenas de la hipnosis, como, por ejemplo, dejar de fumar, pero personalmente yo nunca la llevaría a cabo, por la posibilidad de que las cosas vayan mal.

Una terapia clásica puede durar años y no tener un impacto duradero, bien porque se centre completamente en la mente consciente («hablemos de tu madre»), bien porque vaya dando tumbos por las profundidades de tu inconsciente sin linterna o sin las herramientas apropiadas para ese trabajo. Lo que necesitamos es abordar y curar el origen, la fuente, que es el recuerdo original que está desencadenando esa reacción en primera instancia. Más concretamente, tenemos que identificar el virus del disco duro humano, desprogramar ese recuerdo de manera que no siga enviando la señal de miedo que desactiva nuestro sistema inmunitario y nuestros mejores recursos y después reprogramarlo para que pueda funcionar en la verdad y en el amor, produciendo en nuestro cuerpo todos los síntomas positivos concebidos para tener lugar de modo natural. Para ello necesitamos herramientas concretas, que estén diseñadas y probadas para desprogramar y reprogramar, y no solo la fuerza de voluntad o la palabra [15].

---

[15] A modo de comentario, algunas personas solo necesitan un poco de información o sucintas instrucciones para abordar el siguiente paso hacia la consecución del éxito. Recibir asesoramiento sobre nuestra carrera profesional, nuestras relaciones personales, etc. es estupendo, siempre que la persona en cuestión no tenga en el subconsciente «virus» en lo referente a esa cuestión y solo necesite más información.

Sanación de los recuerdos de origen

Los científicos están aún aprendiendo a manipular en laboratorio los marcadores presentes en la superficie de nuestras células, pero me alegra poder decirte que no tienes que esperar a que se produzca un descubrimiento de laboratorio para desprogramar y reprogramar tus recuerdos. Puedes hacerlo ya.

Espera un momento: ¿cómo se puede curar algo que sucedió en el pasado, sobre todo si no te ocurrió a ti, como ocurre con los recuerdos generacionales? Para el corazón espiritual (o mente inconsciente/subconsciente), donde reside toda la programación para estos asuntos, no existe ni pasado ni futuro, solo presente. Todo es inmediato, 360 grados, experiencia bruta inmediata de sonido envolvente, en este momento. Aunque pensemos que los recuerdos residen en nuestro pasado, para nuestra mente inconsciente están en gran medida en nuestro presente y podemos acceder a ellos ahora mismo. De hecho, en la Parte III del libro aprenderás a identificar con precisión y a sanar tus recuerdos de origen, aunque ahora vamos a tratar aquí los conceptos generales. Debes comprenderlos para poder ponerlos en práctica más adelante.

El primer paso para sanar nuestros recuerdos consiste en comprender toda la verdad sobre el incidente generador del recuerdo. Siempre que se crea un recuerdo doloroso, se crea al mismo tiempo de manera característica una creencia errónea (una mentira o una mala interpretación del episodio) y, en realidad, es esta creencia errónea o nuestra *interpretación* del episodio lo que hace que reaccionemos con miedo, no el episodio en sí mismo.

De hecho, un recuerdo que desencadena miedo *siempre* se retrotrae a una interpretación equivocada del episodio original. La verdadera fuente de mi miedo y estrés no es el hecho de que mamá muriera; es mi convicción de que, al morir mamá, yo nunca volvería a estar bien nunca. No es el diagnóstico de cáncer, es mi convicción de que, como me ha sido diagnosticado cáncer, mi vida se acaba. No es eso tan desagradable que alguien me hizo, es mi convicción de que eso tan desagradable significa que soy una persona de inferior valía y mérito.

En este sentido, el incidente original puede haber sido o no lo que un psicólogo (o cualquiera) calificaría como traumático. Es posible que el incidente tuviera lugar durante nuestros primeros seis años de vida, cuando teníamos una rabieta por cualquier razón, pero quedó programado como trauma. He tenido muchos clientes cuyos problemas de éxito eran atribuibles a este tipo de incidentes aparentemente menores. A menudo me refiero a tales episodios como «recuerdos helado de polo», por un cliente que descubrió que sus problemas de éxito se debían a que, con cinco años, había tenido una rabieta porque no le habían comprado un helado de polo [16].

Aunque definamos hoy nuestras experiencias pasadas como «traumáticas», para nuestra mente subconsciente e inconsciente no hay diferencia. Lo importante es sanar el recuerdo y la señal de miedo que está transmitiéndose. Debemos identificar y eliminar la mentira creada a partir del recuerdo doloroso del pasado y sustituirla por la verdad. Como si te sacaras una espina, puedes tirar de la mentira que está causándote dolor y haciendo que veas el mundo a través de gafas de cristales oscuros.

Para que quede claro, cuando digo «entender toda la verdad» sobre el incidente, me refiero a tanta verdad como puedas encontrar. Tampoco necesitamos todos los detalles históricos acerca de la situación. De hecho, la mayor parte de la gente es incapaz de buscar toda la verdad sobre un episodio, porque la lucha/huida/*shock* se

---

[16] Alexander Loyd y Ben Johnson, *El Código de Curación* (Edaf, Madrid, 2011), 123-124.

lo impide; sencillamente, es demasiado doloroso. Nos resulta imposible encontrar la mayor parte de nuestros recuerdos, porque están en nuestro inconsciente. No te preocupes, también te enseñaré a sanar esos recuerdos. Esta es otra razón por la que la fuerza de voluntad no funciona; necesitamos herramientas del subconsciente que puedan ir directas al origen y sanarlo, aspecto en el que profundizaremos más en el capítulo 4.

¿Cómo sabrás que tus recuerdos han sido completamente sanados y que has roto el círculo, sin hacer uso de la fuerza de voluntad? La próxima vez que te encuentres bajo presión externa, sentirás paz y alegría (los subproductos del amor), en lugar de ansiedad y estrés (los subproductos del miedo).

Mi mujer, Hope, sufrió depresión durante varios años al principio de nuestro matrimonio. En aquella época un día un mensajero de UPS le trajo a casa un paquete de gran tamaño. Ocurrió cuando nuestros hijos, Harry y George, eran pequeños, y todos en casa estábamos impacientes por ver qué había dentro de aquella gigantesca caja. Al abrirla, había algo pequeño, aunque muy frágil, de modo que la caja estaba en su mayor parte llena de gusanitos de poliestireno expandido. El día volvió a la normalidad hasta cerca de tres horas más tarde, cuando escuché el más terrible de los escándalos en el piso de arriba. Subí las escaleras a toda prisa para ver qué pasaba y me encontré a George llorando, a Hope furiosa y los gusanitos blancos esparcidos por toda la casa. No hace falta decir que vivimos una situación traumática durante aproximadamente las siguientes veinticuatro horas.

Dos años más tarde, curada ya Hope de su depresión, adivina qué: un mensajero de UPS trajo a casa otra gran caja, también llena de gusanitos de poliestireno. Una vez más, todo fue bien hasta unas tres horas más tarde, cuando oí un terrible jaleo en el piso de arriba. Cuando subía por las escaleras para apagar el fuego, tuve un *déjà vu*. Pero cuando llegué arriba, me quedé asombrado. Vi a mi hermosa mujer riendo como una colegiala de diez años, lanzando al aire los gusanitos a puñados, como si fueran copos de nieve. Harry y George la imitaban y se revolcaban en ellos, dando vueltas, cantando y pasando el mejor rato de su vida. Este episodio también afectó a nuestro hogar durante las siguientes veinticuatro horas, pero de un modo muy diferente. Hoy pagaría un millón de dólares por un vídeo de esos cinco minutos.

¿Qué es lo que ocurrió en esos dos años que cambió la reacción de Hope de forma tan drástica? Hope había sido reprogramada. Cuando se dieron por primera vez las circunstancias, Hope contempló la situación a través de las lentes del dolor y del miedo. Dos años más tarde, esa programación ya no existía, lo cual cambió su manera de ver la situación. Su instinto natural en ese momento era la *diversión*. Nadie se lo sugirió; no hubo ningún «deberías». Su respuesta inmediata, natural, fue absolutamente la contraria. Eso, amigos míos, es «romper el ciclo».

CAPÍTULO 3

La física espiritual
de la verdad y del amor

Como aprendimos en el capítulo anterior, tanto las últimas investigaciones científicas como la ancestral sabiduría espiritual han puesto de manifiesto que los recuerdos son la fuente prácticamente de cualquier síntoma físico, emocional y espiritual y que residen en el campo de información de cada célula del organismo. Ello tiene importantes implicaciones. El origen de todos los síntomas que experimentas en la vida, incluso los innegablemente físicos, no es tangible. No se trata de huesos, sangre ni tejidos; es *energía*. Que todo es energía no debería ser una sorpresa para nadie, en la medida en que la ecuación de Einstein $E = mc^2$ nos enseña que todo se reduce a un patrón de energía. Como escribió el investigador William Collinge «Einstein mostró a través de la física lo que los sabios han enseñado durante miles de años. Todo en nuestro mundo material —animado e inanimado— está hecho de energía, y todo irradia energía» [1]. Sin embargo, no hemos aplicado aún de forma sistemática esta idea de que todo es energía a los problemas de nuestra vida, especialmente a nuestros conflictos y luchas más invasivos.

---

[1] William Collinge, *Subtle Energy* (Warner Books, 1998), 2.3. Citado en Donna Eden (con David Feinstein), *Energy Medicine* (Tarcher/Penguin, 2008), 26.

La clave de la salud y del éxito es espiritual, no física

Comencemos con una visión general. Si te mantienes al día con las noticias, probablemente sabrás que, aunque vivamos ahora más años, la salud de nuestra sociedad está empeorando. En 1971 Richard Nixon declaró la guerra al cáncer, en una época en la que esta era la octava causa de muerte en Estados Unidos. Hoy, más de cuarenta años más tarde, es la causa número uno de muerte en todo el mundo, y está aumentando en proporciones epidémicas. En 2014, la Organización Mundial de la Salud afirmó que se esperaba que los casos de cáncer aumentaran un 50 % en la siguiente década [2].

Y no es solo el cáncer. El número de casos de casi todos los diagnósticos se ha disparado también, como la cantidad de dinero destinado a tratar los síntomas de las enfermedades y a investigar sus potenciales tratamientos. En algunos casos los efectos secundarios de los tratamientos y los medicamentos son peores que los síntomas de la propia enfermedad. Gastamos miles de millones de dólares en fármacos y ensayos y, en muchos casos, los resultados muestran que el placebo es tan eficaz como los tratamientos que se están probando, o incluso más.

Esto es así en la medicina occidental estándar y en la medicina alternativa. Sí, yo creo en la medicina natural. Durante años tomé suplementos a diario. Mi mujer y yo también recurrimos a la homeopatía durante años. Medito. Rezo. Hago ejercicio y bebo agua pura. Pero, para ser honestos, hemos de admitir que, a pesar de la ola de salud natural de los últimos veinte o treinta años, nuestra salud *sigue* empeorando. He pensado y meditado mucho sobre

---

[2] «Cancer Cases Set to Rise by Half by 2030», *Discovery News,* 4 de febrero de 2014, http://news.discovery.com/human/health/cancer-cases-set-to-rise-by-half-by-2030-140204.htm.

ello. ¿Cómo puede ser? ¿Cómo es posible que se estén realizando descubrimientos médicos y que cada día se confíe más en las terapias naturales al mismo tiempo que nuestra salud continúa su caída libre? *Lo único que se me ocurre es que estamos buscando la solución en el lugar equivocado.* Hemos estado pensando únicamente en términos de medicina tradicional frente a medicina alternativa. Pero la fuente de curación no se encuentra en la medicina tradicional *ni* en la medicina alternativa. No se encuentra en absoluto en el mundo físico. Está en el mundo espiritual, en el mundo de la energía.

Después de descubrir en 1988 el poder del *Gran principio* y, a lo largo de los veinte años siguientes las tres herramientas para desprogramar y reprogramar, investigué mucho para tratar de averiguar cómo funcionaban en realidad, tanto en estudios científicos como en antiguos manuscritos espirituales. Encontré las primeras piezas del rompecabezas en un antiguo manuscrito escrito hace más de tres mil años por el rey Salomón de Israel, reconocido por su sabiduría incluso más allá de las fronteras de su diminuto país. Decía en él: «Por encima de todo, protege tu corazón, desde el que fluyen todos los asuntos de la vida». Aunque no explicaba completamente qué entendía él por «protege tu corazón», al menos sabemos que, independientemente de lo que entendiera el rey Salomón por «corazón», no era el corazón que bombea sangre a todo el organismo. Era el corazón espiritual del «Te quiero con todo mi corazón». Era la fuente de todos los asuntos que experimentamos en la vida.

En otro antiguo manuscrito escrito hace alrededor de dos mil años, el apóstol Pablo explicaba algo más este concepto de «protege tu corazón». Decía que si tienes amor, lo tienes todo; si no tienes amor, no tienes nada. Y si haces las cosas desde el amor, generarás éxito en tu vida; si no las haces desde el amor, no te supondrán beneficio alguno[3]. En el siglo xx Mahatma Gandhi describió la misma verdad desde otro ángulo: «Cuando me desespero, recuerdo que, a lo largo de toda la historia, el camino de la verdad y del amor siempre ha vencido. Han existido tiranos y asesinos y, por un tiempo, puede que parecieran invencibles, pero, al final, siempre cayeron. Piensa en ello: siempre»[4].

Si el rey Salomón estaba en lo cierto y cualquier problema que tengamos proviene del corazón espiritual, eso significa que si tengo cáncer se debe a un asunto del corazón espiritual, si sentimos amor o miedo, perdón o ausencia de perdón, alegría o tristeza, paz o ansiedad, autoestima o autorrechazo. Lo mismo puede decirse de la diabetes, la esclerosis múltiple y cualquier otro problema de salud. Ahora bien, no estoy diciendo que no exista un elemento genético o un elemento nutricional que esté afectando a la manera en la que esa enfermedad hace presa en nosotros. Pero la pieza clave, el interruptor sí-no, se encuentra en el corazón espiritual. Evidentemente, nuestra vida espiritual colectiva, como sociedad, está lejos de lo que debería ser y por eso, también, nuestro estrés está también descontrolado. Nuestra realidad espiritual es la realidad más poderosa de la vida, aunque tendamos a dedicar lo mejor de nuestro tiempo y de nuestra atención a las circunstancias físicas y externas.

Si es así, en cierto modo, es una buena noticia. Hasta ahora nos hemos centrado en la medicina estándar y complementaria, pero no nos hemos detenido en la esfera espiritual. O, si lo hemos hecho, ha sido de forma incorrecta.

---

[3] Primera carta a los Corintios 13.

[4] Fuente: www.mahatmagandhionline.com/, acceso 19 de septiembre de 2013.

Por qué la mayoría de las afirmaciones no sirven

Una forma en la que la gente ha incorporado la espiritualidad a la consecución de resultados externos es el uso de afirmaciones. Ya hemos mencionado el trabajo del investigador Bruce Lipton, en el que llegaba a la conclusión de que nuestras creencias o convicciones son la fuente de casi todos los síntomas y problemas que tenemos. Dado que los resultados físicos y no físicos entran por la puerta de las creencias, en los últimos cincuenta años se ha puesto de moda tratar de «fabricar» creencias a través de afirmaciones. Este planteamiento equivale a tratar de levantar una roca muy pesada: es posible que, con mucho esfuerzo y tensión, seas capaz de hacerlo, pero también es posible que te hagas daño en el intento.

Hace diez o doce años llegué a sentir que las afirmaciones me venían de todas partes. Se publicaron por aquel entonces varios libros superventas sobre afirmaciones y la gente me hablaba de ellas cada dos por tres. Parecía ser la cuestión del momento en el mundo de la autoayuda. Un día yo estaba con un señor que tenía un problema de estómago. Allá donde fuera, decía: «Mi problema de estómago ya está curado. Mi problema de estómago se va a curar ya completamente. Mi problema de estómago ya está curado. Mi problema de estómago se va a curar ya completamente». Le miré por un momento. Finalmente le dije: «¿Te está ayudando eso?». Él dijo: «Sí. Realmente creo que sí». Pues bien, tres meses más tarde, todavía le estaba oyendo decir: «Mi problema de estómago ya está curado...». Por supuesto, la gente no utiliza afirmaciones solo por problemas de salud. En el terreno del éxito personal, es frecuente oír a la gente decir: «Un millón de dólares está de camino. Un millón de dólares está viniendo hacia mí en este momento».

Hace varios años la Universidad de Waterloo dio a conocer el primer estudio doble ciego realizado por una universidad sobre este tema y del que yo tuviera conocimiento. Ocupó los titulares de los periódicos de todo el mundo. Las cadenas CNN, ABC, NBC, Fox y todos los diarios hablaban de ello. El estudio llegaba a la conclusión de que las personas que tenían ya una fuerte autoestima se sentían incluso mejor consigo mismas después de repetir afirmaciones positivas. Pero aquellos individuos que no tenían una fuerte autoestima (la gran mayoría de las personas del estudio) y repetían una y otra vez las mismas afirmaciones positivas se sentían incluso peor [5].

¿Por qué ocurre esto? Los dos ingredientes más importantes para alcanzar resultados a través de las convicciones son la *verdad* y el *amor*. En primer lugar, necesitamos creer en la auténtica verdad para generar resultados a largo plazo, sostenibles. Del mismo modo que existen diferentes tipos de amor (*agape* y *eros*, por ejemplo), existen diferentes tipos de convicciones o creencias. Yo las diferencio en *placebo, nocebo* y *de facto*.

Una *convicción placebo* consiste en creer en una falsedad positiva, que crea un efecto positivo temporal (como vemos en el ejemplo de los medicamentos). El efecto medio, de acuerdo con los estudios, es que un placebo actúa en torno al 32% de las veces, y de manera temporal [6].

---

[5] Joanne V. Wood, W. Q. Elaine Perunovic y John W. Lee, «Positive Self-Statements: Power for Some, Peril for Others», *Psychological Science* 20, 7 (2009): 860-866. Alex Loyd y Ben Jonson, *El código de curación* (Edaf, Madrid, 2011), 177.

[6] Según el doctor Irving Kirsch, de la Facultad de Medicina de Harvard, «La diferencia entre el efecto de un placebo y el efecto de un antidepresivo es mínima para la mayoría de las personas». El investigador continúa, afirmando que no se trata de que los antidepresivos sean ineficaces, sino de que la mayor parte de su eficacia procede del efecto placebo (el poder de creer en una «falsedad positiva», es decir, en que ese comprimido va a tener un efecto beneficioso), no de los componentes químicos del fármaco. Sus estudios constataron que este principio es válido también para otros muchos trastornos, como el síndrome del intestino irritable, la lesión por esfuerzo repe-

Una *convicción nocebo* consiste en creer en una falsedad negativa, que impide que se produzca un efecto positivo. Las convicciones nocebo son las malas interpretaciones, o «espinas», de nuestra programación interna, como ya comentamos en el capítulo 2, que bloquean la curación y el éxito que podrías alcanzar. Por ejemplo, pongamos que fuiste al médico y te diagnosticaron un cáncer de mama. Te sometieron a una biopsia, hicieron recuento de leucocitos y completaste el tratamiento, bien convencional bien alternativo. Vuelves para los resultados de las pruebas de seguimiento y el médico te dice que tiene buenas noticias: no hay evidencia alguna de cáncer. En lo que a él respecta, estás estupenda. Pero tú vuelves a casa y no te crees la verdad de lo que el doctor te ha dicho. Te preocupas: *¿Y si ha pasado algo por alto? ¿Y si el cáncer vuelve?* Esta es la convicción nocebo. Literalmente, puede bloquear cualquier curación posible o que ya esté en marcha, o puede crear nuevos problemas de salud.

Según el estudio, el nocebo puede también dar lugar a resultados externos en el 30-40% de los casos.

Ben Johnson, un querido amigo y el único médico que aparece en la película *El Secreto*, me habló de un paciente cuyo padre, cuyo abuelo y cuyo bisabuelo habían muerto de infarto de miocardio a los cuarenta años, situación esta bastante insólita. Aunque el paciente no tenía problemas de corazón, estaba absolutamente convencido de que moriría a los cuarenta años, lo cual le aterrorizaba, y nadie había podido convencerle de lo contrario. Con este convencimiento, cumple los cuarenta y muere. El caso es que, cuando le realizaron la autopsia, no encontraron absolutamente ninguna

tido, las úlceras, la enfermedad de Parkinson o, incluso, el dolor crónico de rodilla. «Treating Depression: Is There a Placebo Effect?» *60 Minutes*, 19 de febrero, 2012, http://www.cbsnews.com/news/treating-depression-is-there-a-placebo-effect/.

razón para que ese hombre joven hubiera muerto. No tenía problemas cardíacos ni había sufrido un infarto, no tenía problemas de salud de ningún tipo. Literalmente, se había «nocebizado» a sí mismo hasta morir.

Una *convicción de facto* es creer toda la verdad, o realidad objetiva. Esto funciona el cien por cien de las veces, siempre que creas en ello y actúes en función de ello. Es interesante fijarse en que las convicciones *nocebo* y *placebo* se basan en el miedo, mientras que las convicciones *de facto* se basan en el amor.

Vivimos en una época interesante. Multitud de personas y de libros estupendos pretenden que creamos en estos días que no existe una realidad objetiva, que la percepción es la única realidad. Si esto fuera cierto, significaría que toda creencia es una convicción «de facto», incluso si tienes creencias en conflicto. Si no existe una realidad objetiva ¿por qué tratar de estar sanos y de comer bien o hacer ejercicio, si todo esto es solo una percepción? Así que cada uno puede aplicarse a sí mismo un nocebo o un placebo, dependiendo del efecto que quiera alcanzar. Por supuesto, no vivimos así, porque en nuestro interior sabemos que, para la mayor parte de las cosas, *existe* una realidad objetiva.

A menudo muchas afirmaciones no funcionan, no solo porque no son ciertas, sino también porque no se realizan desde el amor. Si se repite la afirmación desde un lugar de interés egoísta y basado solamente en el miedo, probablemente no se esté realizando desde el amor. Por poner un ejemplo, volvamos a la afirmación anterior: «Mi problema de estómago ya está curado». En primer lugar, ¿el hombre que la repetía estaba en lo cierto? ¡No! ¿Tenía la esperanza de que fuera cierto? Por supuesto, pero, como ya hemos dicho, este tipo de creencia no conduce a resultados duraderos. En segundo lugar, ¿se realizaba esa afirmación desde el amor? No podemos estar seguros, pero casi con toda certeza se realizaba desde el miedo, que es lo contrario del amor, pariente del egoísmo y desencadenante instantáneo de estrés, que estaba en el origen de su problema gástrico. Puede que seas capaz de racionalizar que pronuncias tus afirmaciones desde la verdad y el amor, pero solo si examinas honestamente tu corazón y tus intenciones lo sabrás con seguridad.

Durante cerca de año y medio probé afirmaciones como esta utilizando la prueba de variación de la frecuencia cardíaca (la prueba médica para el estrés). Lo que encontré fue que, cuando la gente pronunciaba afirmaciones en las que no creía, su nivel de estrés se disparaba. En definitiva, el estrés era el factor que había generado el problema en primera instancia. De modo que, en realidad, esas personas estaban tratando de solucionar su problema de estrés con algo que estaba causando más estrés.

Además de actuar desde la verdad y el amor, la persona ha de *creer* en la afirmación para que esta sea eficaz. Hay que diferenciar la creencia que es más una esperanza o un sueño imposible de la creencia a la que yo suelo referirme como «sé que sé que sé». Este es el tipo de convicción que da resultado. A lo largo de los últimos setenta y cinco años aproximadamente, a través de la historia del movimiento de sanación en la fe, se ha descubierto que diversos sanadores espirituales muy populares eran unos impostores. Distintos medios de comunicación sacaron a la luz claras evidencias incriminatorias: los sanadores utilizaban «espías» camuflados entre el público, que escuchaban conversaciones y compartían la información con los supuestos sanadores, de modo que estos pudieran saber cosas que de otro modo no habrían podido saber. Al mismo tiempo no hay duda de que algunas personas se curaban milagrosamente de dolencias físicas. Y esto es lo que despierta nuestro interés: ¡algunas de estas curaciones tuvieron lugar con intervención de este tipo de impostores! ¿Cómo puede ser? Todo tiene que ver con las creencias. Su curación era posible, con o sin intervención del sanador. El cuerpo de esas personas podía conseguirlo, esas personas creían que era posible, de modo que sucedió. Además, desde mi punto de vista, Dios no va a penalizarte si el tipo que está en el estrado es un impostor. No obstante, lo contrario también es cierto: solo porque conozcas a alguien que recibió un millón de dólares en muy poco tiempo después de recitar ciertas afirmaciones no significa que eso mismo vaya a ocurrirte a ti. En tu caso puede no ser verdad, puede no haber amor, o puede que realmente no creas en ello.

Más recientemente, se ha tenido conocimiento de otros estudios que documentan los efectos positivos de ciertas «afirmaciones», que son verdaderas declaraciones en las que los sujetos ya creen[7]. El punto importante es si las declaraciones satisfacen los tres criterios arriba expuestos —se basan en el amor, se basan en la verdad y se cree en ellas— no si se trata de las llamadas «afirmaciones».

La auténtica convicción no se fabrica como un problema de álgebra en la escuela; se descubre como quien se encuentra tirado en el suelo un billete de veinte dólares. Al volcar toda la verdad en tu corazón y tu mente (lo cual puede llevar cierto tiempo y labor de búsqueda) y aplicar amor, tratando de no dejarte influenciar por el resultado que estás intentando obtener, te descubrirás finalmente a ti mismo creyendo. Lo ves, lo sientes, lo saboreas: *¡lo sabes!* La razón

---

[7] Dos estudios en doble ciego desarrollados en las universidades de Yale y Colorado han indicado que las «afirmaciones» pueden contribuir a atenuar las diferencias debidas a sexo y raza en el ámbito académico. Según las leyes espirituales de la naturaleza, si afirmas realidades positivas sobre ti mismo, cabe esperar que mejore tu rendimiento, en especial si anteriormente has experimentado un estado de temor o estrés. Véase Geoffrey L. Cohen et al., «Reducing the Racial Achievement Gap: A Social-Psychological Intervention», *Science* 313, 5791 (2006): 1307-1310, y A. Miyake et al., «Reducing the Gender Achievement Gap in College Science: A Classroom Study of Values Affirmation», *Science* 330, 6008 (2010): 1234-1237.

por la que debes eliminar los virus de tu subconsciente es que son mentiras que te impiden comprender toda la verdad. Una vez que los hayas eliminado, cuentas con mecanismos que reconocerán e integrarán la verdad de manera natural, lo que se conoce como conciencia (o lo que yo llamo «brújula del amor»), que se localiza en el corazón espiritual. Tu conciencia está preprogramada y se actualiza constantemente para responder a la verdad completa y auténtica, y al amor.

En realidad, ciertas afirmaciones pueden llegar incluso a hacer daño si tratan de programar una «verdad» nueva, que quizá no sea la verdad en absoluto y que se basa en el miedo, no en el amor. También pueden contraponerse a tu propia conciencia de verdad/amor e intentar cambiar tu conciencia sin eliminar los virus. Como resultado de ello, tendrás dos virus internos referentes a esa cuestión, o la verdad compitiendo con la mentira, que causa confusión interna y más estrés. Ninguna de las dos situaciones te ayudará a conseguir lo que realmente quieres.

De modo que cabe preguntarnos cómo pasamos de una creencia ineficaz a una creencia eficaz, del placebo y del nocebo al de facto, para dejar de esperar intensamente algo que en el fondo tememos que nunca sucederá y poder decir en paz y amor «sé que sé que sé». En realidad es muy sencillo: necesitamos *comprender*. La diferencia entre las creencias placebo, nocebo y de facto (aparte de que se basen en el amor o en el miedo) depende de si comprendes toda la verdad o la malinterpretas. He visto este tipo de malas interpretaciones en mi actividad profesional una y otra vez con mis clientes. Si alguien proclama que cree la verdad, pero en su vida nada cambia para mejor, se debe casi siempre a que esa persona tiene una interpretación equivocada de la verdad.

Un ejemplo de ello puede encontrarse en la manera diferente en la que están programados el cerebro del hombre y de la mujer. En los primeros años de mi matrimonio con Hope, siempre era yo quien conducía el coche. Cada vez que íbamos a algún sitio y circulábamos detrás de otro coche, mucho antes de tener que frenar Hope se mostraba tensa, empujaba físicamente el salpicadero con las manos y gritaba «¡ALEX!». Empezó a irritarme esta urgencia recurrente que no era una urgencia real, hasta tal punto que llegó a convertirse en motivo de discusión y pelea entre nosotros. No era un asunto importante, pero era como una espina emocional clavada en el costado. Después leí un estudio en el que se decía que las percepciones profundas de hombres y mujeres son física y genéticamente distintas y el ejemplo que el autor utilizaba en el libro era el ejemplo de la conducción y las paradas, exactamente lo que nos sucedía a Hope y a mí. En cuanto leímos esto, ambos «comprendimos» lo que nos ocurría y desde entonces dejó de ser un problema.

Cuando finalmente comprendes esa pieza que faltaba y «ves» toda la verdad, crees al instante y sin esfuerzo en la verdad de un modo nuevo y profundo y ello da lugar a resultados que antes eran imposibles. Cuando me sucede esto con clientes preocupados por asuntos de su vida, les oigo decir, «Oh, ya veo» o «Ahora lo entiendo». Suelen tomar aire profundamente y una sonrisa radiante les ilumina el rostro. Ahora realmente «creen» —de facto.

La mayor parte de nosotros ya sabemos que todo cuanto hacemos ha de hacerse desde la verdad y el amor. Sabemos de forma innata que lo correcto es ser honestos y que está mal no serlo. «Sentimos» que está bien ayudar a los demás y no hacer nada que pueda herirlos. La mayoría incluso *deseamos* activamente hacerlo todo desde el amor y la verdad. Pero ¿por qué no lo *hacemos*? Durante la mayor parte de mi vida yo sé que no pude hacerlo. Ciertamente no lo hago aún a la perfección, pero en general me comporto mejor que antes. La mayor parte de los días siento que vivo en amor y alegría, en paz y verdad. Quiero que sea así también para ti. Esa es la única razón por la que escribo este libro. Solo así puedo llegar personalmente a tanta gente.

Llevo enseñando los conceptos que explico aquí veinticinco años y, antes de que los estudios científicos los demostraran, tuve que pelearme más de una vez para poder enseñarlos y aplicarlos. Tales conceptos, considerados antes alternativos, representan ahora una ciencia puntera. Por ejemplo, diversos doctores de medicina convencional se muestran ahora de acuerdo con la idea de que todo es energía, sobre la base del aumento de evidencias científicas. Uno de ellos es el doctor Mehmet Oz, cirujano, autor y todo un personaje en Estados Unidos, que afirmó en un programa de televisión en 2007 que la medicina basada en la energía era la siguiente gran frontera en medicina. Yo me refiero al conjunto de estos conceptos con el nombre de *física espiritual,* porque dan a la espiritualidad y a la ciencia una armonía y una relevancia que es posible aplicar a cualquier área de nuestra vida para obtener resultados reales y duraderos. Espero que este capítulo te permita comprender lo necesario para que tus creencias pasen del placebo y del nocebo al de facto y para que alcances en la vida el tipo de resultados que llevo observando de forma constante en los últimos veinticinco años. Y, por supuesto, no te estoy sugiriendo que hagas esto simplemente con tu fuerza de voluntad, al menos no hasta que desprogrames y reprogrames lo que te ha impedido hacerlo hasta este momento de tu vida.

La física de la física espiritual

Si la ecuación de Einstein demostraba que todo es energía, eso significa que el amor también es energía y que actúa con una frecuencia, como cualquier tipo de energía. De hecho, el amor y la luz son las dos caras de una misma moneda. Ambos tienen frecuencias sanadoras positivas; la luz es una manifestación más física de esta frecuencia energética, mientras que el amor es una manifestación menos física. En una frecuencia muy diferente, tenemos la oscuridad y el miedo, que también son las dos caras de una misma moneda. La oscuridad es la manifestación más física; el miedo es la manifestación menos física.

¿Sabías que lo que hacen los aparatos de resonancia magnética (RM) en la clínica médica no es tomar imágenes fotográficas del cuerpo? Lo que hacen es crear una imagen a partir de las frecuencias energéticas que registran. La «R» significa «resonancia», o frecuencia. Las máquinas de resonancia magnética están programadas con cientos de frecuencias de energía, como la frecuencia de una célula hepática sana y la frecuencia de una célula hepática enferma. Cuando se realiza una RM y se registra la frecuencia de una célula hepática enferma, se genera una imagen con un punto oscuro, porque la RM capta la frecuencia de oscuridad en tu hígado.

He formulado a más de doscientos médicos la siguiente pregunta: «Si mente, cuerpo y sistemas de curación se encuentran en perfecto estado de funcionamiento, ¿es posible caer enfermo en situaciones cotidianas normales? Hasta ahora, la respuesta que he obtenido todas y cada un de las veces ha sido: «No». En condiciones normales, en el día a día, (no estoy hablando de visitar un país extranjero y ser atacado por un infame virus asesino al que tu cuerpo no se había enfrentado nunca), si tu sistema inmunitario y tus sistemas de curación espiritual y mental se encuentran en perfecto funcionamiento, realmente no puedes caer enfermo.

Es importante destacar aquí dos aspectos en lo referente a nuestros sistemas de curación. En primer lugar, cabe decir que nuestros sistemas de curación controlan no solo nuestro ser físico, sino todo nuestro ser: físico, mental y espiritual. Existen aspectos no físicos de nuestros sistemas de curación (aparte de tu sistema inmunitario físico) que te ayudan a sentir amor, alegría, paz y paciencia en lugar de ira, tristeza, miedo, ansiedad o preocupación. En segundo lugar, experimentamos síntomas negativos (dolor, miedo, enfermedad, ira, etc.) no por presencia de algo negativo, sino por ausencia de algo positivo. Según el trabajo de Caroline Leaf, no tenemos mecanismos —físicos, emocionales ni espirituales— con efectos negativos sobre nuestro organismo. Solamente tenemos mecanismos que producen los efectos positivos de salud, vitalidad e inmunidad [8]. Cada mecanismo actúa en nuestro organismo para generar salud y felicidad en su estado natural. Creer que la enfermedad es el estado natural de nuestro organismo es como si llevaras tu coche averiado al concesionario y preguntaras: «¿Por qué fabrican coches para que les pase esto?». Evidentemente el vendedor te miraría desconcertado y te diría: «¡No es así! Algo ha funcionado mal para que se haya averiado. De hecho, ¡no ha cambiado usted el aceite desde hace sesenta mil kilómetros!». El cuerpo humano funciona del mismo modo. Cuando nos sucede algo negativo, siempre se debe a un mal funcionamiento de nuestros sistemas positivos.

Parafraseando lo que dije anteriormente: mientras tu mente y tu cuerpo funcionen como se supone que tienen que hacerlo, no enfermarás físicamente y te sentirás bien «no físicamente»: literalmente no sufrirás miedo, ansiedad, preocupación, tristeza, ira o cualquier otro sentimiento negativo.

Solo una cosa puede provocar que tus sistemas de curación no funcionen correctamente: el miedo. Como vimos en el primer capítulo, cuando el miedo desencadena tu respuesta de estrés, tu banco de recuerdos envía una señal o frecuencia de miedo al hipotálamo, en tu cerebro, y este acciona el interruptor del estrés. Si tu

---

[8] Caroline Leaf, *Who Switched Off My Brain? Controlling Toxic Thoughts and Emotions* (Thomas Nelson, 2009).

hipotálamo no recibe esa señal de miedo, el interruptor de estrés no se activa (no es coincidencia que el otro nombre que se da a la respuesta de estrés sea «respuesta de miedo»). Esta reacción forma parte del instinto de supervivencia, que te ayuda a mantenerte vivo.

Como ya comentamos en el capítulo 2, se supone que la respuesta de estrés se presenta solo si nuestra vida corre peligro inminente. Cuando digo «estrés» no estoy hablando del estrés saludable, o que estimula adecuadamente nuestro organismo, como ocurre con el ejercicio, por ejemplo. Este tipo de estrés se conoce a menudo como «euestrés» y lo necesitamos en la vida para mantenernos sanos. Pero eso no es lo que ocurre ¿verdad? Muchos de nosotros entramos en estado de lucha o huida diez, quince o veinte veces al día, hasta tal punto que el estrés se convierte en el estado en el que *vivimos*.

Durante tres años estuve realizando pruebas de variación de la frecuencia cardíaca en relación con los Códigos de curación y otras modalidades de sanación y una de las preguntas que debía realizar a los sujetos era «¿Te sientes estresado?». Más del 90 % de los sujetos que clínicamente presentaban estrés fisiológico importante en ese momento respondieron que no, que *no* se sentían estresados. ¿Por qué? Estaban acostumbrados a él. Se había convertido en su estado habitual, cuando debería ser una rara excepción. Vivimos en constante estrés y ni siquiera nos damos cuenta.

Todo sentimiento destructivo se basa en el miedo. Espera un momento: seguro que crees que hay alguna emoción negativa que no tiene nada que ver con el miedo. Pues bien, pensemos en ello. Sentimos ira cuando aquello que tememos está sucediendo en este mismo momento. Sentimos ansiedad y preocupación cuando creemos que lo que tememos sucederá en el futuro. Sentimos tristeza y depresión cuando lo que tememos ya ha sucedido, creemos que no podemos deshacerlo y nuestra vida ha cambiado para siempre, de ahí nuestra desesperación e impotencia. Nos sentimos despiadados cuando tememos que algo no es correcto ni justo y que nunca podrá volver a estar bien. Sentimos rechazo cuando tememos que alguien no nos quiera o no nos acepte, y no hay nada que podamos hacer al respecto (o ellos ya nos han rechazado) y necesitamos desesperadamente que nos acepten. Y podría seguir. Realmente cualquier experiencia interior negativa proviene, en cierto modo, del miedo y de creer en una falsedad. Todo temor procede de la ausencia de amor, como la oscuridad es siempre ausencia de luz.

Un pensamiento, una emoción o un recuerdo *basado en el miedo* incrementa el estrés (sin incluir el trabajo físico ni el ejercicio), aun cuando el individuo no se encuentra en peligro inminente de muerte. Cada vez que experimentamos sentimientos basados en el miedo estamos frenando o apagando completamente nuestros sistemas de curación. Eso significa no solo que ahora somos susceptibles de enfermar, sino que si la situación se prolonga a largo plazo está prácticamente garantizado que enfermaremos en el futuro. Al mismo tiempo, estamos frenando o apagando nuestra felicidad, nuestra alegría, nuestras posibilidades de éxito y logro y nuestra satisfacción en relación con la vida.

Evidentemente, no queremos vivir en el miedo ni desactivar nuestros sistemas de curación. De modo que ¿cuál es el antídoto para nuestro miedo? El *amor* es el antídoto. Bernie Siegel, médico de renombre mundial, dice en su libro *Love, Medicine, and Miracles* (edición española: *Amor, medicina milagrosa*, Espasa Calpe, Madrid, 1996) que ha sido testigo de numerosos milagros médicos por la fuerza del amor. Y yo también. Es aquí donde interviene la parte física: la frecuencia del amor contrarresta directamente la frecuencia del miedo. Solo para subrayar la conexión entre amor, luz y curación: la antigua palabra hebrea para *curación* significa literalmente «cegado por la luz».

En 1952, un hombre llamado Lester Levenson estaba tan enfermo que, tras un segundo episodio coronario, su médico le envió a casa desde el hospital para que pasara los últimos días de su vida con los suyos. Le advirtió que dar un solo paso podía ser suficiente para acabar con su vida en el acto. Tan terrible pronóstico llevó a Levenson a buscar una solución más allá del ámbito de la ciencia médica, dado que esta ya no podía ayudarle. Y la encontró en el amor. Tuvo una experiencia de revelación transformacional sobre el amor similar a la que había tenido yo y se dio cuenta de que era la solución a todos sus problemas. Fue así de simple, y a la vez profundo. Comenzó a centrarse en amar a todos y todo y dejó marchar todos los pensamientos y sentimientos que no estuvieran basados en el amor. Como resultado de ello, su problema médico desapareció por completo y Lester Levenson dedicó los cuarenta años siguientes de su vida a enseñar a otros a hacer lo que él mismo había hecho mediante el Método Sedona y su Técnica de liberación [9]. Se trataba de utilizar la fuerza del amor para curar cualquier trastorno basado en el miedo, incluidos nuestros síntomas físicos. Los pensamientos, las creencias y los recuerdos basados en el amor, a diferencia de los basados en el miedo, son los que reducen el estrés físico y no físico a corto y a largo plazo.

Lo contrario de miedo es amor; en presencia de amor no puede existir miedo, a no ser que te encuentres en una situación que suponga una amenaza para tu vida en ese momento. Puede que la idea de que el amor y el miedo son contrarios sea nueva para ti, del mismo modo que hay quien puede pensar que lo contrario de miedo es paz. En cierto sentido, esto es verdad, porque la paz es

---

[9] «About Lester», página *web* de Lester Levenson, www.lesterlevenson.org/about-lester.php. Uno de los estudiantes de Levenson, Hale Dwoskin, desarrolló un procedimiento denominado método Sedona. Véase su libro *The Sedona Method: Your Key to Lasting Happiness, Success, Peace and Emotional Well-Being* (Sedona Press, 2007).

expresión directa del amor y deriva del amor. Es imposible tener paz verdadera (no solo paz circunstancial) sin tener amor. De igual modo, si tienes amor, tendrás paz, a pesar de tus circunstancias. También puedes caer en la tentación de pensar que lo contrario del amor no es el miedo, sino el egoísmo. Una vez más, estarías de alguna manera en lo cierto. Pero, de igual modo, el egoísmo es expresión directa del miedo y deriva de este. Si no hay miedo, no hay egoísmo (salvo para el niño de cinco años que quiere un helado). Como adulto, si eliminas el miedo, serás amable y dispuesto por naturaleza, y querrás ayudar a los demás. Es como encender una luz en una habitación oscura: la oscuridad desaparece por completo.

El amor es el estado a partir del cual fluyen todas las virtudes: alegría, paz, paciencia, aceptación y fe. El miedo es el estado a partir del cual fluyen todas las disfunciones físicas y no físicas, los bloqueos, los fracasos y el daño infligido. No puede existir miedo en un estado de amor, como no puede existir oscuridad en un ambiente inundado de luz. El amor cura, el miedo mata. Esto de lo que estamos hablando aquí es realmente una cuestión de vida o muerte, desde todos los puntos de vista: físico, emocional, relacional y económico.

La espiritualidad de la física espiritual

Para explicar el aspecto estrictamente espiritual de la física espiritual, volvamos al concepto de corazón espiritual, donde reside la fuente de todos nuestros problemas en la vida. Como recordarás que dijimos en el capítulo 2, el corazón espiritual es lo que los científicos llaman también memoria celular y otros denominan mente inconsciente/subconsciente. La primera vez que el corazón espiritual aparece mencionado en antiguos manuscritos hebreos se deja claro que la *imaginación* es parte integrante (o el lenguaje) del corazón espiritual, no así las palabras. Lo creas o no, Einstein dice que su mayor descubrimiento no fue la teoría de la relatividad, ni la energía, ni las matemáticas. Fue que la imaginación es más poderosa que el conocimiento, y la fuente de todos sus descubrimientos.

Sin embargo, en lugar de la palabra *imaginación*, yo utilizo la expresión *generador de imágenes*, para subrayar que estamos hablando de la fuerza creativa que tenemos en nuestro interior y que produce imágenes, y que no estamos hablando de soñar despiertos. Mi mentor espiritual, Larry Napier, fue el primero en hablarme del generador de imágenes, que es el modo en el que todo cuanto existe llega a ser. ¿Un arquitecto simplemente va y empieza a construir? ¿Un contratista simplemente va y empieza a excavar? No. Antes de nada, visualizan el producto final en su generador de imágenes, después plasman la imagen creada en papel y a continuación salen y construyen. Esto es aplicable a unos pantalones vaqueros, a una tiza, a mi cámara, a la bombilla de Edison y a la teoría de la relatividad de Einstein. Todo sobre el planeta Tierra procede del generador de imágenes y cada ser humano tiene el suyo. Aprender a acceder a ese generador de imágenes es la clave para curar todo aquellos que nos aflige, porque es la conexión directa con la fuente y el lenguaje de la fuente, que es nuestro corazón espiritual.

El generador de imágenes no es una metáfora. Es real, tan real como el libro que tienes en tus manos (ya sea de papel o electrónico). De modo que si es real, ¿lo contempla la medicina estándar o la medicina alternativa? Ni la una ni la otra. Es espiritual: lo sé porque la ciencia no es capaz de ubicarlo. La ciencia puede encontrar cualquier otra cosa en nuestro cuerpo; es capaz de localizar la sangre, las hormonas, los órganos y los distintos sistemas orgánicos y entender cómo funcionan. Incluso es posible visualizar cómo pensamos observando qué partes del cerebro se iluminan, dependiendo de lo que estemos haciendo, pensando o soñando. Hemos encontrado el modo de ver y cuantificar en un monitor las cosas físicas reales que existen en nuestro entorno, mediante sistemas ópticos. Pero no hemos encontrado el monitor que nos permita imaginar ni ver imágenes de nuestro estado interior. Creo que nunca lo encontraremos, porque forma parte del reino espiritual. El corazón espiritual es el contenedor del espíritu, como el cuerpo es el contenedor del alma.

Eben Alexander, neurocirujano de la Universidad de Harvard, tuvo una visión trascendental cuando se encontraba al borde de la muerte, muy similar a la visión de Einstein sobre la teoría de la relatividad y a otras visiones desencadenantes de grandes descubrimientos e ideas transformadoras. Sin embargo, esta visión se produjo cuando los mecanismos físicos cerebrales que podían ser responsables de tal visión no estaban en funcionamiento, de modo que él supo, como lo sé yo, que esa visión se había producido en el reino espiritual. Antes de su experiencia próxima a la muerte, el doctor Alexander no creía en la existencia de una vida después de la muerte ni de un reino espiritual, fundamentalmente porque la ciencia nunca había sido capaz de encontrar evidencias de su existencia. Después de su experiencia, su opinión acerca de la existencia del reino espiritual y de una vida después de la muerte cambió de forma radical y, para explicar el motivo, escribió el *best seller La prueba del cielo: el viaje de un neurocirujano a la vida después de la muerte* [10]. Asimismo, quiso contar su experiencia y explicar su base física en la cadena nacional estadounidense de televisión.

Según Wikipedia, alrededor del 97 % de la población mundial cree en la existencia de una dimensión espiritual, o en Dios. Yo creo que este porcentaje es tan elevado porque, en algún momento de

---

[10] Eben Alexander, *Proof of Heaven: A Neurosurgeon's Journey into the Afterlife* (Simon & Schuster, 2012).

nuestra vida, casi todos experimentamos en mayor o menor grado esa dimensión espiritual. Es algo que va más allá de las palabras y del ámbito físico, como nuestra experiencia de amor. Para mí, este porcentaje tan elevado es uno de los principales indicadores de que esta dimensión realmente existe. ¿Por qué digo esto? Porque, a lo largo de la historia, la creencia dominante ha sido aquella que ha contado con mayores evidencias físicas, mensurables. Por ello Galileo fue llevado a prisión, por contar las conclusiones a las que había llegando observando la Tierra, la Luna y las estrellas. Y es que si miras la Tierra solo desde nuestra perspectiva, parece plana y que todo gira alrededor de nosotros. En el siglo XIX el doctor Ignaz Philipp Semmelweis fue literalmente objeto de parodias y burlas por parte de sus colegas médicos porque se atrevió a afirmar que todos teníamos en las manos una cositas invisibles llamadas gérmenes, que podían causar infecciones. Propuso lavarse las manos después de atender un parto y antes del siguiente y, gracias a esta sencilla medida, logró que la tasa de supervivencia en su hospital fuera más alta que en ninguna otra institución.

Esta ha sido la norma a lo largo de la historia y es el origen de la vieja expresión «Si no lo veo, no lo creo». Y aun así, en lo referente a esta cuestión de la existencia de una dimensión espiritual, observamos precisamente lo contrario: un 97% creemos en algo que no se puede medir, que no se puede ver y de cuya existencia hay muy escasa evidencia empírica, o ninguna en absoluto. ¡Caray! No sé si podrás encontrar otro asunto en el planeta sobre el que exista un 97% de consenso, ni tan siquiera tratándose de cosas que puedan verse y medirse.

No obstante, aunque la ciencia no haya sido capaz de localizar la espiritualidad y aunque el 97% de nosotros creamos en una realidad espiritual o en Dios, a pesar de la falta de evidencia física, estamos entrando en una era en la que la ciencia está empezando a encontrar pruebas de que la dimensión espiritual existe. En su libro *Cómo cambia Dios tu cerebro*, los neurocientíficos Andrew Newberg y Mark Robert Waldman comparten la observación científica de que el factor número uno que favorece la función cerebral y la salud —incluso más que el ejercicio— *es la oración y la correspondiente creencia en Dios o en una fuente espiritual*. No están hablando de ir a la iglesia. Son neurocientíficos seguidores de la ciencia y que informan de las pruebas que observan. Además, si la oración y la creencia en Dios/fuente/amor tiene el mayor de los impactos sobre la salud y la función cerebral, significa también que tiene el mayor de los impactos sobre *cualquier cosa* en tu vida, porque tu función cerebral afecta a todo, al sistema cardiovascular, al hormonal y, tal vez lo más importante, a tu mecanismo de control del estrés [11].

El lenguaje de nuestro corazón espiritual está integrado por imágenes. Todo lo que nos ha sucedido alguna vez queda ahí registrado en forma de imágenes. El doctor Pierce Howard dice en *The Owner's Manual for the Brain*, «Todos los datos están codificados y son recordados en forma de imágenes». El doctor Antonio Damasio, neurocientífico jefe del Brain and Creativity Institute en la Universidad de California del Sur y merecedor de diversos galardones, entre ellos el Premio Príncipe de Asturias de Investigación

---

[11] Diane Cameron, «Dose of 'Vitamin G' Can Keep You Healthy», *The Denver Post*, 4 de mayo de 2009, http://www.denverpost.com/search/ci_12281410. Cuando publiqué mi primer libro, *El código de curación*, recibí ciertas críticas por relacionar a Dios y la espiritualidad con la salud. Algunos pensaron que me movían motivaciones religiosas, cosa que no era cierta. De hecho mi objetivo es otro: tu salud y tu felicidad, y la salud y la felicidad de cualquiera a quien yo pueda ayudar. Menciono a Dios en este contexto solo porque considero innegable la evidencia de que la conexión personal con la dimensión Dios/origen/amor es la variable más poderosa en nuestro camino hacia el éxito y la salud y la demostración científica de este planteamiento está aún por llegar.

Científica y Técnica, afirma que «el pensamiento sin imágenes es imposible».

Cuando vemos nuestros recuerdos, es como si estuvieran en una pantalla en nuestra mente, en ocasiones como si se tratara de una película. Yo me refiero a esta pantalla como nuestra *pantalla del corazón*: la visión de nuestro generador de imágenes. Pero del mismo modo que ni la medicina ni la ciencia en general pueden localizar nuestro generador de imágenes, tampoco pueden localizar físicamente la pantalla de nuestra imaginación. Una vez más, es muy real, pero no se encuentra en el ámbito físico, reside en el reino espiritual.

Tenemos en nuestro corazón miles de millones de imágenes. Puedes pensar en tu pantalla del corazón como en la pantalla de alta definición de un gran ordenador holográfico, un *smartphone* o una *tablet*, donde se muestran los recuerdos que están activos en este momento, como si fueran archivos, iconos o fotos. Cualquier cosa que esté en pantalla en este momento determina tu experiencia presente. Si en tu pantalla aparece el miedo, vas a experimentar estrés en tu cuerpo físico hasta que el débil vínculo se rompa y tengas algún tipo de síntoma negativo específico, lo que se conoce también como teoría del vínculo débil. Todos los médicos que he conocido en el mundo se refieren a ella porque es correcta.

Sometido a estrés continuo, el débil vínculo de tu cuerpo y de tu mente se romperá antes. En el caso de Hope, mi mujer, supuso un estado de depresión. En el mío, reflujo ácido. El vínculo débil es distinto para cada individuo, dependiendo de todo tipo de factores, incluida la herencia genética. Ya hemos dicho que el 95% de las enfermedades se generan por estrés. El 5% restante son de origen genético. Esta tendencia genética hacia una enfermedad específica *también proviene del estrés*: su origen se encuentra en tus antepasados, cuando un gen de la enfermedad fue desenmascarado por el estrés. Si se elimina el estrés de la persona que actualmente posee el gen de la enfermedad —y la única manera en la que se puede hacer esto es manteniendo a raya el miedo— el hipotálamo del cerebro desconecta el estrés, y este abandona el cuerpo. El sistema inmunitario puede entonces curar la tendencia genética a esa enfermedad en particular.

He aquí un ejemplo del modo en el que nuestra pantalla del corazón determina la experiencia presente. Un día, estando en casa, abrimos un cajón y, al hacerlo, Hope dio un salto enorme, gritando como si la estuvieran asesinando. Miré el interior del cajón y no dije nada: solo me reí un poco entre dientes. La serpiente de goma de Harry estaba ahí dentro. Ese mismo día, unos minutos más tarde, Hope se fijó en algo y dijo: «Oh, me encanta». Yo miré y rompí a llorar. Estaba mirando una rosa. La última que había visto yo estaba sobre el féretro de mi madre. En ambos casos mi mujer y yo nos encontrábamos en las mismas circunstancias físicas y en el mismo momento, pero nuestras reacciones habían sido diametralmente opuestas. ¿Por qué? Cada uno de nosotros tenía en su corazón una imagen distinta para lo que estábamos viendo.

El problema es que alrededor del 99% de las personas no tienen ni idea de lo que hay en el 99% de la pantalla de su corazón. Esa es la razón por la cual muchas personas siguen un programa tras otro, toman una pastilla tras otra, visitan a un terapeuta tras otro y se encuentran, cuarenta años más tarde, con que se han gastado un montón de dinero, pero siguen teniendo los mismos problemas, *o peores*. Generalmente, se dan por vencidos y mueren sin haber cambiado. ¡Pero no tiene por qué ser así! Simplemente no estaban abordando el verdadero origen de su problema, que son los recuerdos basados en el miedo de su pantalla del corazón.

Basándonos en la parte física de la espiritualidad, sabemos que si existe miedo en esta pantalla, significa que también existe oscuridad. Pongamos que sucede algo: estás atrapado en un atasco, has dado un mordisco a un sándwich que no está tan bueno como esperabas, alguien te mira de modo raro, la persona que está a tu lado lleva un perfume que no te gusta... puede ser cualquiera cosa. El episodio en cuestión entra por los ojos y se transforma en una imagen, y ocurre lo mismo si los datos proceden de otro de los cinco sentidos. Recuerda, todos los datos son codificados como imágenes. Incluso lo que olemos, oímos o saboreamos es codificado en forma de imagen y recordado como tal. Las imágenes no son solo el lenguaje del corazón, son el lenguaje *universal* y se transmiten a la velocidad de la luz (300.000 kilómetros por segundo). Las palabras tardan más tiempo, razón por la cual debes conocer este lenguaje especial.

Después, según el científico Bruce Lipton, esta imagen viaja hasta la base de datos de imágenes acumuladas a partir de nuestra memoria personal y generacional y que se localiza en nuestro corazón espiritual, donde es comparada con millones de imágenes para determinar cuál va a ser nuestra respuesta. Hope y yo vimos los dos lo mismo, pero la serpiente de goma originó una imagen negativa en la pantalla de su corazón nada más verla. Mi mujer tenía miedo y oscuridad en su pantalla del corazón. Yo no. En mi pantalla de corazón, cuando vi la serpiente, había amor y luz. Lo que yo veía en mi imaginación era a Harry, nuestro hijo, jugando feliz con su serpiente. Yo me encontraba bien.

Sin embargo, cuando vi la rosa, me asaltaron un montón de imágenes. Sentí amor al recordar a mi madre, pero también miedo: imágenes de luz, pero también de oscuridad. Tuve un respuesta mixta. Lo que tenemos en nuestra pantalla del corazón determina inmediatamente la fisiología de nuestro organismo. Por ejemplo, cuando aparece miedo en tu pantalla de corazón, en la cantidad que sea, es posible que sudes, que sientas presión en el pecho o que te duela la cabeza. Si te sucede esto, no te centres en los síntomas físicos. Sí, existe un componente físico en tu respuesta, pero proviene de la pantalla del corazón. Si necesitas tomar paracetamol, adelante, pero mientras estés tomándolo, empieza a trabajar sobre el origen del problema, de modo que mañana no tengas que tomar de nuevo paracetamol por la misma razón.

Nuestra programación determina en gran medida lo que aparece en la pantalla de nuestro corazón. En el caso de Hope su programación cuando estaba creciendo decía que tenía que ser «una buena chica» o hacer todo lo que la gente quería que hiciera. Si no lo hacía a la perfección, era una mala chica. La convicción de que tenía que ser una buena chica la llevaba siempre a intentar ser algo que no necesariamente sentía y a cumplir con cosas que no siempre eran acordes con su personalidad. Durante décadas esa programación generó miedo y oscuridad en su pantalla del corazón, sometiéndola a un estrés continuo, hasta que ese débil vínculo se rompió y Hope cayó en la depresión. ¿Por qué no pudo salir de la depresión en veinte años, hiciera lo que hiciera? Porque no sabía cómo deshacerse de esos recuerdos subyacentes, ni siquiera sabía en qué consistían. Cuando se repetían las circunstancias, aparecían en su pantalla las mismas imágenes basadas en el miedo y en el 99% de los casos eran miedo y oscuridad. De modo que caía en la depresión. Sentía ansiedad. Sentía miedo.

Ya lo he dicho antes, pero no está de más repetirlo: todos tenemos alguna mala programación. Nadie es perfecto. Los seres humanos tienen cinco posibles estados cerebrales: alfa, beta, gamma, delta y theta. Durante los primeros seis años de vida, y solo durante los primeros seis años de vida, vivimos en un estado cerebral delta/theta. En dicho estado no tenemos capacidad para filtrar la información. Por ejemplo, pongamos que tienes cinco años y estás jugando en el patio trasero de casa con tu padre al béisbol, con un bate y una bola de plástico. Tratas de golpear la bola, y fallas, y tu padre se ríe bajito y dice: «Bueno, con un swing como ese no serás nunca un jugador de béisbol». No tienes capacidad para filtrar este comentario: simplemente, acabas de recibir la última programación de tu disco duro. ¡Todo el mundo tiene este tipo de recuerdos! Son lo que yo llamaba «recuerdos helado de polo». Por otro lado, es muy difícil desprogramar algo que ha sido programado a esta edad. Los estudios dicen que, en el caso de los niños, son necesarias un mínimo de diez afirmaciones positivas para neutralizar una afirmación negativa, cuando la mayora de los padres realizan diez negativas por una positiva. *Voilà:* programación basada en el miedo.

Incluso si, por algún milagro, alguien hace algo desde el amor y la verdad el cien por cien de las veces, aun así cabe la posibilidad de que herede de generaciones pasadas una mala programación, o de que la absorba de otras personas de su entorno. Todos tenemos alguna mala programación y la pantalla del corazón es nuestro vínculo directo para sanarla. Además, la pantalla de nuestro corazón está conectada a las pantallas de los corazones de todos los que nos rodean, especialmente de los más cercanos, de modo que estamos siempre transmitiendo y recibiendo frecuencias de energía a través de algo así como una red «Wi-Fi orgánica»: en el capítulo 4, cuando hablemos de la pantalla del corazón como herramienta, aprenderemos a «sintonizar» y a «transmitir» frecuencias de amor.

La energía nunca se destruye, solo se transforma. Cuando enciendes la luz en una habitación totalmente oscura, se ilumina hasta el último rincón de la estancia. ¿Adónde va la oscuridad? La respuesta correcta es que deja de existir. La definición de oscuridad es simplemente ausencia de luz. De modo que, cuando hay luz, por definición no hay oscuridad. Esto mismo sucede también en nuestro cuerpo con el miedo y el amor. Se trata de la misma física. Cuando derramas amor sobre el miedo, este deja de existir. Puede sonarnos raro porque no hemos usado este tipo de lenguaje en este contexto. Pero deja que te recuerde que ya Einstein, en 1905, predijo este cambio de paradigma.

Siempre que cambiamos paradigmas de forma significativa, quienes alcanzaron buenos resultados bajo el viejo paradigma a menudo se resisten al nuevo. Por ejemplo, cuando los hermanos Wright comenzaron con sus «máquinas voladoras», acudieron a los ferrocarriles. Decían: «Les estamos brindando la oportunidad de convertirse en los reyes de las líneas aéreas». Los dueños del ferrocarril se rieron en sus caras y dijeron que nada reemplazaría al tren. Hoy podríamos ir al aeropuerto y subirnos a un avión de las Aerolíneas B&O (B&O, primera empresa de transporte ferroviario en Estados Unidos), pero el hecho es que en la actualidad no se ve «B&O» por ninguna parte. Se les ofreció la oportunidad de cambiar a un paradigma nuevo, pero estaban estancados en un viejo paradigma y por ello rechazaron la propuesta.

Un nuevo paradigma de salud, curación y éxito, que se predijo para el siglo pasado, está surgiendo ahora. ¿Vas a quedarte anclado en tu viejo paradigma o vas a seguir el nuevo? No está por llegar, ya está aquí. En 2013 la Asociación Americana de Psicología reconoció la primera conferencia sobre medicina energética para ofrecer créditos de formación continuada [12] y está a punto de aprobar la primera modalidad de medicina energética para asesoramiento y terapia, después de veinte años de burlas y menosprecio en dicho campo. ¿Por qué este giro? La práctica demuestra de manera abrumadora que los tratamientos son mucho más rápidos y eficaces y que no tienen efectos secundarios.

Se están observando también estos resultados en el campo del deporte. Justo después de que el entrenador de fútbol americano

---

[12] La conferencia tuvo lugar en el marco de la Association for Comprehensive Energy Psychology. Paula E. Hartman-Stein, «Supporters Say Results Show Energy Psychology Works», *The National Psychologist*, 24 de julio de 2013, http://nationalpsychologist.com/2013/07/supporters-say-results-show-energy-psychology-works/102138.html.

universitario James Franklin firmara un contrato de 37 millones de dólares con la Penn State University en enero de 2014 y después de haber convertido el fútbol americano de la Universidad de Vanderbilt en un éxito de programa deportivo por primera vez en cien años, fue entrevistado por Dan Patrick en su *show* de televisión a propósito de su éxito como entrenador. Las respuestas de James Franklin fueron, por decirlo de alguna manera, insólitas. Cuando le preguntaron sobre el establecimiento de objetivos (algo que hacen casi todos los entrenadores y en lo que insisten siempre mucho), James Franklin dijo que no establecía metas externas para su equipo. Dijo que si no se establece el objetivo correcto, ese objetivo puede acabar siendo destructivo. De modo que los objetivos que él establece para sus jugadores se centran en el día a día y en el momento presente: estar en el mejor estado, en los planos espiritual, académico, físico y social. Decía que, con él, «todo es cuestión de relaciones» [13].

Así es: uno de los entrenadores de mayor éxito en los últimos cien años dijo en directo en la televisión nacional que otorgaba prioridad a la espiritualidad en el momento presente y que, con él, todo era cuestión de relaciones. Estableciendo objetivos internos en el momento presente, Franklin alcanzó el éxito donde muchos otros no lo habían logrado y lo hizo con peores jugadores en términos de velocidad, fuerza y puntuación. Franklin no es el primer entrenador que ha utilizado este planteamiento; en los últimos años hemos oído también al entrenador jefe de fútbol americano del Alabama, Nick Saban (cuatro veces campeón nacional), y al entrenador jefe de los New England Patriots, Bill Belichick (tres veces campeón mundial), hablar de que enseñan a sus jugadores no a centrarse en

---

[13] James Franklin en *The Dan Patrick Show*, 14 de enero de 2014, http://www.danpatrick.com/dan-patrick-vídeo/.

el marcador o en ganar el juego, sino en hacer absolutamente lo mejor en el momento presente. Esta es la esencia del *Gran principio*, aunque siento que estos entrenadores podrían obtener resultados incluso mejores con las herramientas que presento en este libro. El amor en el momento presente potencia de manera constante el alto rendimiento. El miedo, por naturaleza, inhibe y limita el rendimiento.

Estos son los primeros movimientos de lo que será toda una avalancha de cambios en el campo de la psicología, la autoayuda, la medicina, el deporte, el alto rendimiento y el éxito. En veinte años creo que este enfoque será la norma general, porque funciona. Sin embargo, no quiero que tengas que esperar veinte años para tener éxito en la vida. Quiero que lo tengas en los próximos meses, y para el resto de tu vida.

Sabemos, o podríamos haber sabido, que durante miles de años el corazón espiritual ha sido la fuente de todos los problemas de nuestra vida, pero debido a ese viejo paradigma de separación entre lo físico y lo espiritual, no hemos sido capaces de aplicar este conocimiento espiritual a nuestro cuerpo físico. No puedes utilizar un bisturí para cortar un problema del corazón. No puedes tomar una pastilla para envenenarlo. El método de cortar, quemar y envenenar no funciona en este caso. Y tampoco los métodos físicos alternativos. De modo que, aunque sabemos ya lo importantes que son los temas del corazón, realmente no hemos aplicado nunca este conocimiento en la atención para la salud, porque, tal y como está concebida, no dispone de los métodos ni de las herramientas para curar tales problemas. Y ciertamente no hemos aplicado tampoco dicho conocimiento a nuestros problemas para alcanzar el éxito.

Bajo el paradigma de la física espiritual, lo físico y lo espiritual viven en una armonía perfecta y congruente. De hecho, la ciencia verdadera *siempre* está en armonía con la espiritualidad. Si el corazón espiritual es la fuente de todos nuestros problemas, entonces la única herramienta que puede tal vez curar esa fuente es una herramienta de energía, ya que los problemas del corazón (es decir, nuestros recuerdos) están hechos de energía. No debemos resistirnos a este nuevo paradigma; ¡tendríamos que celebrarlo! Por fin somos capaces de identificar y de curar el verdadero origen de nuestros problemas.

He de decir que, metafóricamente, me han arrojado más de una piedra por esto. Algún «experto» me ha llamado charlatán o impostor, porque enseño estos principios que unen lo físico y lo espiritual. Pero he viajado por todo el mundo y el panorama no es el mismo en todas partes. La gente está entusiasmada con la idea de aprender estos principios y aplicarlos, porque funcionan de un modo en el que no funciona ninguna otra cosa. Por fin hemos sido capaces de llegar al origen y curarlo.

Puede que exista separación entre Iglesia y Estado, pero no existe separación entre espiritualidad, éxito y salud. Si crees y actúas como si existiera tal separación, el resultado neto será *tu* separación del éxito y de la salud.

La solución a nuestros problemas de éxito no está en centrarnos en nuestro problema ni en ignorarlo constantemente. Ambas posturas harán que tu vida siga deteriorándose. La solución está en reemplazar oscuridad/miedo/falsedad por luz/amor/verdad, ¡siempre! La fuente de luz/amor/verdad es la fuente de la solución a cualquier problema, mientras que la fuente de oscuridad/miedo/falsedad es la fuente de todos los problemas, ya sea terrorismo, hambre, enfermedad, pobreza o infelicidad. Cuando se encuentran, siempre gana la fuente de luz/amor/verdad, por la misma razón que la luz llena la habitación oscura, aun cuando no resulte inmediatamente evidente. Gandhi sabía que esto era cierto («a lo largo de toda la historia el camino de la verdad y del amor siempre ha vencido»), como por otro lado todos los grandes maestros espirituales.

A largo plazo:

¡El amor nunca falla!

¡El miedo nunca alcanza el éxito!

De ahora en adelante, ¿cuál es *tu* elección?

Con los conceptos de *memoria celular* y *física espiritual* hemos aprendido los principios fundamentales en los que se basan el *Gran principio* y una vida más allá de la voluntad. En la Parte II explicaremos cómo se trasladan estos principios a la práctica y cuál es su conexión con el éxito personal.

PARTE II

Cómo funciona el *Gran principio*

• • • • • • • • • • • •

CAPÍTULO 4

Las tres herramientas para desprogramar y reprogramar el disco duro humano y su *software*

En esta segunda parte del libro vamos a aprender dos prácticas que conforman el núcleo del funcionamiento del *Gran principio:* el uso de tres herramientas para desprogramar y reprogramar el disco duro humano y el establecimiento de metas de éxito en lugar de metas de estrés.

El ser humano es multidimensional: físico, mental y espiritual. Si queremos alcanzar el éxito en la vida, debemos abordar los tres niveles, de modo que se mantengan sanos y funcionen en armonía. En este capítulo voy a presentar las tres herramientas que he descubierto y probado a lo largo de los últimos veinticinco años y que sirven precisamente para eso: la herramienta de la medicina energética (para la dimensión física), la herramienta de declaraciones de reprogramación (para la dimensión mental) y la herramienta de la pantalla del corazón (para la dimensión espiritual). Una vez más, comprender la verdad *completa* da lugar a una convicción que tiene poder real. Ahora que conoces los principios científicos y espirituales subyacentes al funcionamiento de estas herramientas, espero que te resulte más fácil usarlas, y que te comprometas a hacerlo.

Yo defino la dimensión *física* como cualquier elemento de nuestra fisiología, incluidos los átomos, las moléculas, las células y las frecuencias de luz u oscuridad. La dimensión *mental* engloba la mente consciente, la voluntad y las emociones, o eso a lo que en general nos referimos como alma. La dimensión *espiritual* incluye la mente inconsciente, la mente subconsciente, la conciencia y eso a lo que nos referimos, en general, como espíritu. Ahora que sabemos que todo es energía y conociendo el modo en el que actúa la energía, podemos comprender que cuando abordamos uno de estos aspectos (como el emocional), indudablemente los otros dos se ven también afectados. De modo que cuando digo que cada herramienta aborda un aspecto en particular de nuestro ser, no estoy diciendo que la herramienta de la medicina energética solo vaya a abordar nuestros síntomas físicos; por el contrario, quiero decir que esta herramienta actúa directamente sobre nuestra fisiología para producir curación en *todas* las dimensiones de nuestro ser: física, mental y espiritual. E incluso circunstancial.

Me doy cuenta de que he realizado algunas grandes afirmaciones a propósito de estas tres herramientas, pero ha sido por una buena razón: nunca he visto que hayan fallado a la hora de producir éxito en ninguno de los clientes con los que he trabajado personalmente (según sus palabras, no las mías), siempre que aplicaran exactamente el método que les había enseñado durante un periodo prolongado de tiempo [1]. He visto cómo estas herramientas han funcionado bien en personas con las visiones más dispares del mundo, de ambos sexos y de todas las edades. Y no he encontrado diferencia alguna en

---

[1] Es cierto también que creo que la oración y el vivir en una relación de amor con Dios/origen/amor son las dos cosas más importantes de mi vida. En mi opinión, desbancan cualquier otra cuestión que menciono en este libro. De hecho, creo que son la fuente de todo lo que en él se menciona y de todo lo valioso que pueda aprender en el futuro, así como la razón por la que animo a todos a concederse la oportunidad de recibir el *ajá* transformacional antes de abordar la aplicación de las tres herramientas. Ello no quiere decir en absoluto que tengas que compartir mis creencias sobre Dios/origen/amor o la oración para que las herramientas surtan efecto en ti. ¡No tienes por qué hacerlo!

cuanto a eficacia en función de estos factores. Parece que actúen del mismo modo que actúa la gravedad, para todos, creas o no en ella. Ten en cuenta que las siguientes instrucciones son sugerencias, no reglas. Puedes mezclar y combinar estas herramientas y utilizarlas del modo que sientas que es mejor para ti. Cuando trabajo con mis clientes, yo tiendo a «customizar» cada herramienta para que encaje con el individuo, la situación y la naturaleza particular de sus problemas. Evidentemente, no puedo hacer esto para cada lector del libro. De modo que he desarrollado un procedimiento general a seguir para cada herramienta y que funciona de forma constante y previsible para prácticamente cualquier persona y en cualquier circunstancia, sobre la base de pruebas y más pruebas y de su repetición. Si las sigues, estas instrucciones funcionarán también en tu caso, aunque si se te hacen pesadas has de saber que siempre puedes personalizarlas para que se adapten mejor a ti. Realmente no existe una forma incorrecta de utilizar las herramientas.

En este capítulo se explica cómo funcionan las herramientas e incluye instrucciones generales para su uso. Ello no obstante, aunque te invito a que las vayas practicando mientras las aprendes, no pretendo que las pongas en práctica ya mismo. En la Parte III recibirás instrucciones paso a paso para utilizar estas herramientas e identificar y curar tus recuerdos de origen, que pueden estar bloqueando el éxito en tu vida (capítulo 6, «Diagnósticos básicos»), y para alcanzar metas de éxito concretas (capítulo 7, «Plan de éxito del *Gran principio*»).

Una cosa más. A medida que avances en este capítulo, es posible que descubras que ya has usado o has visto antes una técnica similar a una de estas herramientas. Descubrí cada una de estas herramientas en el contexto de mi profesión, pero ello no quiere decir que alguna otra persona haya podido descubrirlas también por su cuenta. Y ciertamente se basan en principios que han sido enseñados ampliamente durante años. Por ejemplo, es posible que ya hayas utilizado algo parecido a la herramienta de medicina energética y que te haya ayudado con tus síntomas, al menos en parte y en cierta medida. Pero si los resultados no duraron mucho tiempo, puede ser que necesites abordar también las esferas espiritual y emocional. Cuando se utilizan por separado, estas herramientas pueden funcionar de maravilla, pero dado que cada una de ellas solo aborda un aspecto de un problema que, de manera característica, consta de tres partes, puede que, de forma aislada, no siempre funcionen a largo plazo o completamente. Yo creo que esta es la razón por la cual, a veces, muchas técnicas no funcionan del todo. Una sola técnica casi nunca toca las tres áreas de nuestro ser, cuando todas ellas requieren curación y armonía para completar el éxito y la curación.

Para curar por completo la fuente de los problemas que impiden el éxito y que más te molestan, te sugeriría que probaras las tres. Una de las principales razones por las que escribí este libro fue el deseo de ofrecerte todas las herramientas que necesitas para curar tus problemas en origen (no importa la manera en la que se manifiesten los síntomas), para introducir una nueva programación de éxito en tu disco duro y que pudieras experimentar un éxito tremendo durante el resto de tu vida. Pero cuando pruebes estas herramientas, es posible que encuentres que una o dos parecen producir mejores resultados que las otras. Esto es bueno: utiliza la herramienta o la combinación de herramientas que te dé mejores resultados. Pero no podrás saber con seguridad cuáles van a proporcionarte los mejores resultados hasta que las hayas probado durante cierto de tiempo.

Al final de este capítulo encontrarás instrucciones para utilizar las tres herramientas siguiendo una técnica que te permitirá alcanzar los mejores resultados con la mayor eficacia. No obstante, te recomiendo probar primero cada herramienta por separado, con objeto de familiarizarte con la manera en la que actúan en tu caso.

La herramienta de la medicina energética: curación de los problemas de origen a través del cuerpo

Según mi experiencia, la herramienta de la medicina energética es la que tiene el efecto más intenso en la mayoría de la gente, así para empezar. Dado que aplica energía en puntos específicos del cuerpo para curar un síntoma o un problema, encaja en la categoría de *medicina energética*. Esta disciplina ha sido un tema candente en el campo de la salud al menos en los últimos quince años y cada día aprendemos algo nuevo sobre sus aplicaciones. Dada la cantidad cada día mayor de pruebas científicas detalladas en el capítulo anterior, diversos profesionales de la medicina convencional consideran que la aplicación de nuestros conocimientos sobre la energía en la atención para la salud puede llevar a avances jamás vistos antes. Donna Eden, autora del clásico *Medicina energética*, ha documentado la resolución de miles de problemas que la ciencia médica simplemente no podía resolver. Sobre la base de una experiencia de más de treinta años curando y enseñando por todo el mundo, Donna Eden ha sido testigo de cómo la medicina energética resolvía bronquitis terminales, reanimaba a la víctima de un infarto de miocardio con electro plano y recuperaba una discapacidad mental grave, así como de muchos otros resultados a cual más espectacular [2].

Fue el año pasado cuando descubrí que incluso Sigmund Freud utilizaba una técnica similar a la mía en psicoterapia. Sí, *ese* Freud... el famoso neurólogo austriaco y doctor en medicina considerado el padre de la psicoterapia, la psiquiatría, el asesoramiento y la terapia. Lo creas o no, la medicina energética era su intervención definitiva

---

[2] Donna Eden (con David Feinstein), *Energy Medicine* (Tarcher/Penguin, 2008), 23, 32, 76-78. (Edición española: *Medicina energética*, Obelisco, Barceloma, 2011.)

cuando todo lo demás fallaba. En sus escritos decía: «Puedo decir con total seguridad que pocas veces me ha dejado en la estacada» [3]. En cierto modo, fue el primero en mostrar al mundo que la dimensión no física altera lo físico. Puede que Freud no supiera por qué funcionaba, pero sabía que en el momento en el que utilizara esta técnica, los problemas más profundos de sus pacientes emergerían. La herramienta de la medicina energética que te muestro a continuación incluye la misma posición que utilizaba Freud con sus pacientes (manos sobre la frente), aunque yo he añadido otras dos posiciones, porque considero que potencian su efecto.

La medicina energética no es nada raro ni místico, ni tan siquiera espiritual. De hecho, es algo físico (es decir, se basa en la física). En 1905 Einstein demostró que todo se reduce a energía ($E = mc^2$). En otras palabras, cada célula del cuerpo funciona con energía eléctrica y tiene su propia planta productora de energía, llamada mitocondria. Cuando la célula tiene mucha energía positiva, está sana. Si no tiene energía suficiente, o se halla infectada por energía negativa, empieza a perder salud. Y podemos medir el nivel de energía de nuestras células con fines diagnósticos mediante tomografía, resonancia magnética y otras pruebas similares.

La medicina energética consiste sencillamente en infundir energía positiva y saludable a las células que tienen un déficit de energía. Eso es todo. En sus primeras formas la medicina energética es en realidad antecesora de la medicina occidental. Desde el descubrimiento de Albert Einstein, los ganadores del Premio Nobel han apuntado que algún día descubriremos cómo aplicar a la salud estos principios de manera eficaz y que ello cambiará el panorama de la medicina y de la salud, del mismo modo que la energía aplicada a la

---

[3] M. Andrew Holowchak, *Freud: From Individual Psychology to Group Psychology* (Rowman & Littlefield, 2012), capítulo 2.

electrónica, las conexiones Wi-Fi y los ordenadores han cambiado prácticamente todos los campos de la tecnología mundial desde 1905. Y como dije en el capítulo anterior, está sucediendo justo ahora.

La cuestión es que la medicina energética, en general, no es nueva; sin embargo, gracias a un mayor conocimiento de la energía como fuente de todos los problemas, ha sido recientemente cuando la ciencia médica ha sido capaz de documentar lo poderosa que es en realidad y de explicar el motivo por el cual es tan eficaz y la forma en la que actualmente nos permite hacer cosas que no habíamos sido capaces de realizar antes.

Cómo funciona la herramienta de la medicina energética

El principio en el que se basa el funcionamiento de la herramienta de la medicina energética es bastante simple. Todo en el cuerpo funciona con energía: cada célula, pensamiento y sentimiento. Además, la energía está constantemente desbordándose del cuerpo, sobre todo a través de las manos[4]. Cuando colocas tus ma-

---

[4] Mitsuo Hiramatsu, del Laboratorio Central de Investigación de Hamamatsu Photonics, en Japón, dirigió un equipo de investigadores que descubrieron que las manos emiten más energía (en forma de luz o fotones) que ninguna otra parte de nuestro cuerpo, según se confirmó mediante un contador de fotones. En un estudio publicado en el *Journal of Photochemistry and Photobiology B: Biology* estos investigadores señalaban asimismo que la frente y las plantas de los pies emiten también fotones detectables. Véase Kimitsugu Nakamura y Mitsuo Hiramatsu, «Ultra-Weak Photon Emission from Human Hand: Influence of Temperature and Oxygen Concentration on Emission», *Journal of Photochemistry and Photobiology B: Biology* 80, 2 (1 de agosto de 2005): 156-160, y Jennifer Viegas, Discovery News, 6 de septiembre de 2005, www.abc.net.au/science/articles/2005/09/07/1455010.htm#.UaNAhLW1GCk.

nos sobre puntos específicos del cuerpo, estás aportándole de nuevo energía curativa utilizable. Cuando le aportas más energía, el cuerpo puede hacer más trabajo y utilizar la energía extra para arreglar problemas. Recuerda que, en su raíz, nuestros problemas existen solo como patrones internos de energía, no como hueso, sangre o tejido. Según los fundamentos de la física, estos patrones de energía pueden ser alterados por otro patrón de energía. Yo creo que eso es exactamente lo que hizo Freud con sus pacientes, y es lo que he hecho yo por mi cuenta a lo largo de los últimos veinticinco años.

La herramienta de la medicina energética utiliza tres posiciones: corazón, frente y parte superior de la cabeza. Estas áreas albergan las partes físicas de nuestro cuerpo, que condicionan directamente (o resultan afectadas por) la respuesta de estrés, así como los mecanismos de control de cada célula del organismo. Puedes utilizar la herramienta de la medicina energética sobre ti mismo o sobre otra persona, o bien otra persona puede utilizarla en ti. He observado que los resultados son más intensos si otra persona puede aplicártela, que es lo que hacía Freud con sus pacientes y lo que he hecho yo con mis clientes.

Posición 1. EL CORAZÓN

En la primera posición colocas una mano (derecha o izquierda) con la palma hacia abajo sobre la parte superior del pecho (sobre el corazón) y colocas la otra mano, también con la palma hacia abajo, sobre la primera.

Para esta posición y para las siguientes, tienes dos opciones: puedes colocar las manos en esta posición y mantenerla durante uno a tres minutos, que es la manera en la que utilizaba Freud esta herramienta, o puedes mover las manos suavemente en un movimiento

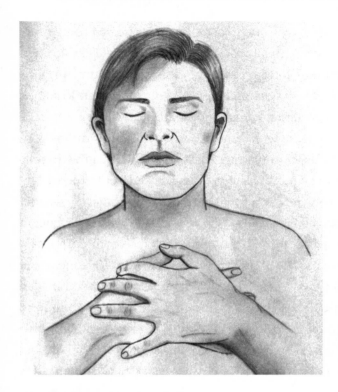

*La posición
del corazón.*

circular (en el sentido de las agujas del reloj o en sentido contrario), moviendo suavemente la piel que cubre el hueso (sin frotarla) y cambiando de sentido cada quince segundos o así, durante uno a tres minutos. Esta opción de frotamiento es la que he utilizado con la mayor parte de mis clientes y he observado que es casi el doble de eficaz que mantener las manos quietas, en la medida en que parece generar resultados en la mitad de tiempo. Sin embargo, si por cualquier razón no eres capaz de mover las manos describiendo círculos, la posición en reposo generará los mismos resultados, aunque pueda ser necesario más tiempo.

Esta posición aporta energía al sistema cardiovascular y al timo, así como a los puntos clave de la medicina energética para el sistema inmunitario. El timo forma parte de nuestro sistema inmunitario:

rige la liberación de hormonas y sustancias químicas en todo el sistema glandular. De hecho, algunos médicos dicen que el timo *es* el sistema inmunitario: si el timo funciona, el sistema inmunitario funciona. Curiosamente, su funcionamiento es máximo cuando somos más jóvenes, y especialmente en el momento de nacer y antes de la pubertad. En la actualidad se están llevando a cabo estudios para comprobar si la activación del timo hasta niveles más altos de funcionamiento podría curar el cáncer y muchas otras enfermedades.

Alojado también en la caja torácica se encuentra nuestro sistema cardiovascular, que tiene un campo electromagnético entre cincuenta y cien veces más fuerte que el del cerebro. Yo creo (como otros médicos) que si pensamos en el sistema nervioso central (que incluye el cerebro) como el mecanismo de control de nuestro organismo, el sistema cardiovascular es el principal transmisor y receptor: se hace eco de las frecuencias enviadas por el sistema nervioso central. Si esto es verdad, entonces el sistema nervioso central, el cerebro, el sistema glandular hormonal y el sistema cardiovascular gobiernan juntos los mecanismos de control de nuestro organismo, físicos y no físicos (incluidos mente y espíritu), siendo las mismas áreas a las que estamos aportando energía con la herramienta de la medicina energética.

Posición 2. LA FRENTE

En la segunda posición colocas una mano (derecha o izquierda) sobre tu frente, con el dedo meñique justo encima de las cejas (rozando apenas el puente de la nariz) y la otra mano encima de esta, con ambas palmas hacia abajo. Una vez más, puedes dejar las manos quietas en esta posición durante uno a tres minutos o, para resultados más rápidos, moverlas en círculo, desplazando la piel sobre los huesos y cambiando el sentido del movimiento cada diez a quince segundos, durante unos a tres minutos. No tienes que utilizar el movimiento circular si te resulta más cómodo un movimiento hacia delante y hacia atrás, si bien yo he observado que los círculos ofrecen resultados más rápidos.

Esta posición es la que parece ser que utilizaba Freud con sus pacientes: debía colocar su mano sobre la frente del paciente. Esta técnica funciona incluso mejor si se utiliza conjuntamente con la posición del corazón descrita en el apartado anterior y con la posición de la parte superior de la cabeza descrita a continuación (que Freud no utilizaba). Como doctor en Medicina, Freud debía saber qué *mecanismos* físicos se localizaban en esta área, pero no sabía por qué sacaba a la luz de forma sistemática problemas *psicológicos* cuando sus otras técnicas no lo hacían. Ahora nosotros lo sabemos.

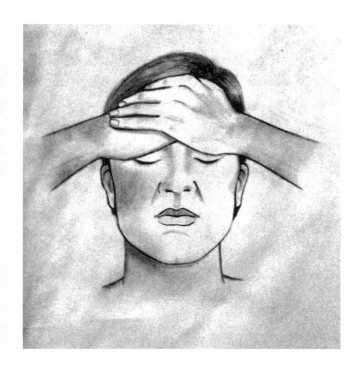

*La posición
de la frente.*

Cuando infundes energía en la frente, estás estimulando algunos de los mecanismos fisiológicos más importantes del organismo. En primer lugar, estás estimulando todo el cerebro: no solo los centros cerebrales superiores e inferiores, sino también los hemisferios derecho y e izquierdo. Según los experimentos llevados a cabo en 1972 por el doctor Roger Sperry sobre el cerebro dividido (que le hicieron merecedor del Premio Nobel), el hemisferio derecho del cerebro alberga el sistema límbico y la formación reticular, que gobiernan el juicio, el sentido común, los sentimientos, las creencias, la acción y las imágenes. El hemisferio izquierdo gobierna la palabra, la lógica y el razonamiento solamente (es decir, ni acción ni significado). Además, estás aportando energía al chakra del tercer ojo, uno de los centros de energía más potentes del cuerpo.

Por otro lado, sobre la base de la investigación original de Roger Sperry, yo personalmente creo que el hemisferio cerebral derecho puede ser una de las principales localizaciones del centro de control del corazón espiritual, que es el«contenedor» de nuestro espíritu: nuestro inconsciente, nuestro subconsciente, nuestra conciencia y la denominada última frontera, es decir, todo aquello sobre lo que todavía no sabemos nada. Del mismo modo, también creo que el principal centro de control de nuestra alma, además de nuestro cuerpo, puede ser el hemisferio cerebral izquierdo —mente consciente, voluntad y emociones—. ¡Y todo esto está detrás de la frente!

Posición 3. PARTE ALTA DE LA CABEZA

Para la tercera posición, coloca una mano (derecha o izquierda) en la parte superior de tu cabeza, o coronilla, y la otra mano encima, con ambas palmas hacia abajo. Esta posición activa no solo los mismos mecanismos psicológicos que la posición de la frente (aunque

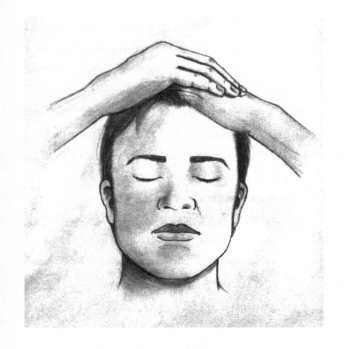

*La posición de
la parte alta
de la cabeza.*

desde un ángulo diferente), sino también la columna vertebral/vér-
tebras y el chakra de la coronilla, otro poderoso punto de la medicina energética que, en opinión de muchos, gobierna nuestra conexión con el reino espiritual.

Ahora verás cómo esta herramienta fisiológica aborda los tres aspectos de nuestro ser: el físico, el mental y el espiritual. Cuando apli-
cas energía a estas tres áreas —el corazón, la frente y la parte superior
de la cabeza—, estás incrementando físicamente el riego sanguíneo
y la funcionalidad de los centros de control de cada célula, cada pensamiento, cada emoción y cada creencia, así como de los chacras de
corazón, tercer ojo y coronilla, los tres centros de energía más potentes del cuerpo. En pocas palabras, estás activando y proporcio-
nando más energía a los mecanismos de control de todos los aspectos de tu vida: físicos y no físicos, conscientes e inconscientes,
internos y externos, tu salud, tus relaciones, tu prosperidad... *todo*.

Utilizar la herramienta de la medicina energética es como poner gasolina al cortacésped, conectar el tanque de propano a la barbacoa o dar de comer y beber a una persona hambrienta. Estás dando a tu cuerpo la fuerza que necesita para hacer lo que necesita hacer. En su estado actual sería capaz de funcionar de forma corriente. Pero con esta herramienta, puede hacerlo de manera extraordinaria, pues puede curar nuestros recuerdos, pensamientos y sentimientos, que es lo que queremos y que es la manera en la que nuestro cuerpo fue diseñado para funcionar en origen.

Estoy de acuerdo con Freud. Esta herramienta, especialmente cuando se utilizan las tres posiciones, pocas veces me ha dejado en la estacada. Es aquella en la que he confiado en más ocasiones y durante más tiempo.

Uso de la herramienta de la medicina energética

Puedes utilizar la herramienta de la medicina energética de dos maneras. La primera se aplica cuando algo te está molestando en ese momento, como ansiedad, cefalea, dolor o algún sentimiento negativo.

He aquí lo que tienes que hacer:

1. **En primer lugar, piensa en el asunto que te está molestando y da a tu problema una puntuación entre 0 y 10.** Aunque tengas toda una lista de problemas que te gustaría abordar, céntrate en uno cada vez, y mejor si es el que más te molesta. Tal vez des a este problema una puntuación de 7 —no es el peor que has tenido nunca, pero sin duda es importante—. (Si te cuesta puntuar tus problemas, no te preocupes. Decide solo si te están molestando o no.)

2. **Cierra los ojos y relájate. Recita una oración corta, sencilla y sincera desde el corazón, pidiendo la curación de aquello que está causando tu problema (es decir, las cuestiones espirituales subyacentes).** Como ya expliqué a propósito de las afirmaciones, esta oración ha de ser pronunciada desde la verdad y el amor (en contraposición a declarar algo que no sea actualmente cierto, o afirmar un deseo de algo que haga daño o perjudique a otro). Expresa un deseo auténtico de que tu problema se cure, en lugar de declarar que ya se ha curado, y ofrece tu oración desde el amor, expresando tu deseo de un resultado que ayude a todos y en el que no haya perdedores. Por ejemplo, si estuvieras experimentando ansiedad por algo que tienes que hacer en el trabajo, podrías decir: «Pido que lo que está causando mi ansiedad sea completamente curado de raíz. Pido ser liberado de esta ansiedad de manera que pueda sentirme libre y ser mejor trabajador (mejor padre, mejor esposo, etc.) y pido que sea un buen resultado, en el que todos los implicados salgan ganando». En lugar de ansiedad puede tratarse de ira o de un dolor de estómago o de cualquier otra cosa que te esté molestando. Pronuncia tu oración desde el corazón, renunciando a los resultados finales y a la fuerza de voluntad y permitiendo que el procedimiento, la luz y el amor hagan su trabajo en ti.

3. **Comienza con la primera posición y pon las manos sobre tu corazón.** Coloca las manos en la posición 1 como se describe con anterioridad. Ahora céntrate en tu problema, pero no intentes cambiarlo. Simplemente obsérvalo. Como alternativa, puedes también relajarte y centrarte en imágenes positivas que representen para ti el amor y la luz. Concéntrate en algo que sientas como mejor y más justo. A mí, personalmente, me gusta centrarme en el propio problema y ver cómo empieza a disolverse. Por ejemplo, si se trata de ansiedad, ob-

serva tranquilamente la imagen de la ansiedad en la pantalla de tu corazón, y mira si notas algún cambio.

4. **Con las manos una sobre la otra, mantén la posición o mueve las manos en movimiento circular, desplazando ligeramente la piel sobre el hueso en el sentido de las agujas del reloj o en sentido contrario y cambiando de sentido cada diez a quince segundos, como se describe más arriba.** Recuerda, la incorporación del movimiento circular simplemente acelera la eficacia de la herramienta; si tienes algún impedimento por el que no puedas realizar el movimiento circular, o si te cansas, está bien que simplemente mantengas las manos en posición. Prescindir del movimiento circular no compromete la eficacia global de la técnica.

5. **Mantén esta posición durante uno a tres minutos.** No tienes que cronometrar exactamente el tiempo, y la decisión del tiempo de mantenimiento de la posición depende solo de ti. No obstante, recomiendo empezar con un minuto ya que, en algunas personas, periodos más largos pueden desencadenar una respuesta de curación. Una respuesta de curación puede ser un dolor de cabeza u otro síntoma nuevo y negativo que se experimenta durante las técnicas de curación y que se presenta aproximadamente en el 10% de los individuos. Simplemente significa que estás intentando hacer demasiadas cosas a la vez. Si experimentas una respuesta de curación, simplemente pasa a la siguiente posición. Si esta posición también te resulta molesta, detente y deja que tu cuerpo se reponga. Por lo demás, sigue relajándote y observa de vez en cuando tu síntoma (para ver si algo está cambiando) mientras mantienes la posición.

6. **Cuando se haya cumplido el tiempo, pasa a la siguiente posición: la frente.** Traslada las manos a la posición 2, como se muestra arriba. Si así lo decides y eres capaz de hacerlo,

mueve las manos en un movimiento circular, cambiando de sentido cada diez a quince segundos durante tanto tiempo como te resulte cómodo. Mantén la relajación durante todo el tiempo, observando de vez en cuando el problema por si se hubiera producido el cambio, pero recuerda, solo observa, no trates de que suceda nada. Mantén esta posición entre uno y tres minutos más. Nota: no es obligatorio que cambies el sentido del movimiento cuando realices los frotamientos, solo haz aquello con lo que te sientas mejor.

7. **Cuando se haya cumplido el tiempo, pasa a la posición final: la parte superior de la cabeza.** Coloca la mano en la posición 3, como se muestra arriba, y sigue el mismo procedimient que en las dos posiciones anteriores: mueve las manos en círculo, cambiando de sentido cada diez a quince segundos mientras te resulte cómodo; y observa tu problema tranquilamente durante uno a tres minutos.

8. **Repite el ciclo de las tres posiciones entre dos y tres veces al día, hasta que valores tu problema o tus sentimientos negativos con una puntuación inferior a 1 (es decir, ha dejado de molestarte).** Para una sola sesión, repite el ciclo de tres posiciones tantas veces como quieras mientras no obtengas una respuesta de curación, pero te sugeriría que repitieras las tres posiciones dos o tres veces en cada sesión, o durante unos diez minutos una o dos veces al día. Una sola sesión puede ser suficiente para curar el origen de muchos problemas, pero algunas cuestiones pueden tardar días, semanas o incluso meses en resolverse por completo. Si después de un día tus problemas siguen molestándote, puedes utilizar esta herramienta dos o tres veces al día durante tantos días como sean necesarios para reducir la puntuación por debajo de 1 (lo cual significa que el problema original habrá dejado de molestarte, incluso en circunstancias externas estresantes).

9. **Por favor, no te preocupes por el tiempo.** El tiempo que necesites para llegar a estar por debajo de 1 es el tiempo adecuado para ti. Lo importante es hacerlo de manera correcta y constante.

Puedes probar ya la herramienta de la medicina energética en ti mismo y para cualquier síntoma físico o interno. También puedes usarla en otra persona o en cualquiera que no pueda aplicársela por sí mismo, como bebés, mascotas o personas mayores. Como ya he dicho, he observado que los resultados son más intensos cuando la herramienta es aplicada por otra persona.

Los resultados pueden ser bastante intensos y casi instantáneos, como le ocurrió a una doctora que conocí en España en uno de mis seminarios en el año 2012. Una vez concluido el seminario, esta doctora preguntó si podía hablar conmigo. Encontramos una sala privada para conversar y lo primero que salió a la luz fueron sus problemas sin resolver, todos ellos basados en expectativas externas y en una vida con fuerza de voluntad siempre al máximo. Se daba la circunstancia de que se había convertido en médico para complacer a su familia, no porque fuera lo que realmente quería hacer. Trabajé con ella utilizando solamente la herramienta de la medicina energética y resolví veinte problemas en veinte minutos.

La doctora me contó que el efecto fue inmediato y distinto de cualquier cosa experimentada hasta entonces. Sentía amor, alegría, paz, libertad y energía. Más que eso, dejó de querer practicar la medicina para complacer a sus padres, sino para ayudar a la gente. En particular, deseaba trabajar con las personas para sanar el verdadero origen de sus síntomas, del mismo modo que esta herramienta la había ayudado a ella. Cuando, seis meses más tarde, tuve noticias de ella, supe que no había sufrido recaída de ninguno de esos veinte problemas: estaban completamente resueltos.

Ahora bien, este tipo de resultados no suelen producirse en un solo día, como le ocurrió a ella. Y lo que es más importante: se produjeron sin que ella intentara que se produjeran y ni tan siquiera esperara que se produjeran. Cuando curamos esos veinte problemas con la herramienta de la medicina energética, el eje de su vida se desplazó de forma natural hacia el amor, la alegría y la paz, en el momento presente y sin esfuerzo, aun cuando no había cambiado *ninguna* de sus circunstancias externas. Todo se basó en un cambio interno.

Esa es una manera de utilizar la herramienta de la medicina energética: sobre síntomas específicos que estés experimentando en el momento presente. Una segunda manera consiste en utilizarla de forma preventiva, si en este momento no tienes problemas, o después de haber alcanzado su curación. Puedes utilizar la herramienta durante cinco a diez minutos, entre dos y tres veces al día, simplemente para mantener a raya el estrés del día. Puedes utilizarla incluso mientras miras la televisión o haces algo parecido. He tenido clientes que lo han hecho de esta manera, y con excelentes resultados; sin embargo, es aún mejor realizarlo siguiendo la forma meditativa descrita más arriba. Este enfoque preventivo debe añadirse al uso de la herramienta para curar problemas específicos, no en su lugar.

Por último, un tercer modo de empleo es el procedimiento de desprogramación y reprogramación formal en cuarenta días que forma parte del Plan de éxito del *Gran principio*. En lugar de abordar un solo síntoma, el plan de éxito está diseñado para ayudarte a alcanzar el éxito a largo plazo en un área concreta de la vida, como emprender un negocio, mejorar tus habilidades parentales, conseguir algo en tu carrera o en el deporte, dar comienzo a una organización no lucrativa, mudarte a otra localidad o cualquier cosa que se pueda definir como éxito para ti o vocación basada en el amor. Describiremos con más detalle este plan de éxito en el capítulo 7.

La herramienta de declaraciones de reprogramación: curación de los problemas de origen con la mente

La herramienta de declaraciones de reprogramación actúa fundamentalmente sobre la parte izquierda del cerebro, donde residen el pensamiento lógico y analítico, abordando tanto la mente (incluidas voluntad y emociones) como el alma. Pero esta herramienta también afecta al espíritu y al corazón subconscientes, así como a la fisiología.

El lenguaje de la mente son las palabras.

En primer lugar, veamos de qué forma actúan en nuestra vida las frecuencias de amor y miedo (véase la siguiente tabla).

Amor	Miedo
Alegría	Tristeza, desesperación, impotencia
Paz	Ansiedad, preocupación
Paciencia, metas correctas	Ira, metas erróneas
Amabilidad, aceptación	Rechazo
Bondad, no juzgar, perdonar	Culpabilidad, remordimiento, juzgar y no perdonar
Confianza, fe, esperanza, creencia	Control malsano para manipular las circunstancias y obtener resultados deseados
Humildad o creencia en la verdad sobre uno mismo	Creencia en una mentira sobre uno mismo (ya sea inferior o superior)
Autocontrol	Control malsano de pensamientos, sentimientos, creencias y acciones

Los aspectos que aparecen en la columna de la izquierda se generan y fluyen desde el amor y las frecuencias de luz, mientras que los de la derecha se generan y fluyen desde las frecuencias de miedo y oscuridad. Lo que determina que experimentes los aspectos de la columna izquierda o los de la derecha es que creas la verdad o una mentira sobre ese aspecto concreto. La mentira siempre te lleva al miedo y del miedo a las experiencias negativas arriba detalladas. La verdad siempre conduce al amor, que a su vez produce todas las virtudes arriba reflejadas. Las declaraciones de reprogramación pueden reemplazar y transformar la frecuencia de miedo y su reacción en cadena negativa por la frecuencia del amor y su reacción en cadena positiva.

En esta sección he incluido todas las declaraciones de reprogramación que una persona puede necesitar para cualquier tema de éxito. Ello supone que esta sección sea más larga y complicada que probablemente ninguna otra. Pero no dejes que te agobie. He tenido muchos clientes que experimentaron reprogramación solo con una declaración, o un apartado con especial significado para ellos. Debían rezar, meditar y repetir esa declaración durante días o semanas hasta que estuviera resuelta, y esa solución sería su cambio de rumbo hacia el éxito. De modo que si para ti tienen más significado unas declaraciones que otras, escoge en cuáles deseas centrarte. Más tarde podrás volver y trabajar sobre las demás declaraciones, hasta que hayas abordado todas las cuestiones que necesitas abordar. Puedes usar las declaraciones que mejor te parezcan y mejor te funcionen. En realidad, no existe una manera incorrecta de utilizarlas.

Cómo funcionan las declaraciones de reprogramación

Desde los puntos de vista psicológico y espiritual, creo que cualquier problema que puedas tener se encuentra en la siguiente lista de acciones y reacciones (piensa en una larga fila de fichas de dominó). Funcionan como un diagrama de flujo o una reacción en cadena. A continuación aparecen en orden:

1. En primer lugar, comienza con tu programación actual, basada en tus recuerdos celulares de generaciones pasadas y en tu propia experiencia vital. Aquí tendrás mentiras o la verdad (o probablemente ambas cosas).

2. Cuando se producen circunstancias y acontecimientos en el momento presente, en «tiempo real», tu mente inconsciente compara de manera automática tus circunstancias externas actuales con la programación interna en curso. Si tu programación contiene una mentira referente a esa circunstancia, estimula el dolor, enviando una señal de estrés al hipotálamo, y se producirán resultados negativos en todos los aspectos enumerados más abajo (los primeros de cada punto). Si contiene la verdad, la dimensión cuerpo/mente/espíritu permanecerá en paz, y se producirán resultados positivos (los últimos de cada punto).

3. Malinterpretarás el episodio (sobre la base de una falsedad o una mentira) o interpretarás el episodio correctamente (basándote en la verdad).

4. Experimentarás miedo, o amor.

5. Tomarás una decisión basándote en el dolor/placer, o en la integridad.

6. Experimentarás inseguridad (rechazo), o seguridad.

7. Experimentarás insignificancia (crítica/ausencia de perdón), o importancia.

8. Experimentarás un orgullo malsano (sentimiento de superioridad o inferioridad, o humildad (creyendo en la verdad positiva sobre ti mismo).

9. Experimentarás un control malsano, o confianza/verdad/ creencia/esperanza.
10. Reaccionarás, o responderás.
11. Actuarás egoístamente, o actuarás con amor.
12. Experimentarás el resultado de fracaso, infelicidad y enfermedad, o de éxito, felicidad y salud.

Cualquier problema que puedas experimentar siempre implica todas estas acciones, que tienen lugar en este orden (en su mayor parte), dando lugar a un efecto dominó positivo o negativo. Como hemos aprendido de la doctora Carolyn Leaf, nuestro cuerpo no contiene ningún mecanismo, físico o no físico, para lo negativo, solo para lo positivo. De modo que experimentar *siempre* los aspectos negativos indica una disfunción de la dimensión positiva, como un virus en un ordenador. Deshazte de la disfunción —el virus— y los aspectos positivos comenzarán a funcionar de nuevo del modo en el que fueron diseñados. A menudo el resultado negativo se reduce a un recuerdo que encierra una mentira, que está hecha de energía. Utiliza la herramienta de energía adecuada para arreglar el recuerdo —saca la mentira— y los síntomas empezarán automáticamente a desaparecer, generando así la versión positiva del efecto dominó.

Ten en cuenta que es posible obtener un resultado positivo en un área de la vida y uno negativo en otra. Es posible que experimentes felicidad, salud y éxito en tu matrimonio, pero que experimentes infelicidad, enfermedad y fracaso en el trabajo. Si tu programación contiene tanto la verdad como mentiras, puedes incluso llegar a resultados positivos y negativos en la misma cuestión. Tal vez amontones millones de dólares, pero estés lleno de ansiedad e infelicidad, o puede que tengas pocos bienes materiales, pero que seas feliz y goces de salud.

Los aspectos centrales: importancia y seguridad

Los aspectos fundamentales que ocupan el centro de esta reacción en cadena son la *importancia* y la *seguridad*. Todos los acontecimientos anteriores a estos aspectos centrales determinan que tengas o no problemas con ellos, y todos los acontecimientos posteriores a la importancia y a la seguridad fluyen directamente a partir de ellos. La importancia y la seguridad son tan fundamentales porque están directamente relacionadas con la identidad del individuo.

La importancia guarda relación con nuestra autoestima: lo que creemos que podemos y que no podemos hacer y nuestra experiencia de culpabilidad, vergüenza, medida o falta de medida, perdón o ausencia de perdón, y crítica hacia nosotros mismos y hacia los demás. En otras palabras, la importancia representa quiénes somos. Nuestra experiencia de importancia es casi exclusivamente interna y procede de nuestro banco de recuerdos subconscientes y de nuestras creencias.

La seguridad guarda relación con la aceptación o el rechazo de los demás y por parte de los demás, y también de uno mismo. En mis veinticinco años de trabajo con clientes en todo el mundo, nunca he trabajado con nadie que tuviera un problema grave de salud o psicológico y que no hubiera sufrido también un problema de rechazo. Puede que fuera en el patio de la guardería o por el comentario relativamente inocente de algún adulto, pues de niños, debido al estado de ondas cerebrales delta/theta, no tenemos la capacidad de filtrar determinadas afirmaciones (como nuestros «recuerdos de helado de polo»). Pero también hay personas que realmente han sido víctimas de maltrato o abusos, física o emocionalmente. Lo contrario del rechazo es la aceptación, o la amabilidad, que es la razón por la cual una de las cosas más poderosas que podemos hacer para ayudar a otros es simplemente ser amables con ellos. Ciertamente, esto incluye ser amable con uno mismo. Pero, a diferencia de la importancia, la seguridad es interna y externa. La seguridad también se refiere a la sensación de que nuestras necesidades básicas, como son comida, techo y protección, se vean satisfechas en nuestras circunstancia externas.

Nuestro sentido de la importancia y de la seguridad se generan en nuestro interior en los primeros años de vida y también a lo largo de la vida de nuestros antepasados, dependiendo de si experimentamos miedo o amor en las distintas situaciones. Si experimentamos amor y nuestras necesidades básicas están cubiertas, en líneas generales experimentaremos más adelante importancia y seguridad en esa situación dada. Si experimentamos miedo, entonces nos sentiremos insignificantes e inseguros; en otras palabras, sentiremos culpabilidad, vergüenza, rechazo y sensación de no dar la talla.

Dependiendo de si nos sentimos importantes y seguros (o no), experimentaremos el mundo a través de la lente de la convicción, la fe, la confianza y la esperanza, o nos enfrentaremos a problemas de control nada saludables. Los problemas de control implican que tratemos de forzar un determinado resultado final (expectativa) con la voluntad que nosotros creemos que debemos tener para estar bien, lo cual se basa a su vez en buscar el placer y evitar el dolor. Nuestra programación nos dice que no podemos confiar y creer, porque en el pasado recibimos dolor sin amor. Recuerda que si buscamos principalmente el placer y evitamos el dolor, estamos viviendo como si tuviéramos aún cinco años. Si nos encontramos con que seguimos viviendo de este modo ya de adultos, significa que tenemos un virus en el disco duro en relación con esa cuestión. Tenemos algo en nuestro subconsciente que está dando a nuestro cerebro instrucciones erróneas y manteniéndolo en un bucle peligroso y destructivo. Tal y como hemos aprendido en el capítulo 2, resultamos «infectados» por un virus de disco duro cuando conformamos una interpretación errónea de un acontecimiento. Si estás experimentando a la vez dolor y ausencia de placer en una situación determinada, habida cuenta de que nuestra programación básica dice que dolor equivale a malo y placer equivale a bueno, es muy probable que creas una mentira en relación con tus circunstancias actuales. Creer una mentira genera, a su vez, un recuerdo basado en el miedo, que regirá nuestra respuesta en situaciones futuras similares y se convierte en parte de nuestra programación interna y de nuestras creencias, iniciando el círculo vicioso de resultados negativos enumerados en el diagrama de flujo del que hemos hablado más arriba.

Por otro lado, si has experimentado amor en una situación en particular, entonces no vivirás en el temor al resultado final cuando en el futuro se produzca una situación similar. Eres capaz de confiar y de creer desde un lugar de paz y relajación y de vivir en el momento presente, poniendo en movimiento todos los resultados positivos del diagrama de flujo.

Además, existe una implicación muy importante en todo esto y de la que ya te habrás dado cuenta. En mi opinión y según mi experiencia, prácticamente cualquier problema es una *cuestión de relaciones*. El amor no existe fuera del contexto de una relación. De modo que cualquier miedo tiene en su raíz un problema de relación, ya sea de relación con uno mismo, con Dios, con otros, con animales o con la naturaleza. Precisamente este año me he reunido con mi hermano, a quien no veía desde hace mucho tiempo, pues perdimos el contacto hace cuarenta años. Me siento como si una parte de mí que había muerto hubiese vuelto a la vida. Es una sensación indescriptible que me ha curado interiormente de un modo que va más allá de las palabras y las valoraciones y de algo que ni yo mismo sabía que necesitaba curarme. No tenía ni idea de en qué medida el distanciamiento de mi hermano había afectado negativamente a mi vida y a mi salud a lo largo de todos estos años.

Yo creo que esta realidad es común a todos nosotros. La importancia y la seguridad del individuo se forman siempre en el contexto de las relaciones (salvo si estás en una situación de amenaza para tu vida o sufres una carencia que afecta a tu seguridad y a tus necesidades físicas básicas). Incluso si piensas que tu problema es meramente económico, relacionado con la salud o con alguna otra situación externa, cuando existe implicación de miedo/dolor/placer, ha de contemplarse en el contexto de las relaciones. De modo que, cuando llegues al plan de éxito en el capítulo 7, te recomiendo encarecidamente la aplicación del procedimiento de cuarenta días a las metas de éxito en las *relaciones*. Cura tus problemas en las relaciones y curarás la gran mayoría de tus problemas de éxito; por lo general, todos ellos.

Esto es exactamente lo que te ayuda a hacer las declaraciones de reprogramación: desprograman los aspectos negativos para cada cuestión clave arriba expuesta y nos reprograman en positivo para que podamos vivir con felicidad, salud y éxito en cualquier área de la vida, es decir, del modo en el que hemos sido diseñados para vivir.

Nota: Las declaraciones de reprogramación, a diferencia de muchas afirmaciones, se basan en la verdad y en el amor y ayudan a reconducir nuestro corazón y nuestra mente al estado perfecto en el que se encontraban cuando nacimos y nuestro disco duro estaba libre de virus. Llevo veinticinco años utilizando con éxito estas declaraciones con personas de todo el mundo.

Las declaraciones de reprogramación están vinculadas a una serie de preguntas y oraciones que te llevan a través de la reacción en cadena arriba mencionada, eliminando paso a paso ese virus del disco duro. A continuación encontrarás dos opciones: la versión completa de las doce series de declaraciones de reprogramación, que se corresponden directamente con las doce cuestiones clave de la reacción en cadena de la que hemos hablado, y la versión abreviada, que se basa en las cuatro cuestiones centrales de la reacción en cadena. Desarrollé la versión abreviada porque algunos clientes demandaban un procedimiento más corto (aunque en ocasiones más largo equivale a mejor). Dado que para algunas personas la eficacia es equivalente, he incluido aquí ambas opciones. Mi regla general es que, si usas la versión abreviada y no experimentas la resolución completa con cierta prontitud, apliques la versión completa durante un tiempo.

Uso de las declaraciones de reprogramación: versión completa

Para utilizar estas declaraciones de reprogramación como herramienta para desprogramar los virus de tu disco duro y reprogramarte con la verdad, simplemente trae a tu mente un problema o un asunto en particular y comienza con la primera serie de declaraciones. Las cuatro declaraciones de cada una de las doce series comienzan todas del mismo modo —«Deseo», «Estoy dispuesto a», «Estoy listo para» y «Voy a creer en»— y cada serie se corresponde con una cuestión clave de la reacción en cadena de la que ya te he hablado. Ten en cuenta que la primera declaración que comienza con «Deseo» no se refiere a expectativas, sino a esperanza, que se basa en el amor más que en el miedo.

Pronuncia la primera declaración de la serie y decide si crees en ella o no, basándote en tus sensaciones subjetivas (que pueden ser físicas o no físicas). Por ejemplo, la primera declaración de la primera serie es «Deseo creer en toda la verdad y solo la verdad sobre quién y qué soy, y quién y qué no soy». Pronuncia esta declaración para ti mismo, ya sea en voz alta ya sea en silencio. Trata de discernir si sientes algo negativo, o alguna resistencia, y date cuenta exactamente de qué sientes y dónde lo sientes en tu cuerpo. La mayoría de las personas experimentan la negatividad en su cuerpo como presión o pesadez. (Si piensas en ello el tiempo suficiente, es posible que incluso llegues a tener dolor de cabeza o de estómago, pero yo no quiero que pienses en ello tanto tiempo.) Repite esta declaración hasta que verdaderamente creas en ella. Sabrás que realmente crees en ella cuando esa sensación negativa, la tensión, la opresión, la pesadez o el dolor, haya desaparecido. Si no sientes esto en tu cuerpo, continúa con tus pensamientos y sensaciones.

Una vez que creas ya en la primera declaración, pasa a la segunda, siguiendo el mismo procedimiento: pronuncia la declaración para ti mismo, determina si crees en ella (es decir, si tienes algún sentimiento negativo o sensación de pesadez) y repítela hasta que creas en ella y toda pesadez, presión o dolor haya desaparecido. Después, pasa a la tercera declaración y, por último, a la cuarta. Una vez que hayas pasado por las cuatro declaraciones de una serie, pasa a la siguiente serie y repite todo el procedimiento, trabajando a lo largo de todo el procedimiento hasta el final.

Observa que estas declaraciones de reprogramación funcionan no solo como una herramienta, sino como un diagnóstico para las falsedades en las que crees. A medida que avances a través de las declaraciones e identifiques esas falsedades, podrás aplicar la herramienta de la medicina energética y la herramienta de la pantalla del corazón (explicadas más adelante) para que esas falsedades se curen también en origen. Simplemente declara la incredulidad como tu problema y utiliza los procedimientos descritos en este capítulo para cada herramienta. Por otro lado, si te encuentras atascado en una declaración determinada, consulta la sección siguiente a las declaraciones de reprogramación y encontrarás instrucciones específicas sobre cómo curar cualquier bloqueo consciente o inconsciente que pueda presentarse (y recuerda que realmente no existe una manera incorrecta de utilizar estas declaraciones).

1. Programación actual. No vemos las cosas como son; vemos las cosas como somos nosotros. Y el modo en el que vemos las cosas tiene que ver con nuestra programación, como si fuéramos un ordenador. Nuestra programación actual es fruto de generaciones pasadas y de nuestra propia experiencia vital, sobre la base de lo que hemos heredado, aprendido, absorbido, observado o hecho. *Todos* acabamos con verdades y mentiras en nuestra programación, sin importar las buenas intenciones que tuvieran nuestros padres o la perfección con la que hayamos intentado vivir. Pero si queremos vivir la vida que queremos, tenemos que deshacernos de la falsa programación basada en el miedo.

Por favor, entiéndelo: tu programación no eres tú. Si tienes virus en tu disco duro, piensa en ellos como si fueran espinas en tu corazón espiritual que están provocando una reacción en cadena negativa. De manera que no tomes posesión de ninguna mentira de tu programación.

Vamos a utilizar esta herramienta para eliminar esas espinas y permitir que funciones del modo en el que estás hecho para funcionar: produciendo constantemente felicidad, salud y éxito. El primer paso consiste en reprogramarte con la verdad: toda la verdad y nada más que la verdad.

1. *Deseo* creer en toda la verdad y solo la verdad sobre quién soy y qué soy, y sobre quién no soy y qué no soy.
2. *Estoy dispuesto a* creer en toda la verdad y solo la verdad sobre quién soy y qué soy, y sobre quién no soy y qué no soy.
3. *Estoy listo para* creer en toda la verdad y solo la verdad sobre quién soy y qué soy, y sobre quién no soy y qué no soy.
4. *Voy a creer* en toda la verdad y solo la verdad sobre quién soy y qué soy, y sobre quién no soy y qué no soy.

Cuando seas consciente de las falsedades en las que crees, haz con ellas una lista y después cúralas, utilizando la herramienta de la medicina energética y la herramienta de la pantalla del corazón (consulta la siguiente sección para encontrar instrucciones en relación con esta última herramienta).

2. Se dan circunstancias en «tiempo real» y nuestro inconsciente compara de forma automática nuestras circunstancias externas actuales con nuestra programación interna en ese momento. Escribo «tiempo real» entrecomillado, porque, según mi experiencia, el 99% de las personas no ven sus circunstancias como realmente son y no actúan sobre ellas desde la verdad. Las ven y actúan sobre ellas según su programación que, una vez más, suele basarse en el miedo. De forma instantánea, en un pestañeo, nuestra mente inconsciente y subconsciente determina los pensamientos, sentimientos y creencias adecuados sobre la base de nuestra programación actual, no sobre la base de nuestras circunstancias actuales. Siempre que experimentas temor, ira, ansiedad, tristeza o cualquier tipo de sentimiento o emoción negativa y tu vida no se encuentra necesariamente en peligro, significa que tu programación en relación con esa cuestión se basa en el miedo y te conducirá directamente a todos los resultados negativos que no deseas. Queremos ser capaces de elegir la acción correcta para experimentar toda la felicidad, la salud y el éxito que deseamos. Para escoger la acción correcta, necesitamos la programación correcta.

1. *Deseo* poner en práctica y creer en toda la verdad y solo la verdad sobre mis circunstancias actuales, no en mentiras basadas en falsedades internas de mi programación.
2. *Estoy dispuesto a* poner en práctica y creer en toda la verdad y solo la verdad sobre mis circunstancias actuales, no en mentiras basadas en falsedades internas de mi programación.

3. *Estoy listo para* poner en práctica y creer en toda la verdad y solo la verdad sobre mis circunstancias actuales, no en mentiras basadas en falsedades internas de mi programación.

4. *Voy a creer* en toda la verdad y solo la verdad sobre mis circunstancias actuales, no en mentiras basadas en falsedades internas de mi programación.

Cuando seas consciente de las falsedades en las que crees, anótalas en una lista y después cúralas, utilizando la herramienta de la medicina energética y la herramienta de la pantalla del corazón.

3. Falsedad o verdad. Toda mentira es una mala interpretación de la verdad; esa es la razón por la que es tan fácil racionalizar las mentiras. Hay algo de verdad en ellas. El problema es que no es toda la verdad, o solo la verdad. La verdad completa siempre toma el camino del amor, mientras que la falsedad siempre toma el camino del miedo. Para ganar tiempo y evitar el dolor, aborda la cuestión a la altura de la verdad/falsedad. Aprende a distinguir cuando estás creyendo en una mentira y no actúes hasta que estés en posesión de la verdad.

1. *Deseo* creer en la verdad y solo en la verdad con corazón, alma, espíritu y mente, y dejar de creer en todo lo que sea falso.

2. *Estoy dispuesto a* creer en la verdad y solo en la verdad con corazón, alma, espíritu y mente, y dejar de creer en todo lo que sea falso.

3. *Estoy listo para* creer en la verdad y solo en la verdad con corazón, alma, espíritu y mente, y dejar de creer en todo lo que sea falso.

4. *Voy a creer* en la verdad y solo en la verdad con corazón, alma, espíritu y mente, y dejar de creer en todo lo que sea falso.

Cuando seas consciente de las falsedades en las que crees, anótalas en una lista y después cúralas, utilizando la herramienta de la medicina energética y la herramienta de la pantalla del corazón.

4. Dolor/placer o integridad. Ya hemos hablado de nuestra programación dolor/placer: se trata de la sencilla ecuación placer = bueno y dolor = malo, sin importar nada más. Esta programación es apropiada para los primeros seis años de vida, cuando nuestro instinto de supervivencia se halla de forma natural en estado de alerta máxima; pero en torno a los seis u ocho años de edad se supone que pasamos de esta programación a la toma de decisiones basada en la integridad, en lo que es verdadero, amoroso, bueno y útil. De hecho, vivir con integridad y vivir de acuerdo con la programación de dolor/placer son dos formas de vida mutuamente excluyentes: no es posible hacer ambas cosas.

1. *Deseo* abandonar mi modo de ver la vida desde el dolor/placer para vivir en la integridad y llevar la mejor vida para mí.
2. *Estoy dispuesto a* abandonar mi modo de ver la vida desde el dolor/placer para vivir en la integridad y llevar la mejor vida para mí.
3. *Estoy listo para* abandonar mi modo de ver la vida desde el dolor/placer para vivir en la integridad y llevar la mejor vida para mí.
4. *Puedo abandonar y abandonaré* mi modo de ver la vida desde el dolor/placer para vivir en la integridad y llevar la mejor vida para mí.

Cuando seas consciente de las falsedades en las que crees, anótalas en una lista y después cúralas, utilizando la herramienta de la medicina energética y la herramienta de la pantalla del corazón.

5. Miedo o amor. Cuando nos enfrentamos al dolor o a la ausencia de placer, lo cual nos sucede a todos varias veces al día, debemos elegir entre afrontar la situación desde el amor o hacerlo desde el miedo. De cualquier manera, podemos experimentar dolor y circunstancias negativas, pero, dependiendo de si se responde desde el amor o desde el miedo, resultarán formas distintas de pensar, creer, sentir y actuar. El miedo conduce a todo lo que no deseas en la vida; el amor conduce a todo cuanto deseas. El problema para la mayoría de la gente es que, incluso cuando optan por el amor, si el dolor no se va o el placer no viene con cierta rapidez, pierden la senda, vuelven a caer en el miedo y tratan de forzar lo que desean. Si simplemente se hubiesen mantenido en el camino del amor, habrían obtenido todo cuanto querían, y más.

1. *Deseo* pensar, sentir, creer, actuar y hacerlo todo desde el amor, no desde el miedo, en corazón, espíritu, alma, mente y cuerpo.
2. *Estoy dispuesto a* pensar, sentir, creer, actuar y hacerlo todo desde el amor, no desde el miedo, en corazón, espíritu, alma, mente y cuerpo.
3. *Estoy listo para* pensar, sentir, creer, actuar y hacerlo todo desde el amor, no desde el miedo, en corazón, espíritu, alma, mente y cuerpo.
4. *Voy a pensar, sentir, creer, actuar y hacerlo* todo desde el amor, no desde el miedo, en corazón, espíritu, alma, mente y cuerpo.

Cuando seas consciente de las falsedades en las que crees, anótalas en una lista y después cúralas, utilizando la herramienta de la medicina energética y la herramienta de la pantalla del corazón.

6. Inseguridad o seguridad. La seguridad es uno de los dos aspectos centrales de identidad arriba mencionados. Es (junto con la importancia) una de las cuestiones fundamentales de toda esta lista: todos los aspectos anteriores afectan a nuestro sentido de la seguridad y de la importancia, y todos los aspectos siguientes fluyen a partir de ellos. Nuestra seguridad y nuestra importancia se hallan indisolublemente ligadas.

En ocasiones nuestro sentido de la seguridad precede a nuestro sentido de la importancia, y en consecuencia la afecta; a veces nuestro sentido de la importancia precede a nuestra seguridad, y en consecuencia la afecta.

Nuestra sensación de seguridad es tanto externa (¿estoy físicamente seguro y tengo mis necesidades básicas cubiertas en mi entorno?) como interna (¿soy una persona con la que los demás querrían relacionarse?). Tiene que ver con que nos sintamos seguros y aceptados, o inseguros y rechazados.

1. *Deseo* abandonar el miedo y la falsedad en lo referente a mi seguridad y aceptación, de modo que pueda tener seguridad y aceptación.

2. *Estoy dispuesto a* abandonar el miedo y la falsedad en lo referente a mi seguridad y aceptación, de modo que pueda tener seguridad y aceptación.

3. *Estoy listo para* abandonar el miedo y la falsedad en lo referente a mi seguridad y aceptación, de modo que pueda tener seguridad y aceptación.

4. *Abandono* el miedo y la falsedad en lo referente a mi seguridad y aceptación, de modo que pueda tener seguridad y aceptación.

Cuando seas consciente de las falsedades en las que crees, anótalas en una lista y después cúralas, utilizando la herramienta de la medicina energética y la herramienta de la pantalla del corazón.

7. Insignificancia o importancia. La otra cuestión de identidad fundamental, la importancia, es casi exclusivamente un estado interior. Nuestro sentido de la importancia responde a la pregunta ¿quién soy? Afecta de manera específica a nuestra capacidad para perdonar (o no perdonar) y juzgar (o no juzgar). Si tenemos un fuerte sentido de la importancia, seremos capaces de conceder a cualquiera —incluidos nosotros mismos— el beneficio de la duda, sabiendo que no es cometido nuestro juzgar a la gente, sino amarla.

1. *Deseo* abandonar la insignificancia, la falta de perdón, la crítica, la falsa identidad y la falsa autoestima para poder abrazar la importancia, el perdón, la ausencia de crítica, la verdadera identidad y la verdadera autoestima.

2. *Estoy dispuesto a* abandonar la insignificancia, la falta de perdón, la crítica, la falsa identidad y la falsa autoestima para poder abrazar la importancia, el perdón, la ausencia de crítica, la verdadera identidad y la verdadera autoestima.

3. *Estoy listo para* abandonar la insignificancia, la falta de perdón, la crítica, la falsa identidad y la falsa autoestima y poder abrazar la importancia, el perdón, la ausencia de crítica, la verdadera identidad y la verdadera autoestima.

4. *Renuncio a* la insignificancia, la falta de perdón, la crítica, la falsa identidad y la falsa autoestima para poder abrazar la importancia, el perdón, la ausencia de crítica, la verdadera identidad y la verdadera autoestima.

Cuando seas consciente de las falsedades en las que crees, anótalas en una lista y después cúralas, utilizando la herramienta de la medicina energética y la herramienta de la pantalla del corazón.

8. Orgullo o humildad. La humildad es la cualidad peor interpretada del planeta. Humildad no significa debilidad ni falta de carácter. Humildad significa creer la verdad sobre nosotros mismos. Y la verdad es que todos somos esencialmente iguales. Todos tenemos el mismo valor y el mismo mérito como seres humanos: no importa dónde vivamos, no importa cuál sea nuestro color de piel, no importa lo que tengamos, no importa lo que seamos. Todos tenemos bondad y un potencial ilimitado. La superioridad y la inferioridad son falsas por igual, y por tanto igual de malas. Ambos conceptos provienen de la insignificancia y la inseguridad. Humildad significa también no estar tan pendiente de uno mismo: ser humilde significa ser capaz de centrarse en los demás y de trabajar de la mano con otros. Pero la mayor parte de la gente no vive de este modo, están constantemente comparándose a sí mismos con los demás y creando expectativas basadas en esas comparaciones: *¿Cómo lo estoy haciendo? ¿Qué pensarán los demás? ¿Se darán cuenta?* La verdadera humildad, enraizada en la seguridad y la importancia, sabe que, en el fondo, tú tienes un valor y un mérito enormes y que no eres ni mejor ni peor que cualquier otro, de modo que no tienes que aparentar ni que esconderte.

1. *Deseo* abandonar mis convicciones erróneas de superioridad e inferioridad sobre quién y qué soy, para poder experimentar la verdad sobre quién soy en realidad, que es fantástica, pero ni mejor ni mejor que la de cualquier otro.

2. *Estoy dispuesto a* abandonar mis convicciones erróneas de superioridad e inferioridad sobre quién y qué soy, para poder experimentar la verdad sobre quién soy en realidad, que es fantástica, pero ni mejor ni mejor que la de cualquier otro.

3. *Estoy listo para* abandonar mis convicciones erróneas de superioridad e inferioridad sobre quién y qué soy, para poder experimentar la verdad sobre quién soy en realidad, que es fantástica, pero ni mejor ni mejor que la de cualquier otro.

4. *Abandono* mis convicciones erróneas de superioridad e inferioridad sobre quién y qué soy, para poder experimentar la verdad sobre quién soy en realidad, que es fantástica, pero ni mejor ni mejor que la de cualquier otro.

Cuando seas consciente de las falsedades en las que crees, apúntalas en una lista y después cúralas, utilizando la herramienta de la medicina energética y la herramienta de la pantalla del corazón.

9. Control malsano o fe/confianza/creencia/esperanza. Esta categoría recoge aquello en lo que creemos: placebo, nocebo o de facto. El control malsano es lo contrario de la creencia verdadera, la fe y la confianza. Se dice «tengo que manipular o controlar la situación para estar seguro de recibir el resultado final que quiero, porque si no consigo los resultados que quiero, no estaré bien». De hecho, vivir basándonos en la fuerza de voluntad y en las expectativas *es* una forma de control malsano. Como ya sabemos, es una de las cosas más estresantes que se pueden hacer; es la razón por la que las expectativas son el «asesino» de la felicidad [5].

Por el contrario, un control sano está directamente ligado a la fe, la creencia, la esperanza y la confianza. Significa que es posible renunciar a los resultados finales en la creencia de que en esencia estamos bien, sin importar nuestras circunstancias externas. Nota: muchos creen que si viven de este modo, no conseguirán hacer nada. Creen que su fuerza de voluntad orientada a expectativas externas es la actitud que conduce a los resultados. Sin embargo, las cosas funcionan precisamente al revés: si renuncias a las expectativas y dejar de confiar en la fuerza de voluntad, conseguirás hacer más en menos tiempo, y además serás feliz.

---

[5] Dan Gilbert, «Why Are We Happy? Why Aren't We Happy?», *TED Talks* (vídeo), febrero de 2004, https://www.youtube.com/watch?v=LTO_dZUvbJA#t=54.

1. *Deseo* abandonar el control malsano que pretende asegurar un determinado resultado final y así podré tener fe, confianza, esperanza y creencia y conseguir los mejores resultados en mi vida.
2. *Estoy dispuesto a* abandonar el control malsano que pretende asegurar un determinado resultado final y así podré tener fe, confianza, esperanza y creencia y conseguir los mejores resultados en mi vida.
3. *Estoy listo para* abandonar el control malsano que pretende asegurar un determinado resultado final y así podré tener fe, confianza, esperanza y creencia y conseguir los mejores resultados en mi vida.
4. *Abandono* el control malsano que pretende asegurar un determinado resultado final y así podré tener fe, confianza, esperanza y creencia y conseguir los mejores resultados en mi vida.

Cuando seas consciente de las falsedades en las que crees, anótalas en una lista y después cúralas, utilizando la herramienta de la medicina energética y la herramienta de la pantalla del corazón.

10. Reacción o respuesta. Las reacciones se producen de manera automática como resultado de nuestro instinto de supervivencia y nuestra programación dolor/placer. Cuando el pie pisa con fuerza el pedal del freno, al encenderse las luces de parada del coche que circula delante de nosotros, o cuando nos enfadamos al ver una larga cola en la caja del supermercado, estamos *reaccionando* y esta reacción forma parte de la reacción en cadena que realiza todo el recorrido hasta nuestra programación actual. Una parte de esa programación para la reacción puede ser buena en situaciones que supongan realmente una amenaza para nuestra vida, como la reacción ante las luces de freno. Pero cualquier reacción negativa ante una situación que no sea una amenaza para la vida es un signo inequívoco de programación basada en el miedo. Una vez que tenemos la programación correcta, somos capaces de responder a una situación con amor en el momento presente, en lugar de reaccionar desde el miedo. No obstante, aun cuando seamos capaces de responder, tenemos que elegir la *respuesta* desde el amor. Es posible que nuestra programación dolor/placer eche la vista atrás de vez en cuando, pero nosotros podemos optar por responder con amor en el momento presente, sin importar lo que nuestra reacción dolor/placer quiera que hagamos.

1. *Deseo* dejar de reaccionar desde el dolor y el placer para responder desde la verdad y el amor.
2. *Estoy dispuesto a* dejar de reaccionar desde el dolor y el placer para responder desde la verdad y el amor.
3. *Estoy listo para* dejar de reaccionar desde el dolor y el placer para responder desde la verdad y el amor.
4. *Estoy dejando de* reaccionar desde el dolor y el placer para responder desde la verdad y el amor.

Cuando seas consciente de las falsedades en las que crees, anótalas en una lista y después cúralas, utilizando la herramienta de la medicina energética y la herramienta de la pantalla del corazón.

11. Actos egoístas o actos con amor. Una vez que hayas determinado si vas a reaccionar o a responder, el siguiente paso es actuar. ¿Actúas egoístamente o con amor? Este paso no tiene que ver con lo que haces, sino con por qué lo haces. ¿Actúas centrándote en ti mismo o en los demás, o lo que es lo mismo, actúas desde el amor o desde el egoísmo? Si decides que quieres acumular tanto dinero como sea posible, podrías actuar motivado por la codicia, por la esperanza de acumular todos los bienes posibles. O podrías querer ayudar a tu familia a salir de la pobreza, construir un orfanato o donarlo todo. Solo tú conoces la verdadera motivación que se esconde tras tus actos. No importa cuáles sean tus actos: deben basarse en el amor, no en el miedo.

1. *Deseo* vivir el momento presente y en amor, sin importar los resultados.
2. *Estoy dispuesto a* vivir el momento presente y en amor, sin importar los resultados
3. *Estoy listo para* vivir el momento presente y en amor, sin importar los resultados.
4. *Viviré* desde ahora el momento presente y en amor, sin importar los resultados.

Cuando seas consciente de las falsedades en las que crees, anótalas en una lista y después cúralas, utilizando la herramienta de la medicina energética y la herramienta de la pantalla del corazón.

12. Fracaso/infelicidad/enfermedad o éxito/felicidad/salud. Si somos infelices y nos falta la salud, suele querer decir que estamos basando nuestra felicidad en circunstancias externas y en el instinto dolor/placer. También significa que es muy probable que fracasemos en cualquier cosa que intentemos. Mi definición de éxito, felicidad y salud es sentir alegría y paz en el momento presente, independientemente de las circunstancias externas. El contenido de tu programación, tanto si incluye mentiras como toda la verdad y nada más que la verdad, determina la experiencia que tienes en cada momento.

1. *Deseo renunciar* a alcanzar el éxito, la felicidad y la salud para poder triunfar, ser feliz y tener salud.
2. *Estoy dispuesto a* renunciar a alcanzar el éxito, la felicidad y la salud para poder triunfar, ser feliz y tener salud.
3. *Estoy listo para* renunciar a alcanzar el éxito, la felicidad y la salud para poder triunfar, ser feliz y tener salud.
4. *Renuncio a* alcanzar el éxito, la felicidad y la salud para poder triunfar, ser feliz y tener salud.

Cuando tomes conciencia de las falsedades en las que crees, anótalas en una lista y después cúralas, utilizando la herramienta de la medicina energética y la herramienta de la pantalla del corazón.

Serie abreviada de declaraciones de reprogramación

La versión íntegra presentada en el apartado anterior constituye la manera más completa y precisa de identificar y curar las convicciones mentales que te impiden alcanzar el éxito. Sin embargo, a algunos de mis clientes les desanimaba su longitud, de modo que desarrollé una versión abreviada de las declaraciones de reprogramación que también ha demostrado su eficacia en muchos de mis clientes. En realidad, yo recomendaría *encarecidamente* aplicar ambas versiones. Son muy diferentes y llegan a los problemas desde ángulos ligeramente distintos. Prueba ambas, y probablemente te sentirás más a gusto con una que con otra. No obstante, de vez en cuando, yo también usaría la otra.

Si reducimos aún más los doce aspectos arriba expuestos, podemos también decir que cualquier problema al que nos enfrentemos en la vida puede referirse a cuatro cuestiones: que experimentemos amor o miedo, importancia o insignificancia, seguridad o inseguridad y creencia o control malsano. Estas declaraciones para la reprogramación se centran en desprogramar y reprogramar estas cuatro áreas.

Para utilizar esta herramienta, piensa en una cuestión que te gustaría reprogramar o sobre la que querrías trabajar. Después hazte una pregunta. Pregunta a tu cuerpo, a tu mente y a tu corazón si van a curarse o a producir lo que deseas en tu estado y tu programación actuales, y responde sí o no. La respuesta es casi siempre no. Si tu cuerpo, tu mente y tu corazón pudieran arreglar el problema en tu estado y tu programación actuales, o ya lo habrían hecho o habrían evitado que se produjera.

Esta herramienta consta de dos series de preguntas. La primera serie aborda el hecho de que, según mi experiencia, cualquier problema de mis clientes está relacionado con (1) desamor y rechazo hacia uno mismo (lo que significa miedo/estrés) y (2) desamor y rechazo hacia el problema (lo que significa miedo/estrés). La solución está en abandonar el control malsano y en amar en el momento presente.

Los niños, por ejemplo, saben por naturaleza dejarse llevar y amar. Un niño de cinco años puede caerse porque su hermano le ha empujado, golpearse la cabeza contra el reposabrazos de la silla, chillar y llorar como si nunca más fuese a volver a estar bien. Luego, una hora más tarde, estará jugando al Lego con su hermano, pasando el mejor rato de su vida. Si se le pregunta si está bien por lo que le acaba de suceder, contestará despreocupado «Oh, claro», como si no le hubiese sucedido nada. Si has presenciado algo similar, puede que te hayas preguntado: *¿Cómo él o ella puede hacer eso y por qué no puedo hacerlo yo?* La realidad es que todo en la naturaleza tiene la capacidad de dejarse llevar y de amar en el momento presente, sin importar qué amenazadora circunstancia pueda existir en el pasado o en el futuro, todo salvo un ser humano con un virus en su disco duro [6].

Comienza respondiendo a la primera serie de preguntas presentadas a continuación.

NOTA: Para esta serie más breve de declaraciones de reprogramación, no tienes que responder de una manera en particular antes de poder pasar a la siguiente pregunta. Solamente responde con sinceridad. En los espacios en blanco, sustituye el problema externo o interno específico que te gustaría superar, como «mi ansiedad», «mi postergación» o «mi tendencia a retrasarme en todo».

- ¿Crees que has estado sintiendo desamor o rechazo hacia ti mismo o los demás?
- ¿Puedes dejar de sentir el autorrechazo y el desamor hacia ti mismo y los demás? Ahora pronuncia la siguiente declaración: «Abandono el autorrechazo y el desamor hacia mí mismo y hacia los demás». Repite hasta que no sientas tensión ni estrés (física ni mentalmente) en relación con ello.
- ¿Puedes darte a ti mismo amor y aceptación? Si puedes, afirma: «Te amo y te acepto, [tu nombre]». Repite como antes.
- ¿Crees que has estado rechazando o desamando a ....?
- ¿Puedes dar a .... aceptación y amor? Ahora pronuncia la declaración: «Doy a .... aceptación y amor». Repite como antes.
- ¿Crees que te sientes fuera de control en lo referente a ....?

---

[6] Sí, esta afirmación es cierta incluso para animales que habitualmente matan a otros animales por instinto. Se comportan exactamente como se supone que deben hacerlo y como están programados para hacerlo. En cambio, en el ser humano, el acto de matar por instinto no forma parte de una programación sana.

- ¿Puedes dejar de querer controlar para poder obtener resultados? Ahora pronuncia la declaración: «Renuncio a desear controlar para poder obtener resultados». Repite como antes.
- ¿Puedes entregar el control a Dios/fuente/amor en lo referente a .... de modo que .... pueda curarse? Ahora pronuncia la declaración: «Entrego el control a Dios/fuente/amor en lo referente a .... de modo que .... pueda curarse». Repite como antes.
- ¿Puedes renunciar al deseo de controlar .... para poder alcanzar ....? (en el segundo espacio en blanco, escribe el resultado positivo basado en el amor que deseas, en lugar del problema). La respuesta suele ser *sí*. Ahora pronuncia la declaración: «Renuncio a desear el control de .... para poder tener ....».
- ¿La sensación ahora es más de tener el control o de desear el control? Repite las declaraciones anteriores hasta que tu respuesta sea «tengo el control» [7].
- ¿Qué hace que te sientas mejor: desear el control o que Dios/fuente/amor tenga el control?

Piensa en cómo te sientes ahora en relación con el problema original. Muchas personas sienten algo positivo, incluso si no tienen palabras para expresarlo. Si no sientes nada positivo, vuelve de nuevo a las mismas preguntas. Si sientes ya algo positivo, es el amor y el

---

[7] Es probable que te preguntes por qué «tener el control» es el objetivo deseado de las declaraciones, particularmente si se supone que renuncias al control sobre el resultado final. Sin embargo, en este caso estás permitiendo que la declaración te reprograme, de modo que te sientas como si tuvieras el control sobre tus acciones en el presente; no estás utilizando tu voluntad para tener el control de los resultados finales. Esta es la diferencia entre control sano y control malsano, que se explica con más detalle en el capítulo 5.

poder del amor/fuente/Dios, algo a lo que puede que no estés acostumbrado. Incluso si es débil o te resulta extraña, deja que la sensación se propague y te inunde. Deja que tome el control y despliegue su efecto sanador. Acoge la nueva sensación y el control de la dimensión amor/fuente/Dios. Ahora dirige la afirmación «Te amo» hacia ti mismo, hacia los demás y hacia tu problema, para aportar amor y transformar el miedo/oscuridad en amor/luz.

La segunda serie de preguntas aborda la cuestión de la equivalencia entre *querer* y *carecer*. Para ilustrar este punto, te invito a confeccionar una lista de los cambios que buscas en tu vida, ya sean grandes o pequeños. Ahora mira esa lista. Para cada uno de esos cambios que deseas, lo que quieres no solo indica que careces de eso que buscas, sino que en realidad puede asegurarse que sigues careciendo de ello. Uno de los manuscritos más conocidos de todos los tiempos es el vigésimo tercer salmo de la Biblia: «El Señor es mi pastor, nada me falta». No estamos diseñados para vivir en el deseo; no podemos desear y tener al mismo tiempo. Es enormemente difícil desear y ser agradecido y estar satisfecho a la vez. Tenemos que dejar de desear para poder tener. El deseo, que se basa en el rechazo, la carencia y el miedo, causa estrés, enfermedad y todo tipo de cosas negativas. Avanzar hacia la dimensión amor/fuente/Dios tiene el efecto contrario y, además, te permite acceder a lo sobrenatural, de modo que lo que puede parecer un milagro se convierte en posible. Este concepto nos lleva de un «no puedo» a un «es». Se trata de un cambio absoluto en el modo de ver los problemas.

Ahora responde a la segunda serie de preguntas que figuran a continuación. Como en la primera serie, simplemente responde con sinceridad y pasa a la siguiente pregunta, anotando en los espacios en blanco el problema específico externo o interno que te gustaría superar, según proceda.

- ¿Darías una paliza a .... o lo amarías? Repite en forma de declaración, según sea necesario.
- ¿Estás dispuesto a abandonar tu deseo de seguridad para poder tener seguridad? Repite en forma de declaración, según sea necesario.
- ¿Sientes como si todavía desearas seguridad, o tienes seguridad?
- ¿Qué te hace sentir mejor; tener seguridad o querer seguridad?
- ¿Puedes ver que eres negativo en lo referente a ....? Ser negativo equivale a tener miedo; y miedo equivale a estrés. Intenta decir lo siguiente: «Todo va bien. Todo irá bien». Repite tantas veces como necesites hasta que te lo creas. Si vives en el amor y la verdad, todo va bien y, aunque pueda no ser cierto aún para ti, todavía no has terminado con esta herramienta.

Qué hacer si te quedas atascado

Solo como recordatorio, en la Parte III recibirás instrucciones completas sobre cómo utilizar las tres herramientas para sanar tus recuerdos de origen y tus problemas de éxito; aquí sencillamente describimos cómo funcionan, de modo que estés preparado para usarlas. Pero cuando utilices las declaraciones de reprogramación, ya sea en su versión completa o abreviada, puedes encontrarte con que, sencillamente, no eres capaz de pasar de una determinada declaración. Por ejemplo, puede que, en la versión completa, llegues a la tercera declaración de la sexta serie «estoy listo para abandonar el miedo y la falsedad en lo referente a mi seguridad y aceptación, de modo que pueda tener seguridad y aceptación», pero que las sensaciones de resistencia o malestar no desaparezcan. Si es así, puedes utilizar la técnica combinada que incluye las tres herramientas que aparecen al final de este capítulo. Las tres herramientas funcionan muy bien juntas porque las declaraciones de reprogramación, además de ser una herramienta psicológica de curación, funcionan también como un diagnóstico para los bloqueos de la mente consciente, subconsciente e inconsciente y contribuyen al proceso de curación. Cuando se identifican estas convicciones con efecto bloqueante, es posible utilizar la herramienta de la medicina energética asociada a la herramienta de la pantalla del corazón para desprogramar y reprogramar tales creencias. Consulta el final del capítulo para conocer esta técnica combinada.

Si pruebas la técnica combinada y no notas cambio alguno, simplemente sé consciente del punto en el que te encuentras y corrige la declaración que estás realizando por algo que sea cierto: «*Deseo estar listo* para abandonar el miedo y la falsedad en lo referente a mi seguridad y aceptación, de modo que pueda tener seguridad y aceptación». Después pronuncia una oración para pedir ayuda adicional: «Por favor, hágase en mí todo lo necesario para que pueda estar listo para abandonar el miedo y la falsedad en lo referente a mi seguridad y aceptación, y poder así tener seguridad y aceptación». A continuación pasa a la serie siguiente.

Ten presente que no podrás realizar las declaraciones de reprogramación hasta que no creas realmente en todas ellas del modo en el que están escritas. Trabaja con las declaraciones tanto como puedas. Hasta entonces, yo realizaría las declaraciones una o dos veces al día, aplicándolas al aspecto en el que estés trabajando.

Una vez que hayas desprogramado totalmente cualquier virus y reprogramado tu mente y tu corazón espiritual con la verdad en todas las etapas de la reacción en cadena (tanto si lo haces en doce pasos como si lo haces en cuatro), tu programación actual generará resultados positivos en todo momento. Y puede producirse una diferencia tan profunda que es posible que haya gente ¡que ni te reconozca!

Uno de mis clientes, una mujer de mediana edad, había probado todos los programas de autoayuda del planeta, según sus propias palabras. Tenía problemas en su matrimonio y presentaba sobrepeso, mala salud e infelicidad. De hecho, era una de las personas más negativas y amargadas que jamás había conocido: cada vez que venía a verme, traía una larga lista de todas las formas en las que la gente la había hecho daño. ¡Me estaba deprimiendo incluso a mí! «Si no fuera por esto, me encontraría bien. Si esto no hubiera sucedido, tendría un montón de dinero. El mundo es un lugar horrible para vivir: el gobierno va a por ti, la gente solo piensa en sí misma, mi marido es un vago y nunca quiere hacer nada de lo que yo quiero hacer». (Por supuesto, la mayor parte de todo esto no era verdad: ella malinterpretaba la realidad como resultado de su programación.)

Pensé que las declaraciones de reprogramación eran una herramienta que podía ayudarla. Probablemente hayas adivinado lo que pensó ella: ¡era la cosa más absurda que jamás había oído! Dijo: «Bueno, ya he probado antes las afirmaciones». Le expliqué que no se trataba de afirmaciones; solo tenía que pronunciarlas si creía en ellas. Además, solo debía trabajar en estas declaraciones si realmente era lo que deseaba en primer lugar, que es la razón por la que la primera oración de cada serie comienza con «Deseo». (Para mí, en este contexto, deseo significa esperanza.)

Así que realizó las declaraciones de reprogramación en su casa por su cuenta, sin parar de decirme una y otra vez que no la estaban ayudando nada. Pero pronto me di cuenta de que empezaba a parecer algo diferente, un poco más positiva, un poco menos amargo. Esta mejoría continuó en el tiempo hasta que llegó a resultarme un poco cómica: cuando me llamaba, su voz sonaba muy positiva y feliz, aunque después decía «pero no creo que pronunciar esas fórmulas me esté haciendo algo».

Me contó que, un día, estaba comiendo con su mejor amiga cuando esta le dijo: «Está bien, tengo que preguntarte una cosa: ¿qué has estado haciendo? ¿Has ido a un curandero o algo así? ¿Has tenido algún tipo de experiencia mística? ¿Qué te ha pasado?» Y mi clienta le dijo: «¿Pero de qué me estás hablando?». No entendía a qué se refería su amiga. El cambio se había producido de forma tan gradual que ella ni tan siquiera se había dado cuenta de lo que le estaba sucediendo. Después, para confirmar que verdaderamente algo estaba cambiando en ella, preguntó a otras personas si habían notado lo mismo que su amiga había observado. Todos dijeron lo mismo: «No había visto nunca nada igual». Incluso su marido admitió que estaba asombrado con el cambio, pero que no había querido decir nada porque temía que la transformación pudiera desaparecer.

Mi clienta perdió bastante peso sin proponérselo y ella y su marido empezaron a dedicarse más tiempo como pareja. Y todo cuanto hicimos fue aplicar estas declaraciones de reprogramación. Después de desprogramarse y reprogramarse, todo fue distinto. Elimina los virus y tu cerebro quedará libre para funcionar correctamente.

La herramienta de la pantalla del corazón: curación de los problemas de origen a través de la espiritualidad

La herramienta de la pantalla del corazón actúa sobre nuestra dimensión espiritual, es decir, sobre el corazón espiritual, la memoria celular, la mente inconsciente, el subconsciente, la conciencia, y más allá. Concretamente, esta herramienta activa y utiliza de manera consciente e intencionada nuestra pantalla del corazón, un mecanismo que poseemos todos en nuestro interior y que es capaz de desprogramarnos y reprogramarnos en el ámbito espiritual. Como ya vimos en el capítulo 3, nuestra pantalla del corazón es la pantalla interna, real, en la que podemos ver las imágenes de los recuerdos presentes en nuestra mente, como podemos ver imágenes en el ordenador, la *tablet* o el móvil. La utilizamos cada vez que nos imaginamos algo, ya sea real o inventado.

Para ver tu pantalla del corazón solo tienes que cerrar los ojos. Ahora piensa lo que tomaste en tu última comida. ¿Puedes verlo? ¿Saborearlo? ¿Olerlo? ¿Recuerdas lo que había a tu alrededor o cualquier conversación que estuvieras teniendo? Si puedes hacerlo, acabas de ver tu pantalla del corazón. Si tienes problemas para visualizar en general, prueba lo siguiente: cómete una golosina, siendo plenamente consciente de la experiencia mientras lo haces, es decir, del sabor, de la textura, del olor, de las emociones y las sensaciones físicas que tienes mientras comes. Poco después, cierra los ojos y recuerda el momento mientras te comías la golosina. Si no te apetece comer un dulce, puedes hacer lo mismo saliendo a la naturaleza y observando una rosa o cualquier otra flor. Después cierra los ojos y contempla la flor en la pantalla de tu corazón. Si no consigues visualizar nada en absoluto, puede deberse a un daño cerebral (principalmente por un traumatismo craneal grave, pero si has sufrido algo así deberías saberlo) o a que has experimentado tanto dolor en tu vida que tu inconsciente ha desconectado el acceso a tu generador de imágenes por puro instinto de supervivencia, porque las imágenes son siempre demasiado dolorosas. Muy a menudo, incluso esas cuestiones mejoran o se curan cuando se utiliza esta herramienta, razón por la cual te animo a probarla, no importa en qué contexto.

La pantalla del corazón tiene el poder de empequeñecer las herramientas de la medicina energética y de las declaraciones de reprogramación en términos de potencia y eficacia. ¿Por qué? Esta herramienta accede a nuestro generador de imágenes, la fuente de la fuerza creativa y destructiva más poderosa del planeta desde el inicio de los tiempos (véase capítulo 3). De hecho, cualquier cosa que haya sido alguna vez creada o destruida por la humanidad se hizo en primera instancia mediante nuestro generador de imágenes y no podría haber existido sin él.

Cómo funciona la herramienta de la pantalla del corazón

Como ya expliqué en el capítulo 3, tu pantalla del corazón es el monitor de tu imaginación. Te ofrece la visión de tu corazón espiritual, o de tu disco duro, que incluye subconsciente, mente inconsciente y mente consciente. No obstante, yo prefiero la denominación *generador de imágenes*, porque el término *imaginación* tiende a transmitir la idea de ensoñación o fantasía, que no tiene nada que ver con aquello de lo que estamos hablando aquí. Nos referimos, en efecto, a crear el éxito perfecto para ti utilizando la herramienta más poderosa disponible.

Aquello que aparece en la pantalla de tu corazón determina lo que experimentas. Y pueden aparecer bastantes cosas a la vez, incluso muchas: unas podrás verlas, otras no. Podrás ver lo que está en tu mente consciente, como puedes ver lo que aparece en la pantalla de tu móvil, donde puedes borrar y cambiar lo que ves tocando determinados iconos o modificando los ajustes. Tu subconsciente y tu mente inconsciente son como el disco duro y la programación más profunda e invisible de tu móvil: puedes cambiarlos solo hasta cierto punto, ya que nunca se sabe exactamente lo que pasa ahí dentro. El disco duro o la programación invisible del móvil puede no responder a tus cambios, o puede incluso anularlos si es lo suficientemente fuerte y choca con los cambios que tú estás intentando realizar. No puedes hacer algo para lo que el móvil no esté programado.

De manera que vamos a suponer que la pantalla de tu corazón está dividida por la mitad, en dos partes: una parte superior y una parte inferior. Por cuanto respecta a la parte inferior, o lado inconsciente de la pantalla de tu corazón, no dispones de ningún control en el dispositivo para ver o cambiar lo que aparece en pantalla. Tienes que actuar sobre ella a través de la parte que puedes ver (la parte superior, o lado consciente), y desprogramar y reprogramar, como si abrieras la parte posterior del dispositivo, en cuyo caso necesitas tener las herramientas adecuadas y saber cómo utilizarlas. No obstante, lo que hay en la parte que no puedes ver (el inconsciente) afecta a todo lo que hay en la parte que puedes ver (consciente) y a todo en tu vida, incluidas las circunstancias externas.

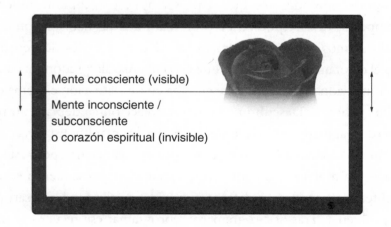

Las dos partes de la pantalla del corazón.

De modo que, si sientes ira, quiere decir que en tu pantalla del corazón tienes un recuerdo, consciente o no, que encierra ira. Es así. De otro modo, no experimentarías ira. Si el recuerdo de ira está solo en la parte inconsciente de tu pantalla del corazón, no serás capaz de recuperarlo ni de verlo. Si está en la parte consciente y en la inconsciente, podrás recuperarlo y verlo en tu pantalla del corazón. Y esto es aplicable a cualquier cuestión: baja autoestima, tristeza u otra experiencia interior.

Cuanto más en discordancia estén las dos partes de la pantalla en cuanto a imágenes basadas en el miedo e imágenes basadas en el amor, en mayor medida tomará la delantera la parte que no se ve, que decidirá lo que aparece en la parte que se ve, o incluso la evitará, imponiendo pensamientos, sentimientos y acciones si considera que se trata de una urgencia (ya sea real, imaginada o heredada).

Uno de los ejemplos más llamativos que puedo recordar corresponde a uno de mis clientes. Se trata de un hombre que no podía pasar un solo día sin dejarse llevar hasta tal punto por la ansiedad que prácticamente le impedía hacer cualquier cosa. Empezaba el día sintiéndose bien, pero de alguna manera algo se disparaba en él y no podía entender por qué. Para ser honestos, durante mucho tiempo no tuve respuesta. Pero un día, mientras hablaba con él y realizábamos unos *tests*, finalmente me di cuenta: el desencadenante era el color amarillo. Siempre que el color amarillo predominaba en una situación dada, al instante entraba en una situación extrema de lucha o huida. Descubrimos que esta reacción se debía a un recuerdo traumático en el que alguien vestía de amarillo. Esta reacción frente al color amarillo no era, por supuesto, consciente, pero estaba ahí, y era mucho más poderosa que cualquier pensamiento consciente, razonamiento o defensa que pudiera utilizar para desarmar el problema. Tras desprogramar y reprogramar ese recuerdo utilizando la herramienta de la pantalla del corazón (y los códigos de curación), el color amarillo pasó a depertar amor, no miedo, y mi cliente no volvió a experimentar esa ansiedad incapacitante. Cuando empezamos a trabajar sobre el tema, él no era consciente del recuerdo, de manera que no podía verlo en su pantalla del corazón (es decir, en su imaginación). Cuando dimos con el recuerdo, pudo recuperarlo y verlo.

La herramienta de la pantalla del corazón es una manera muy intensa de acceder al poder de nuestra mente subconsciente e inconsciente, que no solo es exponencialmente más poderosa que nuestra mente consciente, sino que la controla, como también controla el cuerpo. Pero lo más asombroso de la pantalla del corazón es que podemos acceder a ella desde la mente consciente, no solo desde la mente inconsciente y subconsciente. Recuerda que la parte superior de la pantalla de tu corazón es consciente; puedes verla. Y lo que sucede en la parte consciente de la pantalla afecta a lo que está en la parte que no puedes ver (la parte inconsciente) —puede tener un efecto curativo sobre la parte inconsciente de la pantalla—. Al reprogramar y desprogramar la pantalla del corazón a medida que va pasando el tiempo, serás capaz de elegir lo que quieres y lo que no quieres ver en ella. En otras palabras, podrás elegir lo que vas a sentir y lo que no, lo cual determina la salud, la riqueza, las relaciones, la felicidad y el éxito del individuo en cualquier área.

Uso de la herramienta de la pantalla del corazón

Hablemos ahora de la pantalla real y de cómo utilizarla para ti mismo.

1. Imagina una pantalla en blanco en tu mente, como una pantalla de móvil, de una *tablet*, de un ordenador o de la televi-

sión, la que tenga para ti más significado. Según mi experiencia, cuanto más grande, mejor. Imagina ahora una línea horizontal que cruza la pantalla por el medio y que separa la parte consciente de la parte inconsciente de tu pantalla del corazón. Puedes ver lo que hay en la parte superior de la pantalla (la parte consciente), pero no lo que hay en la parte inferior (la parte inconsciente).

2. Ahora tómate la temperatura espiritual: ¿qué estás experimentando en este momento que sea diferente de lo que querrías estar experimentando? Por ejemplo, digamos que estás sintiendo ira y que no querrías que fuera así.

3. Pronuncia una sencilla y simple oración, desde el corazón, pidiendo ver la ira en la pantalla de tu corazón. No hagas que ocurra: deja que ocurra. Deja que las imágenes de ira de la pantalla de tu corazón se materialicen, en palabras, en imágenes, en recuerdos de experiencias pasadas, o comoquiera que suceda. Si no ocurre nada, prueba a colocar la palabra *ira* en la pantalla y después simplemente relájate, deja que se quede ahí y mira lo que sucede. Es posible que experimentes la ira más viva como una sensación de explosión, o un grito, un rostro congestionado o tu padre gritándote cuando eras joven. Dado que tu ira es consciente, ya que eres consciente de que estás experimentándola, reproduce esta imagen de ira en el lado consciente. Date cuenta de que, aunque la experiencia es consciente, también está en el lado inconsciente (aunque no sepas qué recuerdo está mostrándose allí); de lo contrario, no sería un problema consciente por mucho tiempo. La mente inconsciente es en tal medida más poderosa que la mente consciente que si ambas están en «desacuerdo», el inconsciente cambia bastante rápidamente la imagen consciente y tu consiguiente experiencia (tus sentimientos, actos y fisiología).

4. Una vez que hayas tenido la experiencia de ver tu ira u otra emoción negativa, un recuerdo, una creencia, una emoción, una persona, un lugar o cualquier otra cosa en tu pantalla del corazón, pide y reza por que esa ira deje de estar ahí y se cure hasta el punto de dejar de existir en parte alguna de ti, ni en la pantalla ni en tus recuerdos. Por ejemplo, podrías decir: «Deja que haya luz y amor de Dios en mi pantalla del corazón, y nada más». O, si no crees en Dios, puedes decir simplemente: «Que haya luz y amor en mi pantalla del corazón, y nada más».

5. Después reproduce en imágenes esa luz y ese amor en tu pantalla del corazón, ya sea un cielo azul, niños, una puesta de sol, el amor verdadero, flores, la luz de Dios/fuente/amor o una hermosa vista del mar o las montañas. Como vimos con la herramienta de la medicina energética, simplemente observa las imágenes de luz y amor en la pantalla del corazón, en lugar de tratar de forzarlas a aparecer. Es posible que veas cómo la luz y el amor se propagan al lado inconsciente y curan los recuerdos que están ahí, eliminando la mentira, el miedo y la oscuridad y sustituyéndolos por verdad, amor y luz. Puede que veas la palabra *ira* y después cómo la luz y el amor la disuelven y se propagan hacia el lado de la pantalla que tú no puedes ver y, desde aquí, a todos los recuerdos relacionados (conscientes e inconscientes). Con frecuencia este cambio tiene lugar en cuestión de minutos, aunque también puede tardar días, semanas o incluso meses en casos extremos, como cuando una programación basada en el miedo durante mucho tiempo ha dado lugar a profundos ciclos negativos recurrentes (depende también de tu habilidad). Sabrás que el recuerdo ha sido desprogramado y reprogramado cuando dejes de experimentar emociones o sentimientos negativos al visualizar

o pensar en esa imagen de ira o al volver a presentarse en tu vida las circunstancias que solían desencadenar ira.

6. Hasta que tu desprogramación y reprogramación hayan sido totales en relación con tu problema, utiliza esta herramienta como oración/meditación una o dos veces al día. El tiempo que dediques a la herramienta en una sesión depende totalmente de ti. Déjate transportar al mundo interior, como si estuvieras en tu propio gigantesco cine interior. Si lo que está sucediendo en la pantalla te asusta, puedes llevar mentalmente contigo al cine a alguien a quien quieres y que te quiere. Si no puedes pensar en nadie, yo estaré encantado de acompañarte. (Te aseguro que te quiero. Quizá algún día nos conozcamos y pueda entonces demostrártelo.)

Uno de mis clientes era un hombre del tipo «machote», con un comportamiento más bien hosco. Cuando lo conocí, él solo deseaba «arreglar esto». Para él, «esto» era su artritis, que limitaba su capacidad de trabajo, lo cual le provocaba estrés, que a su vez estaba dando lugar a que se distanciara de su familia, causando problemas en las relaciones familiares, y así sucesivamente. Resulta interesante que practicara la meditación, concretamente la modalidad antigua de meditación oriental que se centra en vaciar la mente. La técnica de vaciar la mente tiene evidentes efectos beneficiosos: aleja el centro de atención de tus problemas y de tu estrés, es como cambiar de canal. Puede aportar alivio al individuo, pero, según mi experiencia, no cura los problemas en origen. Necesitarías practicarla durante horas, día tras día, si quisieras mantener el alivio. De hecho, muchas personas que he consultado intentaron la meditación y finalmente decidieron abandonarla porque, aunque les ayudara a corto plazo, no sentían que realmente les estuviera sirviendo para curar nada a largo plazo, y tampoco disponían de tantas horas al día que pudieran dedicar a esta actividad.

Pienso, que conste, que la meditación tradicional es genial. Es un descubrimiento impresionante que ha beneficiado a millones de personas. Para la fisiología corporal, entre una y tres horas de meditación diaria equivalen a echarse una siesta, y todos los estudios que he consultado sobre echarse una siesta corta todos los días concluyen afirmando que es una costumbre muy positiva. Por otro lado, es enormemente beneficioso calmar y vaciar la mente si tus pensamientos están llenos de miedos, falsedades y oscuridad (es decir, estrés).

Sin embargo, esta es la cuestión: si tu mente está llena de luz, amor y verdad y por consiguiente no alberga miedo, falsedad ni oscuridad, ¡tu mente no necesita calmarse! Está diseñada para trabajar veinticuatro horas al día y lo hará sin importar nada: no podrías detenerla, aunque quisieras. Calmar tu mente, si sufres estrés, es simplemente un mecanismo de afrontamiento, no de curación. Sí, te sentirás más relajado. Sí, tu presión arterial se restablecerá. Sí, tus emociones mejorarán. Probablemente experimentarás también muchos otros síntomas positivos. Pero en el momento en el que dejes de meditar durante varias horas al día, todos tus síntomas negativos reaparecerán, porque nunca llegaste a curarlos; solo estabas haciéndoles frente.

La herramienta de la pantalla del corazón supone todo lo contrario. No se trata de vaciar tu mente; se trata de centrarte (en paz y relajación) en el mecanismo que controla el problema, y es la mente la que activa ese mecanismo. La pantalla del corazón y el generador de imágenes forman juntos el mecanismo y el programa de autocuración de mente y cuerpo. La solución no está en desconectarla (es decir, no centrarse en nada, apagarla), sino en conectarla para curar la fuente de estrés y miedo interiores, en mente, corazón y cuerpo. La herramienta de la pantalla del corazón hace todo lo que consigue la meditación, pero en general en menos tiempo. Y además cura la fuente del problema, en lugar de solamente enfrentarse a este.

Expliqué este concepto a mi cliente, y realmente desperté su curiosidad, aunque se mostraba escéptico. Su tono no fue nunca cálido, solo quería obtener información. Dijo: «Entonces, si realizo la meditación de la pantalla del corazón, no tendré que estar haciéndola una y otra vez?». Ese fue el factor decisivo. Si podía encontrar una solución que no supusiera tener que estar hablando todo el tiempo (o pagar un montón de dinero), sino que fuera algo que pudiera hacer en casa por su cuenta, lo intentaría.

Me llamó aproximadamente un mes más tarde. Me costó reconocer su voz. Me hablaba como si yo fuera su mejor amigo; solo contaba maravillas. Me dijo: «Esto es lo que he estado buscando toda mi vida». Dejó de tener dolores por la artritis, volvió a trabajar a pleno rendimiento y pudo pasar más tiempo con su familia. La herramienta de la pantalla del corazón había convertido el círculo vicioso en un círculo virtuoso. Había alcanzado lo que, para él, era el verdadero éxito.

Recuerdo una técnica de meditación que, tiempo atrás, cuando estaba realizando el doctorado, nos enseñó uno de nuestros profesores para abordar la ansiedad de los exámenes. Nos invitó a visualizarnos a nosotros mismos en nuestro lugar favorito, en las circunstancias perfectas y como si aquello estuviera ocurriendo en ese momento. Podíamos estar en la playa de una isla tropical, tumbados en una hamaca sobre la arena blanca, bebiendo algo, tomando el sol y contemplando el vaivén rítmico de las olas azul verdosas. Podíamos estar solos, o acompañados por la persona que más amábamos. Cada uno nos imaginamos a nosotros mismos en ese lugar, en las circunstancias perfectas, en ese mismo momento, de forma tan viva como podíamos. Esta técnica ayuda a reducir la ansiedad en circunstancias externas que son estresantes para el individuo, como realizar un examen.

Como cualquier otra cosa, para alcanzar la máxima eficacia hace falta práctica. Cuanto más practiquemos esta técnica, antes seremos capaces de visualizarnos a nosotros mismos en ese lugar perfecto y más rápidamente podremos neutralizar el estrés que sentimos en cualquier situación que dispare la respuesta de estrés. En mi caso, con la práctica, llegué a ponerme en «ese lugar» y a «desestresarme» antes de un examen en unos diez segundos, incluso con gente a mi alrededor. Pero, por supuesto, esa visualización no era real. Las circunstancias de cada momento seguían desencadenando la respuesta de estrés, lo cual demuestra que la técnica era simplemente un mecanismo más de afrontamiento, por muy eficaz que fuera.

La herramienta de la pantalla del corazón multiplica por cien la fuerza de esa visualización. Sitúa esa imagen perfecta, basada en el amor, en tu corazón espiritual, de modo que las circunstancias externas no desencadenen en primera instancia tu respuesta de estrés. No es un mecanismo normal de meditación o afrontamiento. Es real. Lo que ves en la pantalla de tu corazón determina lo que sucede en tu corazón, que a su vez determina lo que sucede en tu vida externa. Esto te ha estado sucediendo toda tu vida; sencillamente no lo sabías o no sabías cómo utilizarlo para ayudarte a ti mismo.

La herramienta de la pantalla del corazón es la clave para experimentar resultados verdaderamente milagrosos; el tiempo que tengas que emplear en su aprendizaje hasta dominarla merece sin duda la pena. He observado que las tres herramientas aquí descritas se corresponden en cierto modo con las diferencias naturales entre los modelos de aprendizaje de las personas. Si eres un tipo de «alumno» experiencial, sensible y delicado, te resultará más fácil utilizar la herramienta de la medicina energética. Si tiendes a ser un aprendiz más verbal y analítico, te resultará más fácil utilizar las declaraciones de reprogramación. Y si eres un alumno más visual, te resultará más sencillo usar la herramienta de la pantalla del corazón. Pero también me he dado cuenta de que, en general, aun cuando la herramienta de la pantalla del corazón puede no dar lugar a resultados de forma tan llamativamente inmediata como la herramienta de la medicina energética, sus resultados pueden llegar a ser incluso más profundos con el tiempo. Al principiante visual puede llevarle una semana, y cuatro meses al no visual, pero recomiendo al cien por cien de la gente que practique utilizando la herramienta de la pantalla del corazón hasta obtener resultados. Tal vez esto suponga más que un esfuerzo para ciertas personalidades, pero es cierto que puedes cambiar *conscientemente* lo que hay en la pantalla de tu corazón accionando este interruptor.

La tecnología del corazón espiritual

No solo nosotros tenemos acceso a nuestra pantalla interna del corazón: esta se encuentra además en comunicación constante con las pantallas de los corazones de otros. Funcionamos un poco como un *smartphone* o un ordenador, o con mayor precisión aún, pues estos aparatos fueron concebidos para funcionar como nosotros. Sabemos asimismo que internet, la red de redes de comunicación que permite la interconexión entre ordenadores, fue diseñado también para que funcionara como lo hacen los seres humanos (intencionadamente o no). Por todo ello, tomando como referente las comunicaciones vía internet entre ordenadores, me refiero a la conexión entre pantallas del corazón como la *tecnología del corazón espiritual*.

Del mismo modo que los ordenadores están constantemente enviando datos sin mediación de cables, de manera invisible, a cualquier ordenador conectado a la red —y recibiéndolos—, la pantalla del corazón de cada uno de nosotros también envía constantemente datos de energía a todas las demás pantallas del corazón del planeta —y los recibe—, y estos datos afectan en todo momento a nuestra experiencia presente y a nuestra salud, así como a la de quienes están en conexión con nosotros.

Es como si las pantallas del corazón estuvieran conectadas entre sí por una «Wi-Fi orgánica», actuando sobre nuestros pensamientos, sentimientos, comportamiento y fisiología, al instante y de manera constante. De modo que la tecnología de nuestro corazón espiritual está conectada, interiormente, con los recuerdos personales y generacionales en nuestra propia pantalla del corazón y, externamente, con las pantallas del corazón de todos aquellos con los que nos relacionamos y que tenemos cerca, con nuestros contactos recientes y con la gente de nuestro entorno. Todos los datos que recibimos de las pantallas de otros corazones se procesan en nuestra programación, reescribiéndola y modificándola constantemente y, nos demos cuenta de ello o no, estos datos procedentes de otras pantallas desempeñaron un importante papel en la formación original de nuestra programación.

Expertos en Física han podido comprobar la existencia de la pantalla del corazón y la tecnología del corazón espiritual mediante una serie de experimentos, que comenzaron a realizarse hace siete décadas, con Albert Einstein. El experimento de Einstein, Podasky y Rosen de 1935, que identificó el efecto denominado «acción a distancia», es uno de los experimentos más famosos jamás realizados en el campo científico. Los resultados del experimento corroboraron lo que Einstein creía que era cierto y que esperaba que ocurriera. Aun así, durante años, fue conocida popularmente como «siniestra» acción a distancia, porque aunque los físicos saben que ocurre, aún no pueden explicar cómo ocurre.

El experimento comenzó cuando dos personas que no se conocían de nada se presentaron y compartieron información personal superficial, como su nombre, sus respectivas localidades natales, el número de hijos que tenían y cosas así, lo justo para conocerse un poco. Después fueron separadas y conducidas a sendas jaulas de Faraday, situadas de modo que ninguno de los dos participantes pudiera ver lo que estaba haciendo la otra persona. Las jaulas de Faraday se construyen de forma que ni la electricidad ni la energía normales pueden penetrar en ellas. Si tuvieras en tu móvil una cobertura de cinco barras y te metieras en una jaula de Faraday, al momento se pondría en cero barras y diría «sin servicio». Pero la energía cuántica sí puede entrar. Los científicos conectaron a cada una de estas personas, dentro de sus respectivas jaulas de Faraday, a un equipo diagnóstico que medía las respuestas fisiológicas y neurológicas. Un científico apuntó con una linterna de bolsillo hacia los ojos de uno de los participantes en su cámara de Faraday individual, mientras el otro participante, fuera de la vista del primero, descansaba cómodamente. Cuando la linterna apuntaba a los ojos del individuo, los indicadores de todo el equipo diagnóstico se disparaban. Y esta es la parte que da miedo: los indicadores también se disparaban en las máquinas conectadas a la otra persona, registrando exactamente la misma respuesta fisiológica, aun cuando la *otra* persona no solo no la estaba experimentando, sino que ni tan siquiera tenía conocimiento de la experiencia de su compañero.

Este experimento ha sido reproducido numerosas veces desde 1935, con los mismos resultados. Si hoy día mencionas este experimento a algún físico (algo que te recomiendo vivamente), probablemente se llevará las manos a la cabeza y dirá: «¡Oh no, otra vez los espeluznantes experimentos de acción a distancia, no!». Aunque se trate de un fenómeno conocido y demostrado, los físicos no son capaces de explicarlo.

Los experimentos de acción a distancia nos muestran que estamos en conexión constante con quienes nos rodean a través de energía cuántica, especialmente con los más cercanos o con aquellos con quienes hemos tenido contacto reciente, como si estuviéramos conectados de forma inalámbrica a la red. En cierta medida, podemos incluso estar conectados a cualquiera en el planeta. De hecho, estamos transfiriendo constantemente datos, tanto de manera consciente como inconsciente, a aquellos con quienes estamos conectados y esos datos pueden afectar al instante a la fisiología de todos los implicados.

Un estudio de Departamento de Defensa de Estados Unidos [8] pone de manifiesto de forma aún más clara que la energía que transmitimos afecta inmediatamente a las células, bien provocando en ellas un estado de estrés (si transmitimos miedo) bien eliminado su estrés (si transmitimos amor). En este experimento del año 1998 se tomó una *muestra de células* mediante raspado del techo de la boca del sujeto participante y se llevó a otra localidad, a 80 kilómetros de distancia. A continuación, el equipo de investigación mostró al sujeto en cuestión imágenes violentas de vídeo, registrándose la batería esperada de cambios fisiológicos de respuesta de estrés: respuesta galvánica de la piel, frecuencia cardíaca aumentada, cambios en la actividad neurológica y similares. A ochenta kilómetros de distancia, en el mismo momento en el que el sujeto participante presentaba síntomas de respuesta fisiológica de estrés, se refirió que las *células de la muestra* presentaban la misma reacción fisiológica de estrés.

A continuación, se le mostró al participante un vídeo tranquilo y sus respuestas fisiológicas registraron el esperado efecto de calma. A ochenta kilómetros de distancia, y una vez más al mismo tiempo, las células de la muestra presentaron también esta respuesta fisiológica de calma. De hecho, las células del sujeto siguieron mostrando exactamente la misma respuesta fisiológica que el propio sujeto incluso cuando los experimentos continuaron, cinco días después de la toma de muestra y a ochenta kilómetros de distancia.

---

[8] Alexander Loyd con Ben Johnson, *El código de curación* (Edaf, Madrid, 2011), 63.

El *best seller* de Masaru Emoto, *El mensaje del agua*, y la investigación de referencia nos muestran que incluso las palabras, pensadas o pronunciadas, pueden cambiar la estructura molecular de cristales de agua congelada. Las palabras basadas en el miedo cambian la estructura molecular, dando lugar a formas y colores grotescos, oscuros y distorsionados, mientras que las palabras basadas en el amor cambian las moléculas dando lugar a copos caleidoscópicos de luz asombrosamente hermosos cuando se observan al microscopio.

Un estudio del Institute of HeartMath (California, Estados Unidos) ha puesto de manifiesto que las palabras y los pensamientos basados en el amor poseen un efecto curativo sobre el ADN, mientras que las palabras y los pensamientos basados en el miedo tienen un efecto estresante y dañino. En un estudio, cuando unos individuos sostenían un tubo de ensayo con ADN humano y tenían pensamientos positivos, de curación, el ADN mostraba el mismo tipo de patrón armonioso que Masaru Emoto obtenía en las moléculas. De forma similar, cuando estos individuos tenían pensamientos negativos y destructivos, el ADN se tornaba caótico [9].

Una vez más, tenemos pruebas de que nuestra pantalla del corazón y nuestra tecnología del corazón espiritual no son metáforas. Son reales. Los datos de amor y miedo afectan constantemente a nuestras células de forma inmediata (y en consecuencia a tu fisiología, tus pensamientos, sentimientos, creencias y circunstancias externas). Estos datos de miedo y amor pueden provenir de tu programación, tus recuerdos generacionales, tus propias elecciones y *de otras personas a las que, sin saberlo, estás conectado.* Por supuesto, si nos sentimos deprimidos, no pensamos automáticamente *Ah, claro. Hace tres días hablé con mi amiga y estaba realmente mal. Por eso probablemente me siento yo ahora deprimido.* ¡No! Nuestra mente

---

[9] Alexander Loyd con Ben Johnson, *op. cit.*

intenta encontrar una razón a nuestro estado, de modo que podamos utilizar nuestra fuerza de voluntad para evitar el dolor y encontrar el placer, así que miramos a nuestro alrededor y culpamos a nuestra pareja, propinamos un puntapié al perro o damos un bocinazo al coche que circula delante de nosotros.

La comprensión de la base científica de nuestra tecnología del corazón espiritual otorga un significado totalmente nuevo al dicho «mira con quién andas». Así pues, si te desprogramas y reprogramas desde el amor y la luz, si optas por vivir el momento presente, podrás ser una poderosa presencia sanadora para quienes te conocen. El amor y la luz siempre vencen al miedo y a la oscuridad. De manera que si, conscientemente, solo transmites y recibes amor, tu campo energético será como un matamoscas frente a las frecuencias de miedo y estrés que vayan a tu encuentro. Y eso puede tener efectos profundamente positivos sobre la vida de los demás, y sobre la tuya propia.

Una clienta llevaba diez años sin hablar con su hija. Cuando me llamó por primera vez, me dijo: «Tengo un problema, y es mi hija». Finalmente, la convencí de que no se preocupara por su hija y de que se centrara en curar su propio problema. Varios meses más tarde, cuando se encontraba realizando el trabajo de desprogramación y reprogramación, empezó a sentirse cada vez mejor. Un día me llamó llorando. Me dijo: «Estaba haciendo mi tarea de desprogramación y reprogramación esta mañana cuando sentí que desaparecía de mi interior la última pizca de ira y rencor. Supe que, por fin, me había curado completamente. En aquel momento sonó el timbre de la puerta y era mi hija. Llorando en la entrada, con los brazos abiertos, me dijo: "Mamá, lo siento. ¿Podrías perdonarme, por favor?"».

Los consejeros que llevan trabajando conmigo doce años también cuentan multitud de historias como esta. Puedes convertirte en una influencia sanadora para cualquiera que conozcas, simplemente desprogramándote y reprogramándote para transmitir constantemente amor.

He aquí mi pregunta: ¿te gustaría hacerte cargo de la tecnología de tu corazón espiritual y controlar si recibes amor u odio de las pantallas del corazón de otros, o prefieres vivir a merced de la ira, del miedo y del estrés que recibes a cada momento de la gente que te rodea? Del mismo modo que puedes sentarte frente al teclado y configurar las preferencias de internet para poder elegir el tipo de datos que quieres que tu ordenador reciba y transmita, puedes elegir si deseas recibir y enviar solo frecuencias de amor.

Estas vías y conexiones no tienen que crearse; existen desde que estamos en el útero materno. La técnica de la pantalla del corazón nos permite usar conscientemente estas vías existentes para «sintonizar con el amor» —amor en ti, alrededor de ti, en tus células y recuerdos y en las células y los recuerdos de cualquier otra persona a la que estés conectado. Puedes controlar qué emisora «sintonizas».

A mí, personalmente, me gusta escuchar música en Pandora, servicio de música *on-line* con sede en California. Escojo mi grupo favorito y la aplicación encuentra toda la música del estilo de ese grupo, sin que yo tenga que buscar manualmente, crear una *playlist* o cambiar de emisora de radio. De forma similar, tú puedes sintonizar conscientemente y de manera constante tu emisora de amor utilizando vías que están ya ahí. Hasta que no te hayas desprogramado y reprogramado, puede que no seas capaz de hacerlo en la medida en que quisieras. Pero el hecho de sintonizar conscientemente con el amor te ayudará a cambiar esa programación y, te resultará sorprendentemente fácil y eficaz una vez que te hayas reprogramado utilizando los principios y las herramientas de este libro.

Dediquemos un momento a considerar la manera en la que la «sintonización con el amor» actúa en nosotros desde el punto de vista químico. La oxitocina es conocida también como «hormona del amor». Además de ser liberada en nuestro cerebro cuando sentimos amor, también se libera por excitación sexual, al comer un helado o al realizar cualquier otra actividad agradable. Tanto desde el punto de vista físico como no físico, es literalmente el polo opuesto a la respuesta de miedo/estrés. Recuerda, estamos hechos y diseñados para vivir en el amor, no en el miedo —vivir en el miedo es una disfunción. Aun así, no vas a dedicarte constantemente a estas actividades placenteras, y tampoco sería bueno para ti si lo hicieras.

No obstante, Margaret Altemus y Rebbecca Turner, en un estudio sobre la oxitocina, encontraron que recuperar el recuerdo de una relación amorosa puede provocar liberación de oxitocina en el cerebro [10]. De igual modo, Daniel Amen observó que la recuperación de recuerdos basados en el miedo puede dar lugar a que las sustancias químicas y hormonas negativas basadas en el miedo sean liberadas en el cerebro, del mismo modo que cuando se produjo el episodio original. Como ya mencionamos en el capítulo 1, los efectos clínicos de la respuesta de estrés/miedo y los de la oxitocina liberada en el cerebro son los siguientes [11].

---

[10] Rebecca Turner y Margaret Altemus, «Preliminary Research on Plasma Oxytocin in Normal Cycling Women: Investigating Emotion and Interpersonal Distress», *Psychiatry: Interpersonal and Biological Processes*, 62, 2 (julio de 1999): 97-113.

[11] Fuentes: Cort A. Pedersen, University of North Carolina-Chapel Hill; Kerstin Uvnas Moberg, *The Oxytocin Factor: Tapping the Hormone of Calm, Love, and Healing* (Pinter & Martin, 2011).

Efectos clínicos del cortisol) (liberado por miedo/estrés)	Efectos clínicos de la oxitocina (liberada por amor)
Aturde	Mejora las relaciones
Desencadena enfermedades	Incrementa los vínculos paren-
Agota nuestra energía	tales
Deprime el sistema inmunitario	Da lugar a amor, alegría y paz
Aumenta el dolor	Refuerza la función inmunitaria
Eleva la presión arterial	Reduce el estrés
Bloquea las células	Baja la presión arterial
Destruye relaciones	Contrarresta los síntomas de adic- ción y abstinencia
Causa miedo, ira, depresión, con- fusión, vergüenza y problemas de estima e identidad	Estimula la hormona del creci- miento
Nos lleva a abordar las cosas desde una perspectiva negativa, aun con cara de felicidad	Incrementa la confianza y el buen juicio
	Modula el apetito, una digestión saludable y el metabolismo
	Favorece la curación
	Estimula la relajación
	Estimula la energía sin estrés
	Estimula la actividad neurológica

Estas dos listas son la definición misma del fracaso y del éxito y la fuente fundamental de ambas son nuestros recuerdos, basados en el miedo o en el amor. Un recuerdo basado en el miedo se convierte en respuesta de estrés, que da lugar a la liberación en el cerebro de cortisol, el cual a su vez produce todos los síntomas de la columna de la izquierda. Un recuerdo basado en el amor que ha sido activado en la pantalla del corazón puede dar lugar a la liberación de oxitocina en el cerebro, lo cual produce todos los síntomas de la columna de la derecha. Y esta es la buena nueva: ¡tú eliges la experiencia que quieres tener! Puedes optar por mantener tu programación basada en el miedo y accionar constantemente el interruptor del estrés, del cortisol y del fracaso, o puedes desprogramar el miedo, reprogramarte con amor, centrarte en vivir en el amor y en el momento presente y accionar el interruptor del amor, de la oxitocina y del éxito.

Basándome en mi propia experiencia y en lo que los clientes me han ido contando en los últimos veinticinco años, creo que cuando nos desprogramamos del miedo y nos reprogramamos en el amor, y elegimos entonces vivir en el amor y centrados en el momento presente, también generamos una liberación constante de oxitocina en el cerebro. Después de todo mis clientes refieren exactamente el mismo tipo de experiencia después de desprogramarse y reprogramarse y de poner en práctica el *Gran principio*: se sienten como si tuvieran veinte años otra vez, llenos de energía, más sanos y más positivos, y piensan con mayor claridad.

¿Recuerdas cómo te sentías cuando estabas enamorado? ¿No te sientes igual? ¿Con más energía, menos estresado, más vibrante y más sano que nunca? Esto es lo que sucede cuando se libera oxitocina en tu cerebro. El problema, claro, está en que te desenamores. Si eres capaz de desprogramar y reprogramar tu corazón espiritual, tu mente y tu cuerpo, y de centrarte en el momento presente, sería como enamorarse y no volver a desenamorarse nunca. ¡Puede que no haya en el planeta otra forma de conseguir esto u otra cosa que nos haga sentir así!

Después de desprogramarte y reprogramarte, puedes tomar el control de la tecnología de tu corazón espiritual, al menos, de dos maneras. En primer lugar, puedes realizar un esfuerzo consciente para sintonizar con el amor, optando por experimentar, recibir y enviar solamente luz y amor. No visualices otra cosa que luz y amor en la pantalla de tu corazón y visualiza la recepción y el envío solo de luz y amor, cada hora de cada día, como aprendiste a hacer con la herramienta de la pantalla del corazón. La dimensión luz/amor y miedo/falsedad está en ti, alrededor de ti y en estas vías de energía, como líneas inalámbricas de datos que van y vienen de tu ordenador, tu *tablet* o tu móvil. Convierte esta práctica de sanación espiritual, limpieza y mantenimiento en parte de tu actividad diaria, como cepillarte los dientes. Después de todo, si te mantienes en la misma vía que hasta ahora, seguirás recibiendo, enviando y experimentando lo mismo, que suele ser estrés, ansiedad, ira y tristeza.

Si no estás seguro de cómo empezar a «sintonizar con el amor», la buena noticia es que en tu corazón tienes una conciencia, o lo que yo llamo la «brújula del amor» (textos antiguos de temática espiritual se refieren a ella como la ley que está escrita en tu corazón).

Cierra los ojos y visualízate conectado con todos los recuerdos basados en el amor que tienes dentro de ti, incluidos los generacionales. Imagínate conectado a todos tus seres queridos, a tus amigos, incluso a gente que no conoces, y enviando y recibiendo constantemente amor, las 24 horas del día, 7 días a la semana. No tienes que preocuparte por los recuerdos de miedo interno ni externo, es decir procedente de los demás: la luz siempre elimina y supera la oscuridad, como hace el amor con el miedo. Puedes cubrir con esta práctica todas las horas del día; ponte «en sintonía» para enviar y recibir la energía del amor, interior y exteriormente: deja que suene de fondo, como el hilo musical que escuchas mientras trabajas.

Si esto te parece una «chifladura», porque no puedes verlo físicamente con tus propios ojos, considera que probablemente nunca intentarías desafiar la gravedad, aunque no la hayas visto nunca. De igual modo, me imagino que crees en el «sonido», aunque nunca hayas visto una onda sonora. Probablemente tendrás un móvil sencillo o inteligente, aunque no puedas ver las señales de energía entrantes y salientes que hacen que funcione. Todas estas cosas imitan nuestro funcionamiento como seres vivos, que enviamos y recibimos constantemente energía. Solo recientemente ha sido posible demostrar muchas de las cosas que hacen que tu «estación del amor» funcione.

La diferencia entre esta técnica y otras modalidades de visualización y meditación es que con ella visualizas algo que es absolutamente real y que está sucediendo justo ahora, ha estado sucediendo durante toda tu vida y seguirá sucediendo durante el resto de tu vida. No es algo fabricado. Puedes pensar en ello como una forma de meditación *de facto,* en contraposición a la meditación *placebo* o *nocebo.* Recientemente ha sido posible demostrar y cuantificar muchas de estas cosas. La visualización (imaginación) que se realiza siguiendo mis instrucciones es la única y verdadera fuerza creativa del planeta. Todo es imaginado antes de que suceda. Por primera vez estás utilizando tu generador de imágenes para producir algo interno con la tecnología de tu corazón espiritual.

Además de sintonizar conscientemente con el amor, un segundo método que puedes utilizar con la tecnología de tu corazón espiritual consiste en centrarte en lo que yo llamo una «imagen de amor», o recuerdo de amor, que es lo que las doctoras Margaret Altemus y Rebecca Turner encontraron que puede causar una liberación de oxitocina en el cerebro. Recuerda un momento en el que te sentiste completa y absolutamente amado y visualiza esa imagen de amor en tu pantalla del corazón. Si no tienes ningún recuerdo de amor, puedes crear uno utilizando tu generador de imágenes. Mientras se mantenga dentro de la dimensión de la verdad y del amor, funcionará bien. De cualquier modo, el ser humano está constantemente creando y revisando recuerdos; además, tu recuerdo de lo que sucedió y lo que *realmente* ocurrió pueden ser dos cosas muy diferentes.

En cierto sentido, el hecho de que un recuerdo sea o no real en función de las circunstancias externas es irrelevante. Para el corazón espiritual y la mente inconsciente, siempre es real (y está ocurriendo en este preciso instante). No has de averiguar necesariamente si se trata de un recuerdo real o imaginario, simplemente sánalo. En cualquier caso, el daño que puede hacer a tus células y a tu programación es similar.

No obstante, a muchas personas les resulta difícil utilizar las dos técnicas de la tecnología del corazón espiritual arriba señaladas porque, aunque intentan centrarse en un recuerdo de una relación amorosa, están estresados y viven en el miedo en todos los demás ámbitos. Desean sentir los efectos beneficiosos de la liberación de oxitocina en el cerebro, pero se sienten agobiados debido a los efectos del cortisol y del estrés, tanto desde el punto de vista físico como no físico. Por ello, y para que el efecto sea máximo, es necesario desprogramarse y reprogramarse.

La técnica del uso combinado de las tres herramientas

Aunque te recomiendo probar cada herramienta por separado para familiarizarte con su funcionamiento, creo que actúan mejor juntas. Con la práctica, podrás utilizar las tres herramientas al mismo tiempo, especialmente cuando te enfrentes a una convicción negativa que esté bloqueando tu éxito en una situación dada, siguiendo la técnica combinada que ahora se expone.

1. Usa la versión completa o la versión abreviada de las declaraciones de reprogramación (o ambas). Comienza con la primera declaración de reprogramación; por ejemplo: «Deseo creer en toda la verdad y solo la verdad sobre quién y qué soy, y quién y qué no soy».

2. Si crees esta declaración, pasa a la siguiente y continúa con las declaraciones de reprogramación hasta que haya una declaración en la que no creas (véase sección sobre declaraciones de reprogramación, más arriba).

3. Cuando llegues a una declaración en la que no creas, puedes utilizar la herramienta de la pantalla del corazón y la herramientas de la medicina energética para sanar esa convicción. Comienza por la herramienta de la pantalla del corazón. Imagina tu pantalla del corazón como una pantalla con una línea divisoria en medio: la parte superior de la pantalla representa la mente consciente y la inferior representa el inconsciente.

4. Visualiza la declaración en la que no crees en el lado consciente de tu pantalla del corazón. Puedes hacerlo de distintas maneras: puedes simplemente ver las palabras de la declaración en tu pantalla del corazón o, si eres un pensador particularmente visual, una manera incluso más potente consiste en crear una metáfora para el bloqueo. Por ejemplo, puedes verte a ti mismo triste o magullado, puedes visualizar un animal dolorido o un árbol que necesita agua o que está enfermo. Cierra los ojos y míralo en la pantalla de tu corazón.

5. La oración que pronuncies dependerá de lo que veas en la pantalla de tu corazón.

- Si las palabras de la declaración están en tu pantalla del corazón, recita lo siguiente: «Que la luz y el amor [de Dios] aparezcan en la pantalla de mi corazón, y nada más, de modo que cada imagen, sentimiento, pensamiento y creencia sea sanada en mi programación y pueda yo estar listo para abandonar el miedo y la falsedad en lo referente a mi seguridad y aceptación, y pueda así tener seguridad y aceptación [o cualquiera que sea la declaración problemática]».
- Si en la pantalla de tu corazón hay una metáfora para el bloqueo, aclara que estás utilizando una metáfora y pide: «Que la luz y el amor [de Dios] entren en mí (en este animal, este árbol, este objeto, etc.), de manera que cada imagen, sentimiento, pensamiento y creencia sea sanado en mi programación y pueda yo estar listo para abandonar el miedo y la falsedad en lo referente a mi seguridad y aceptación, y pueda así tener seguridad y aceptación [o cualquiera que sea la declaración problemática]».
- Si te cuesta visualizar algo, incluso las palabras, simplemente afirma: «No sé por qué no puedo realizar esta declaración, pero sé que el motivo está en alguna parte de mi pantalla del corazón. Que la luz y el amor [de Dios] estén en la pantalla de mi corazón, y nada más, de modo que cada imagen, sentimiento, pensamiento y creencia sea sanado en mi programación y pueda yo estar listo para abandonar el miedo y la falsedad en lo referente a mi seguridad y aceptación, y pueda así tener seguridad y aceptación [o cualquiera que sea la declaración problemática]».

6. Relájate y observa lo que aparece en la pantalla de tu corazón, al mismo tiempo que añades la herramienta de la medicina energética.

- Comienza por la posición del corazón. Coloca ambas manos en la parte superior del pecho, sobre el corazón, con las palmas hacia abajo. Si puedes, frota la piel sobre el hueso con un suave movimiento circular, cambiando de sentido cada diez a quince segundos durante tanto tiempo como te resulte cómodo o hasta que se haya cumplido el tiempo para el cambio de posición. Continúa observando tu pantalla del corazón en lo referente a la declaración por si se produjera algún cambio.
- Mantén esta posición durante uno a tres minutos (pero detente, o cambia a otra posición, si notas una respuesta de sanación).
- Cuando se cumpla el tiempo, cambia a la frente. Mantente siempre relajado, observando de vez en cuando tu pantalla del corazón por si se hubieran producido cambios.
- Cuando se cumpla el tiempo, cambia a la posición de la parte superior de la cabeza, siguiendo el mismo procedimiento.

7. Repite las tres posiciones de la herramienta de la medicina energética, al mismo tiempo que te relajas y observas lo que aparece en tu pantalla del corazón, hasta que creas verdaderamente en tu declaración, o durante dos o tres ciclos.
8. Cuando creas de verdad en la declaración que antes no podías creer, pasa a la siguiente, hasta que llegues al final de las declaraciones de reprogramación. Cuando creas de verdad en la serie completa de declaraciones, sabrás que has sido totalmente desprogramado y reprogramado en origen para alcanzar el éxito.

Nuestras dimensiones física, emocional y espiritual están interconectadas

La herramienta de la medicina energética actúa más intensamente sobre la fisiología del ser humano, mientras que la herramienta de las declaraciones de reprogramación actúa principalmente sobre la mente consciente (que a su vez influye en la mente inconsciente) y la de la pantalla del corazón tiene su efecto más poderoso sobre el corazón espiritual (que engloba la mente inconsciente y subconsciente). Sin embargo, las tres herramientas se solapan entre sí e influyen unas en otras. Por otro lado, reiniciar tu experiencia con estas herramientas es una habilidad que aprenderás con el tiempo, como tirar una flecha con un arco. Yo, ahora, puedo restaurar mi experiencia en sesenta segundos, aunque, claro está, en mis inicios no podía hacerlo. Cuanto más practiques, mejor lo harás. Y como ya he dicho, dependiendo de la modalidad de aprendizaje de cada persona, puede resultarte más fácil utilizar una herramienta u otra. No te desanimes y no te preocupes por el tiempo que tardes. Los resultados merecen la pena.

Ahora que llegamos al final de este capítulo, quiero dejar una cosa perfectamente clara. Considero que lo más importante es conectar con Dios/fuente/amor, a todas horas y todos los días, como ya mencioné en el capítulo 3. Yo lo hago fundamentalmente a través de la oración. Si lo puedes hacer también tú, todo irá bien. La segunda cuestión más importante es vivir la teoría, los principios y el procedimiento del *Gran principio*. Este es el camino hacia el éxito, aunque el 99% de las personas, según mi experiencia, siguen otro camino. A veces solo se necesita un mapa que te muestre cómo tomar el camino correcto. Lo menos importante de este libro son las tres herramientas. Recuerda que puedes llevar a cabo la desprogramación y la reprogramación internas que conducen a la transformación de muchas maneras: un *ajá* transformacional a partir de la meditación y la oración sobre los principios del amor y la verdad, un *ajá* transformacional a partir de una experiencia próxima a la muerte (física o no física), la conexión con Dios/fuente/amor (que puede tener lugar a través de la oración) o el uso de herramientas específicas para estas cuestiones, como nuestras tres herramientas.

Dicho esto, si no puedes desprogramar y reprogramar tu mente inconsciente y subconsciente de cualquier otro modo, las tres herramientas se harán indispensables. No obstante, conozco otras técnicas de medicina energética que pueden producir resultados similares a los obtenidos con la herramienta de la medicina energética que describo aquí, de modo que no dudes en utilizar cualquiera de ellas si te sientes así más cómodo.

Ahora que ya sabes cómo utilizar estas tres herramientas, en la Parte III voy a guiarte a través de algunos diagnósticos básicos para ayudarte a identificar más fácilmente el origen de los problemas que te impiden alcanzar el éxito personal, de modo que puedas aplicar estas herramientas por ti mismo para desprogramar y reprogramar tu corazón espiritual y lograr el éxito que deseas. Pero antes de empezar a utilizar estas herramientas, necesitamos abordar un concepto más, de índole práctica: cómo establecer metas de éxito en lugar de metas de estrés.

CAPÍTULO 5

Metas de éxito en lugar de metas de estrés

El *Gran principio* consiste en hacer todo lo que haces desde el amor, en un estado interior reprogramado con amor, alegría y paz y centrándote en el momento presente. Como ya dijimos en la introducción, «todo lo que haces» está determinado por una meta, siempre. El problema es que la mayor parte de la gente no es consciente de cuáles son sus metas, de dónde proceden, si son metas correctas o equivocadas, adónde les están llevando y, por supuesto, cómo pueden cambiarlas. Tal vez parezca una ironía, pero muchos de nosotros tenemos objetivos muy claros en relación con aspectos menores de nuestra vida, como la higiene personal, la forma de vestir o la limpieza del hogar. No pretendo minimizar estos asuntos, pero la mayoría de nosotros probablemente estará de acuerdo conmigo en que no son las áreas más importantes de la vida.

He trabajado con muchas personas del mundo militar (sobre todo hombres, pero también con alguna mujer) y con muchas mujeres que tienden a ser perfeccionistas. Suelen ser extremadamente disciplinados en lo referente a cuestiones externas de su vida: la casa, el coche, la colada, el césped, o el comportamiento de sus hijos e incluso con hacer un buen papel en su carrera. Sin embargo, muchas veces, sufren por cuestiones que no son tan concretos, como sus relaciones personales y temas del pasado.

Cuando el asunto tiene que ver con *esas* áreas, con las cosas que deseamos por encima de todo lo demás, muchos de nosotros solemos fijar y perseguir metas inconscientes que nos bloquean en círculos viciosos de problemas de salud, dificultades económicas, pobreza mental y conflictos en las relaciones. A su vez, estos círculos viciosos nos conducen a estados interiores de tristeza, frustración, ansiedad, desesperación, soledad y rechazo y, en última instancia, al fracaso en todo aquello que importa.

Llegado este momento, me gustaría invitarte a rezar o meditar durante diez minutos y a preguntarte a ti mismo: *¿Estoy desarrollando intencionadamente metas reales, saludables y correctas (en la verdad y en el amor) para las cosas que son más importantes para mí? Puede que el coche esté inmaculado, pero ¿cómo está mi ira? Es posible que ya haya hecho la colada, pero ¿estoy siendo un buen padre o una buena madre?* Ahora que sabes que nuestro estado interior guía nuestras circunstancias externas, comprende lo importante que es establecer metas para nuestro estado interior, en lugar de poner en marcha una programación inconsciente, a menudo inútil. Una vez más, aprenderás a diagnosticar y sanar tu propia programación interna cuando pongamos en práctica el *Gran principio* en la Parte III del libro.

Ya se trate de criar a los hijos, de lidiar con la ira o de cualquier otra área de tu vida, si te das cuenta de que tus metas no reflejan lo que realmente es más importante para ti, este capítulo te ayudará a establecer los objetivos que te llevarán al mejor resultado para ti, tanto interna como externamente.

Pero, aun teniendo metas muy claras para las áreas más importantes de la vida, muchas personas tienden a centrarse en circunstancias externas alcanzadas con la fuerza de voluntad, lo cual sabotea de forma inherente y grave sus opciones de alcanzar algún día esa meta fundamental. O bien alcanzan la meta, pero no se sienten felices ni realizados a largo plazo. He aquí la pregunta del millón: ¿cómo establecemos los tipos de metas que nos llevan al éxito, en lugar de sabotearnos?

Para uno de mis clientes, esta era literalmente la pregunta del millón. Hace varios años, un señor acudió a mi consulta por ciertos problemas de salud. Una vez curado, se puso de nuevo en contacto conmigo para preguntarme si podía ayudarle con otro problema. Me dijo: «Mire, doctor. Durante los últimos diez años he tenido una meta de éxito que no he sido capaz de conseguir. No sé si hace usted este tipo de cosas, pero ¿existe alguna posibilidad de que pueda ayudarme con ello?». Le pedí que me explicara. Me contó entonces que era uno de los principales contratistas en una localidad más bien pequeña. Su objetivo durante diez años había sido ganar un millón de dólares en un año. No un millón de dólares en bruto para la compañía, no, un millón de dólares para su bolsillo. Y en esos diez años lo máximo que había llegado a ganar había sido alrededor de la mitad. Aun así, una gran suma de dinero, pero en lugar de sentirse satisfecho y disfrutarlo, vivía constantemente frustrado por no haber logrado su objetivo.

Este señor tenía lo que se podrías llama una personalidad agresiva, de tipo A. Presionaba, presionaba y presionaba a todos y todo. Trabajaba ochenta horas semanales y exigía a sus empleados que también trabajaran largas jornadas, a menudo sin pagarles horas extraordinarias. Era conocido por ser sarcástico y mordaz y recortaba mucho los presupuestos, de modo que no tenía la mejor de las reputaciones en el mundillo de las contrataciones de obras. Todas sus relaciones personales estaban en la cuerda floja y su salud era cada día peor desde hace años, siendo esta la razón inicial por la que había acudido a mí.

De manera que la siguiente pregunta que le formulé fue: «Hábleme de cómo ve usted su meta de ganar un millón de dólares en un año. Descríbamela. ¿Qué hace con el dinero? ¿En qué cambia su vida?» No tuvo ningún problema a la hora de realizar este ejercicio. Había estado viendo esa «película» en su pantalla del corazón todos los días durante la última década. Me contó que quería comprar la mansión en lo alto de una colina que se veía desde cualquier punto de la ciudad. Sí, también quería un deportivo nuevo rojo. Luego estaban las vacaciones de lujo para jugar al golf y todos los demás caprichos habituales de rico.

Cuando le pregunté por qué quería tener una casa en la colina y el deportivo rojo, me contó que así toda la gente de la ciudad vería el éxito que había alcanzado y lo envidiaría. Supe entonces que el problema no era la meta en sí misma, sino por qué él se había fijado esa meta. Le dije que podía ayudarle, pero que, para hacerlo, tendríamos que aplicar algo de cirugía a sus metas. Aceptó de mala gana.

Era estupendo que quisiera ganar un millón de dólares en un año, pero esa parte debía ser un «deseo», no su «meta» (hablamos sobre esta diferencia más adelante). Si finalmente ganaba el millón de dólares, podría comprarse una casa nueva, pero no la casa en lo alto de la colina. Podría comprarse un coche nuevo, pero no el deportivo rojo. No es que hubiera nada malo en ninguna de estas dos cosas: el problema radicaba en por qué las quería. De hecho, para otra persona, habrían sido absolutamente apropiadas. Cambiamos las vacaciones para jugar al golf por unas vacaciones familiares. Eliminamos algunos caprichos. Añadimos la donación de parte del dinero a gente menos afortunada. Añadimos destinar parte de su tiempo y de su experiencia en trabajar personalmente en un proyecto de construcción para la comunidad, con lo que también favorecería a los menos afortunados. Redujo su horario a un máximo de cincuenta horas semanales. Y no solo recortamos la jornada laboral de sus empleados, sino que les concedimos un aumento de sueldo y mayores beneficios. Conseguimos encontrar un hueco de tiempo para hacer ejercicio, realizar un poco de meditación, dar paseos, llevar un estilo de vida más sano y estar con la familia más tiempo del que pensaba que podía estar... ¿se entiende la idea, no?

Su meta fue objeto de una revisión total. Cuando todo estaba dicho y hecho, su *deseo de éxito* (no su meta de éxito, como veremos más adelante) fue ganar un millón de dólares al año siguiente, pero utilizando el dinero para cosas buenas, sanas y equilibradas, en otras palabras, «desde el amor». Su *meta de éxito* era centrarse en el momento presente desde el amor, haciendo lo que era necesario hacer para alcanzar su deseo, pero renunciando al resultado del millón de dólares por amor/fuente/Dios. Para hacer esto tuvo primero que desprogramar y reprogramar sus problemas internos. Solo así sería capaz de alcanzar su meta, caminando en la dirección de su deseo.

Cuando dejamos de vernos, acababa de empezar a desprogramarse y reprogramarse y estaba absolutamente en fase de gritos y pataleos. Sus palabras exactas fueron: «Esto no va a funcionar nunca. Si no fuera porque mis problemas de salud se han curado, pensaría que ha perdido usted la cabeza».

Recibí una llamada del contratista aproximadamente año y medio más tarde. Literalmente, no reconocí su voz, por otro lado muy peculiar, hasta que se identificó. Sus primeras palabras fueron: «Hola, doctor, ¿se acuerda de mí? El contratista estresado que pensaba que estaba usted loco». Me había preguntado muchas veces qué habría sido de él y había rezado por él varias veces. Ciertamente, el riesgo de que tirara todo el programa por la borda y volviera a su estilo de vida anterior era alto. Esto es lo que me dijo:

> Bien, doctor. Hice exactamente lo que acordamos que hiciera y no gané un millón de dólares el pasado año. *Gané más de millón y medio.* Y este año voy camino de ganar incluso más. A día de hoy, todavía no tengo ni idea de cómo ha sucedido, ha sido como mágico. Ha sido el año de trabajo más fácil que he tenido en toda mi vida.

Continuó diciéndome que prácticamente todo en su vida había cambiado. Se encontraba bien de salud y feliz, sus relaciones eran maravillosas, su reputación en la ciudad se había renovado por completo, tenía ahora una lista de espera de personas que querían que trabajara para ellas porque hacía el mejor trabajo en la ciudad, había bajado los precios y ya no recortaba los presupuestos. Sus empleados le apreciaban y no querían trabajar en ningún otro lugar y en la oficina reinaban la alegría, la tranquilidad y el compañerismo, como nunca antes.

Cuando el contratista se desprogramó, se reprogramó y aprendió a cambiar sus metas de estrés por metas de éxito, su deseada circunstancia externa llegó con total facilidad. Podría llenar varios libros con historias similares a esta. Los resultados son increíblemente predecibles. Las personas que desarrollan y actualizan *metas de éxito*, desde la inspiración del estado interior que «realmente» más desean en lugar de las circunstancias externas que ellos «piensan» que más desean, alcanzan siempre el éxito. Siempre. Las personas que no lo hacen fracasan. Siempre.

Diferencia entre metas y deseos

Analicemos algunos detalles prácticos sobre la manera en la que el contratista pasó del fracaso al éxito tan rápidamente y, lo que es más importante, cómo puedes hacerlo también tú. Tal y como probablemente habrás adivinado, tiene mucho que ver con el tipo de metas que te pongas. Ha llegado el momento de retirar el velo y explicar exactamente qué es lo que determina que tengas una meta de éxito o una meta de estrés.

Definición de deseo

Comencemos ante todo por definir una serie de términos. El primero de ellos es *deseo* (o «esperanza»). Un deseo que acaba en éxito responde a tres criterios:

1. Ha de basarse en la verdad.
2. Ha de basarse en el amor.
3. Ha de estar en armonía con tu meta fundamental de éxito (capítulo 1).
4. Se ubica normalmente en el futuro.

Ya hemos mencionado los primeros dos componentes, verdad y amor, en el contexto de las convicciones: si algo tiene que funcionar a largo plazo, debe realizarse desde la verdad y el amor. Pero ha llegado el momento de ser más concretos sobre lo que realmente significan amor y verdad.

1. La *verdad* se refiere a los hechos *objetivos* de la situación: recursos requeridos, necesidades, habilidades, mercado, cuestiones económicas, tiempo. En definitiva, cualquier hecho objetivo relevante para alcanzar el deseo, externamente y en función de las circunstancias. Esto es el «qué» del deseo. Por ejemplo, hablemos de un señor de setenta y dos años que me contó que deseaba ser *quaterback* titular en la NFL de béisbol. Debería preguntarle si este deseo se ajusta a la verdad, en otras palabras, si está en armonía con los hechos objetivos de la situación.

2. Cuando decimos que se hace algo desde el *amor,* nos referimos a hechos *subjetivos* de la situación. Se trata del «porqué» del deseo. ¿Por qué es este tu deseo en primer lugar? ¿Para

quién lo haces? ¿Cuál es la inspiración y la motivación que lo alimentan? Si es fundamentalmente egoísta y es probable que alguien «pierda» o resulte de algún modo dañado, tu deseo no cumple el criterio del «amor». Es posible que el deseo de ser *quaterback* de la NFL a los setenta y dos años se basara en el amor, aunque muy probablemente no en la verdad. Por otro lado, el deseo original del contratista de ganar un millón de dólares se basaba en la verdad (es decir, era objetivamente alcanzable, dadas las circunstancias del momento), pero no procedía del amor, como determinamos al descubrir en qué quería gastarse el dinero. Eso significa que ninguno de estos deseos responde a nuestra definición de deseo de éxito y que ambos deberían ser de algún modo revisados. El contratista, por ejemplo, revisó su deseo y destinó tiempo y dinero a ocuparse de los demás, cumpliendo así con el criterio de amor.

Una cosa más acerca de los deseos: han de estar en armonía con tu meta fundamental de éxito. Tómate un momento para recordar el estado interior en tu respuesta a la pregunta 3 del capítulo 1 (si recibieras lo que más deseas y las circunstancias resultantes ¿cómo te sentirías?). Esa sensación o ese estado interior es tu meta fundamental de éxito. Puede ser paz, amor, alegría, seguridad o cualquier otro estado interior positivo. Esta es la razón por la cual lo haces todo, de manera que, evidentemente, es contraproducente tener un deseo contrario a esa meta fundamental de éxito, a ese sentimiento, a ese estado interior.

A mí me encanta ir a la playa. Es para mí un lugar espiritual y sanador. Pensemos en ir a la playa como mi deseo, y la paz que siento allí como mi meta fundamental de éxito. Ahora bien, para poder ir a la playa, tengo que ser concreto: ¿A qué playa voy a ir? ¿Cómo voy a llegar hasta allí? ¿Qué tengo que meter en la maleta para disfrutar? Al mismo tiempo tengo que tener cuidado de que las cosas concretas que lleve no se opongan a lo que he definido como mi meta fundamental de éxito: la paz que proviene del amor. Si no reservo tiempo suficiente para hacer la maleta y me sorprendo a mí mismo corriendo como un loco de aquí para allá la misma mañana de emprender viaje, entonces la manera en la que me estoy yendo a la playa está negando, al menos parcialmente, el punto entero de ir a la playa. Ocurre lo mismo si, por ejemplo, me doy cuenta de que mi sobrina va a casarse en las fechas en las que yo he planeado el viaje y mi ausencia en la boda sería causa de mucho estrés personal y familiar. Esto no quiere decir que tenga que desbaratar todo el viaje, pero necesito reevaluar y realizar algunos cambios prácticos en mi plan, de modo que siga desarrollándose en paz y amor, en consonancia con mi meta fundamental de éxito tanto ahora como en el futuro.

He aquí un ejemplo más práctico. Digamos que la meta fundamental de éxito de un padre de mediana edad es la paz y su deseo de éxito es volver a la universidad y obtener un título en ingeniería. Ha solicitado plaza para cursar un prestigioso programa de ingeniería en un centro que se encuentra de camino entre el trabajo y su casa y descubre que ha sido aceptado. Está eufórico. Sin embargo, al empezar las clases para obtener el título se da cuenta de que perseguir este deseo le está apartando esencialmente de su meta fundamental de éxito, que es la paz en el contexto de la familia: siente estrés personal y presión por parte de su familia por estar demasiado ocupado. Este estrés es un signo que tiene que reconsiderar. Puede que tenga que hacer un poco de trabajo interior para abordar la fuente del estrés. Tal vez tenga que considerar la posibilidad de cursar un programa distinto. O puede que tenga que renunciar por completo a la universidad. El hecho es que no debemos sacrificar nunca nuestra meta fundamental de éxito (el estado interior de amor) por un deseo de éxito (la circunstancia externa resultante al final).

Por último, el deseo se tiene de forma característica en relación con algo que no ha sucedido todavía. Otra palabra para designar el deseo es *esperanza*. Es algo que deseamos interiormente, en lo que creemos, que nos gustaría que sucediera, por lo que estamos trabajando, pero no sabemos con toda seguridad si sucederá. Un deseo marca la dirección en la que caminamos. Por otro lado, el aspecto esencial de un deseo es que debemos renunciar a toda expectativa de recibirlo desde el principio, y a cada paso a lo largo del camino. Debes poner el resultado final en manos de Dios/fuente/amor, o de la bondad de otras personas, aunque necesitas pensar en ello para renunciar por completo.

Definición de meta

Definamos qué es una *meta*. Una meta, si va a conducirte al éxito, tiene que tener los siguientes cuatro componentes:

1. Ha de basarse en la verdad.
2. Ha de basarse en el amor.
3. Ha de estar al 100 % bajo tu control.
4. Se realiza en el momento presente.

Si cumple los cuatro criterios, tienes una *meta de éxito*. Eso significa que funcionará a largo plazo y te llevará al éxito siempre, si no desistes y te has desprogramado y reprogramado previamente para poder hacerlo.

El punto que fundamentalmente distingue un objetivo de un deseo es el número 3, es decir, ha de estar en un 100% bajo tu control, no en un 99%, no «muy probablemente», sino *totalmente* bajo tu control. En otras palabras, puedes hacerlo ahora, o al menos durante los próximos treinta minutos. Si la verdad es el «qué» y el amor es el «porqué», tu control es el «cómo» de tu objetivo. Evidentemente, este componente limita lo que puede considerarse una meta de éxito, pero marca la diferencia.

Esta es también la parte en la que todo el mundo tiene un problema. La gente suele encontrarse bien con la verdad y el amor, pero cuando les digo que algo tiene que estar al 100% bajo su control, ponen un gesto raro, entre decepción y frustración. Por ejemplo, la meta del contratista de ganar un millón de dólares personalmente con su negocio no estaba al 100% bajo control, de modo que no podía ser su objetivo. Y lo mismo puede decirse a propósito de la meta del señor de setenta y dos años de convertirse en un *quaterback* de la NFL. Además, cuando decimos «100% bajo control», estamos hablando de un control sano, no de un control malsano. Hablamos brevemente sobre el control malsano en el capítulo anterior: es aquel que persigue un resultado que no está al 100% bajo control y que no se realiza desde la verdad ni el amor.

Siempre que me encuentro con alguien que cuestiona la noción de que el uso de la voluntad para perseguir expectativas externas es contraproducente —generalmente, por la aceptación general con la que ha contado el concepto contrario durante tanto tiempo— yo se lo explico así. Les digo que perseguir expectativas externas (es decir, perseguir como meta algo que no está bajo tu control al 100%) únicamente con la fuerza de la voluntad puede definirse también como un control malsano y preocupante. Por ejemplo, a lo largo de los años he tenido clientes que me han dicho que sus expectativas externas eran completamente positivas, al 100%, sin rastro alguno de pensamientos, creencias o sentimientos negativos. Cuando es así, les pregunto cómo se sentirían, qué pensarían o creerían si esas expectativas no tomaran el camino que ellos esperan, o si están muy seguros de que así será. Suelen mirarme con asombro y luego me dicen que sería horrible. Esta reacción es posible porque han estado contando con ese resultado final y no creen que puedan sentirse bien con cualquier otro resultado, en general porque piensan que si creen plenamente en él, sucederá. De modo que, aunque en su pensamiento consciente, sus sentimientos y sus creencias fueran en un 100% positivos, en su inconsciente y su subconsciente no lo eran.

Recuerda que la labor número uno del inconsciente es protegernos del daño, no producir nada positivo. De modo que estas personas viven un conflicto interno: son conscientemente positivos, pero negativos en su inconsciente, al menos parcialmente. Esta falta de armonía interna crea estrés y, recuerda, cuando mente inconsciente y mente consciente no están de acuerdo sobre una cuestión, siempre gana el inconsciente. El otro factor es el control malsano. El tratar de forzar o el manipular un resultado externo circunstancial que no está completamente bajo tu control es una de las cosas más estresantes que se pueden hacer y la mayoría de nosotros no podemos aguantar hasta alcanzar el resultado deseado. Incluso si forzamos el resultado final, no seremos felices y no nos sentiremos satisfechos ni llenos a largo plazo.

Es cierto que los grandes resultados proceden de convicciones, pero no de una sola convicción. Todos los grandes resultados proceden de *creer en la verdad*. Un control sano se basa siempre en el amor y la verdad. Un control sano equivale sencillamente a hacer lo correcto, a hacer lo que se ama, a hacer lo mejor. Por otro lado, un control malsano mata el resultado que estás tratando de alcanzar, pues siempre se basa en el miedo, y todo miedo procede de una mentira. La preocupación (estrés) y el control malsano (lo contrario de las convicciones que dan lugar a resultados) son otras formas sencillas de describir las expectativas y la fuerza de voluntad. La preocupación equivale a expectativas y el control malsano a voluntad por sí sola. Las expectativas y la voluntad nos ponen en un situación de falta de armonía con nosotros mismos y de estrés crónico, seamos o no conscientes de ello.

De modo que toda meta ha de estar al 100% bajo un control *sano*. Si algo está bajo un control sano, puede realizarse en el momento presente, ahora mismo. Por otro lado, también es posible deducir fácilmente la diferencia entre un control sano y un control malsano por sus resultados. El control sano suele dar lugar a paz y alegría, mientras que el control malsano produce ansiedad y estrés. Uno de los maravillosos efectos secundarios de este plan de éxito es la eliminación de la ansiedad de tu vida.

¿Qué ocurre si te has fijado una meta que no cumple con uno o varios de los criterios anteriores? Puede que no esté en armonía con la verdad. Puede que no se base en el amor. O es posible que no esté al 100% bajo tu control (como la mayoría de los objetivos que se pone la gente). Entonces tienes lo que yo llamo una *meta de estrés* y, sencillamente, tienes que cambiar de meta. ¿Por qué? Tener una meta de estrés es la garantía más rápida de fracaso. Aunque tenga lugar en la verdad y en el amor (pero no bajo control), una meta de estrés crea expectativas que, a su vez, matan los resultados y crean infelicidad, lo contrario del éxito.

He aquí la manera más fácil de saber si te has marcado una meta de estrés o una meta de éxito: si estás experimentando ansiedad, ira o cualquier emoción de la familia de la ira (irritación, frustración, etc.), probablemente te hayas marcado una meta de estrés y tengas que hacer un poco más de trabajo de desprogramación y reprogramación para vivir en el amor. El estrés es el síntoma físico directo del miedo y la ansiedad es el síntoma no físico directo del miedo. La ansiedad es el precursor de la ira, o de cualquier otra emoción de la familia de la ira. Unas personas son muy conscientes de que están experimentando ira (y no admitirían que están sufriendo ansiedad), mientras que otras son muy conscientes de que sienten ansiedad (y no admitirían que están experimentando ira). El caso es que si te encuentras en alguna de estas dos situaciones, ambas son signos de que te has fijado una meta de estrés.

La ansiedad (o ira, que es simplemente ansiedad avanzada) conduce directamente al fracaso, de la siguiente manera:

- Cualquier forma de ansiedad o ira indica que tienes una meta de estrés que en este momento está bloqueada.
- Una meta de estrés indica que vas a sufrir ansiedad, miedo, preocupación, tristeza, falta de perdón, problemas de autoestima, culpabilidad, vergüenza y pensamientos y creencias basados en el miedo (si no los tienes ya).
- Los pensamientos, las creencias y los sentimientos negativos sobre nuestras circunstancias indican que tienes un problema de comparación.
- Un problema de comparación indica que tienes un problema de expectativas.
- Un problema de expectativas indica que estás usando la fuerza de voluntad para conseguir lo que deseas.
- El tratar de controlar tus circunstancias mediante la fuerza de voluntad indica que te encuentras en un estado de estrés, que a la larga conduce al fracaso (en otras palabras, a no estar sano ni feliz, a no estar en las circunstancias externas perfectas para ti).
- El fracaso indica que tienes una meta de estrés.

Por otro lado, si estás experimentando alegría y paz sin importar las circunstancias, es probable que te hayas marcado una meta de éxito (consciente o inconscientemente) y que te hayas desprogramado y reprogramado satisfactoriamente para vivir en el amor. Por supuesto, incluso con metas de éxito, experimentarás decepción cuando las cosas no resulten en todo momento como tú querrías. La diferencia es que te recuperas rápidamente de la decepción y no caes en la desesperación. A pesar de todo, experimentas una alegría profunda y duradera, paz, gratitud, satisfacción y plenitud, sean cuales sean las circunstancias o los reveses a los que te enfrentas.

Llegado este punto, puede que sigas pensando: *¿Pero qué hay de malo en tener un poco de estrés? El estrés agudiza la mente, hace que preste atención y me impulsa a hacer las cosas.* Si las evidencias presentadas hasta aquí sobre la manera en la que el estrés conduce al fracaso no te han convencido aún, considera el siguiente dato. El número de estudios realizados que muestran los efectos negativos del estrés se halla solo superado por el número de estudios científicos que demuestran los efectos negativos de la recompensa inmediata. Cincuenta años después de los estudios llevados a cabo por los investigadores Dan Gilbert y Bruce Lipton, múltiples pruebas doble ciego han puesto de manifiesto que perseguir la recompensa inmediata (frente a la recompensa retardada) produce de forma constante resultados negativos en todas las áreas de la vida, afectando a la felicidad, la salud, el dinero e incluso a tus calificaciones. La recompensa inmediata se basa en nuestra respuesta dolor/placer, lo cual significa que cuando estás buscando la recompensa inmediata estás eligiendo miedo en lugar de amor en respuesta al dolor.

Las metas de estrés se basan *siempre* en una recompensa inmediata, del mismo modo que una meta de éxito siempre requiere posponer la recompensa. De hecho, la recompensa retardada es la esencia de la renuncia al resultado final por Dios/fuente/amor y la elección del amor en el presente, que es exactamente lo que vengo diciendo que es la clave del éxito. Cualquier cosa contraria a esta idea prácticamente asegura el fracaso. Los estudios sobre recompensa inmediata frente a recompensa retardada demuestran precisamente este concepto. Todo en tu vida conduce al éxito si puedes retrasar adecuadamente la recompensa y todo conduce al fracaso si escoges la recompensa inmediata (salvo si es la postura correcta y mejor para todos en ese caso). No obstante, la demora en la recompensa debe resultar fácil y natural, no debe producirse forzada por la voluntad. Cuando se fuerza, causa más estrés. Como probablemente habrás adivinado, para estar seguro de que no es forzada debes desprogramarte y reprogramarte, como aprendiste a hacer en el capítulo 4.

Convierte tus metas de estrés en deseos

No obstante, puedes eliminar todo el estrés de tus metas estresantes simplemente cambiándolas por *deseos* sanos. La diferencia entre ambos conceptos es la diferencia entre fracaso inevitable y éxito a largo plazo.

Pongamos que se produce una gran tormenta de nieve y tienes que ir caminando al supermercado, aproximadamente a dos kilómetros y medio de distancia, para comprar leche. La nieve se ha acumulado y, para llegar a la tienda, hay que atravesar un área boscosa plagada de raíces de árboles y un montón de peligros ocultos que probablemente no verás hasta que estés encima de ellos. Pero tú sabes que el supermercado está justo después de esa antena de radio tan alta que puedes ver por encima de los árboles, incluso desde tu casa.

La pregunta es la siguiente: ¿caminas hasta el supermercado mirando hacia arriba en dirección a la torre de radio durante todo el camino? ¡No! Puede que mires de vez en cuando, pero si realmente quieres llegar al supermercado, deberás centrarte fundamentalmente en cada paso que das, pues, de lo contrario, te torcerás un tobillo o caerás en un hoyo y no llegarás nunca a la tienda. Si tienes constantemente la vista puesta en el resultado final, nunca conseguirás llegar allí.

Créeme, cuando trabajas persiguiendo tus metas de éxito, existen muchos baches y raíces de árboles por el camino. En lo concerniente a las cosas más importantes de la vida, rara vez el camino es recto y despejado y en ocasiones incluso no es visible. Aun así, los expertos siguen aconsejándote que te *centres en la torre de la radio* —visualízala, siéntela, saboréala, no apartes en ningún momento la vista de ella— pues de lo contrario puede que no llegues nunca. Como consecuencia de su consejo, el paisaje está sembrado de cuerpos de personas que se han tropezado con raíces de árboles y han caído en hoyos y que nunca llegaron adonde iban, porque no prestaron atención a su paso siguiente.

La torre de la radio es tu deseo; no es tu meta. Tu meta es dar con éxito el paso siguiente, porque sabes que si das siempre con éxito el paso siguiente, uno tras otro, existen realmente muchas posibilidades de que alcances tu deseo. Ahora, mantén la torre de radio en tu mente, y mírala de vez en cuando: te marca la dirección. Pero pongamos que estás a mitad de camino y tienes frío, estás cansado y hambriento y quieres volver a casa. En ese momento te cruzas con un vecino. Te pregunta adónde vas y tú le respondes que vas al supermercado a comprar leche. «Oh», dice, «No hace falta que hagas todo el camino hasta el supermercado. Hay un colmado a pocos metros de aquí que todavía tiene leche». Tú no conocías esa tienda. ¿Qué harías? Cambiarías de plan, darías las gracias al vecino, comprarías la leche en el colmado ¡y volverías a casa en la mitad de tiempo! Esto es lo que significa desistir del resultado final: incluso mientras estamos centrados en dar bien el paso siguiente en dirección al deseo que nos hemos marcado, seguimos abiertos a cambiar nuestro deseo si identificamos otra dirección mejor para nosotros.

Solo tenemos que admitir que no sabemos lo suficiente acerca del futuro como para saber si seguiremos queriendo ese determinado resultado final. Además, un resultado final que puede parecernos la peor cosa que jamás pudiera sucedernos puede convertirse, a la larga, en la mejor alternativa para nosotros.

No se me ocurre mejor ejemplo que el día que Hope me echó de casa después de tres años de matrimonio. ¡Pensé que era el fin del mundo! Pero, como ya sabes, este incidente se convirtió en el punto de inflexión más positivo de mi vida. Dio lugar a un *ajá* transformacional que me reprogramó al instante. Me permitió descubrir el trabajo de mi vida y probablemente fue el germen de los logros conseguidos más tarde. De hecho, el éxito que vivo en la actualidad va mucho más allá de lo que jamás habría imaginado hace veinticinco años. Si entonces me hubiera centrado en un resultado final concreto para mi carrera (algo que mucha gente me estaba presionando a hacer), nunca hubiera llegado donde he llegado, porque lo que hago ahora ¡ni tan siquiera existía entonces!

No soy el único que ha tenido una experiencia como esta. Cuando hablo para grupos numerosos de gente, a menudo les pregunto: «¿Cuántos de vosotros han experimentado alguna vez algo que parecía realmente malo en ese momento, pero luego, meses o años más tarde, esa experiencia ha resultado ser realmente buena o incluso una de las mejores cosas que os han sucedido nunca?». Indefectiblemente casi todos los presentes levantan la mano.

Veo muy a menudo a personas con aspiraciones muy *bajas* para sí mismas en la vida. Buscan dinero (ese millón de dólares) o un ascenso, sin amor, alegría, paz, relaciones personales satisfactorias ni felicidad interior. Ya hemos hablado de esto en el capítulo 1: cuando estableces un resultado final como meta, incluso si lo alcanzas, a menudo acabas aún más abatido que antes, porque entonces te das cuenta de que no has encontrado satisfacción interior.

La conclusión es que no siempre podemos contar con nuestro pensamiento consciente y racional para determinar los mejores resultados finales para nosotros, y nuestra experiencia pasada lo demuestra. Lo mejor que podemos hacer es vivir con éxito el momento presente desde el amor y la verdad, sea lo que sea aquello que estemos haciendo.

Si alguna vez llegas a un punto en el que puedes vivir con éxito el momento presente, desde el amor y la verdad prácticamente todo el tiempo, te garantizo que sentirás que tienes un éxito escandaloso y lo más probable será que no quieras cambiarte por nadie. Aunque suene a cliché, este método trata realmente acerca de *tenerlo todo*: amor interior, alegría, paz, felicidad y éxito externo en lo referente a salud, dinero, carrera y relaciones personales. Seguir este método es la única manera que he encontrado de conseguirlo, con la advertencia de que hay que estar también en buena relación con Dios/fuente/amor, por encima de todo (para mí).

De forma natural, la mayoría de la gente cambiamos nuestras metas de estrés por deseos cuando amamos a alguien. Pongamos que tú y una persona a quien realmente amas con todo tu corazón queréis hacer algo especial hoy. Cuando la otra persona te dice lo que le gustaría hacer y tú ves brillo en sus ojos, sacrificas de forma natural lo que tú deseas para hacer lo que la otra persona quiere hacer, aunque sigas queriendo hacer lo que deseas. Si amas a esa persona con un amor de tipo *agape* (no *eros*, como ya explicamos en la introducción), no estás sacrificando lo que deseas por el deber. El amor cambia tu «Tengo que hacerlo» por un «Quiero hacerlo». El amor desbanca lo que tú quieres. Lo que tú quieres es un deseo, no una meta ni una necesidad. En otras palabras, si no sucede, no afecta a tu sentido de la identidad, de la seguridad ni de la importancia.

Esta transición puede ser muy difícil, porque estamos acostumbrados a que el resultado final lo sea todo. Esta es la razón por la cual, al principio, lo consideraste una meta, ¿verdad? Todo tiene que ver con los resultados. Como decía el jugador de fútbol americano Vince Lombardi, «Ganar no es lo más importante, es lo único». Durante décadas interpreté esta cita simplemente tal como aparece escrita y como probablemente lo hayas hecho tú también, entendiendo que el resultado es lo que importa. Recientemente vi un documental sobre Lombardi y salté del asiento cuando les oí mencionar la cita en cuestión [1]. Al parecer, Lombardi decía que la frase y la forma en la que había sido interpretada le habían causado gran desazón, porque él nunca había pretendido decir eso. Su definición de «ganar» —que es lo que él decía a sus jugadores siempre— era abandonar el campo habiendo hecho lo mejor que sabían hacer. No tenía nada que ver con la puntuación final. De modo que hasta Vince Lombardi definía la victoria basándose en el *proceso*, no en el resultado final. De hecho, el proceso se convierte en el resultado final.

Tu meta fundamental de éxito y tus metas concretas de éxito

Hemos definido la meta de éxito de la siguiente manera: debe basarse en la verdad y en el amor y tiene que estar bajo tu control al 100%, lo que significa que casi siempre se realiza en el momento presente. Una meta de éxito es el paso siguiente hacia nuestro deseo; determina el qué, el cómo y el porqué de lo que haces, mientras que tu deseo es la torre de la radio, es decir, determina la dirección en la que caminas. En el capítulo 1 establecimos nuestra meta fundamental de éxito, o el estado interno que más deseamos. Pero

---

[1] *Lombardi*, HBO Sports and NFL Films, emitido originalmente en HBO, 11 de diciembre de 2010.

necesitamos algo más que nuestra meta fundamental de éxito para lidiar con las tareas diarias de la vida. Necesitamos *metas de éxito concretas* que nos digan de forma más exacta qué hacer, cómo hacerlo y por qué hacerlo en cada momento presente, y que nos digan también que estamos facultados para hacerlo sin depender de la fuerza de voluntad.

Cuando se trata de fijar metas de éxito concretas, lo más difícil es encontrar algo que esté al 100% bajo tu control, pero un control sano. Este componente es en el que tropiezan muchas personas bien intencionadas. ¿Cómo ejercer exactamente un control sano dentro de tu plan de éxito? La forma más sencilla que yo he encontrado es la siguiente: en cualquier situación, tu meta debe ser hacer lo que hagas desde un estado interior de verdad y amor, durante los treinta minutos siguientes. Eso está bien: es el *Gran principio*. Dará lugar a un control sano en todo momento. Y hasta cumple el requisito de estar bajo tu control al 100%, una vez que se utilizan las herramientas de desprogramación y reprogramación, porque nadie más puede controlar tu estado interior, salvo tú mismo.

En términos prácticos, tu deseo te ayudará a determinar *qué* vas a hacer en los treinta minutos siguientes (tu dirección), pero el *Gran principio* siempre te dirá *cómo* y *por qué* hacerlo: desde el amor, centrándote en el momento presente, y abandonando el resultado final. De hecho, el «qué» ya no es tu objetivo número uno; lo son el «cómo» y el «porqué». Es el *proceso*, no el resultado final, porque tu realidad interna determina siempre tus resultados externos.

No obstante, es posible que hayas notado una ligera diferencia en lo que acabamos de exponer. En primer lugar, hemos añadido «verdad» al amor. La verdad está muy estrechamente relacionada con el amor, pero ahora que, en esta primera parte del libro, hemos explicado la importancia especial de vivir en consonancia con la verdad, la diferencia cobrará más significado, especialmente a medida

que vayas trabajando en el plan de éxito en el capítulo 7. En segundo lugar, cuando aconsejaba a la gente que «hiciera todo desde
la verdad y el amor, centrándose en el momento presente», me di
cuenta de que a muchas personas les resultaba difícil ponerlo en
práctica. Si piensas en ello, lo que les pedía que hicieran era vivir en
el amor cada momento durante el resto de su vida. No es de extra-
ñar que esa sensación agobie a algunas personas, especialmente si,
en el pasado, trataron ya de vivir en el amor, aunque sin éxito, y ello
se convirtió en un agente estresante más en su vida. Pero cuando
empecé a sugerir que vivieran en el amor durante apenas los treinta
minutos siguientes, la mayoría de la gente lo encontró mucho más
factible. Puede que no fueran capaces de hacerlo «para siempre»,
pero podían intentarlo durante los treinta minutos siguientes. Para
ser honesto, si hay algo que me agobia especialmente, no puedo resistir ni treinta minutos. Me digo a mí mismo: *Olvídate de los treinta
minutos. ¿Puedo hacer desde el amor lo que quiera que esté haciendo
durante los próximos cinco minutos?* Y suelo poder hacerlo cinco minutos cada vez, incluso bajo presión extrema.

Ahora que ya hemos explicado los conceptos prácticos en los que
se basa el funcionamiento del *Gran principio*, concretamente cómo
usar las tres herramientas y cómo fijar metas de éxito en lugar de
metas de estrés, ya estamos listos para poner en práctica el *Gran
principio*, algo que haremos paso a paso en la parte III del libro.

PARTE III

Puesta en marcha del *Gran principio*

• • • • • • • • • • •

Capítulo 6

Diagnósticos básicos: identifica y sana la fuente de tus problemas para alcanzar el éxito

Hemos llegado, por fin, a ese punto en el que ya podemos empezar a ensamblarlo todo. Al comenzar este capítulo, siento un redoble de tambor en mi cabeza y en mi corazón, porque he estado esperando durante cerca de veinticinco años el momento de compartir públicamente este procedimiento y solo en el último par de años he podido reunir todas las piezas para completarlo, de modo que ya puedo hacerlo.

Hace ya décadas que supe que vivir en el amor el momento presente (desde un estado interior reprogramado en el amor, la alegría y la paz) era la clave del éxito. Y, mucho antes de que yo me diera cuenta, otros muchos habían pensado lo mismo, incluidos maestros de la religión, consejeros espirituales, gurús de la autoayuda y otros expertos en motivación. Ya sé que he dicho esto antes, pero necesito decirlo una vez más: el problema no es que no sepamos qué hacer. El problema es que más del 99% de las personas no pueden hacerlo, sobre la base del típico plan de éxito que estamos acostumbrados a oír, a saber:

1. centrarse en el resultado final que se desea;
2. crear un plan para conseguir ese resultado final;
3. utilizar la voluntad y el esfuerzo personal para trabajar sobre ese plan y obtener lo que se desea.

Solo en tiempos relativamente recientes la ciencia nos ha demostrado por qué este plan conduce al fracaso en lugar de al éxito, gracias a los estudios llevados a cabo por los investigadores Gilbert, Tiller, Weil, Sarno y otros. A no ser que tu corazón espiritual esté *ya* programado para el éxito, intentar avanzar en contra de la programación de tu corazón espiritual solo con la voluntad es una apuesta de uno contra un millón, porque el corazón espiritual (o lo que el Bruce Lipton denomina la mente inconsciente) es un millón de veces más poderoso que la mente consciente. El problema es que la mayoría de nosotros tenemos en nuestro disco duro virus que nos programan para el fracaso, sobre la base de recuerdos de miedo. Lo que no vemos es siempre pariente de lo que vemos. Las expectativas (centradas en resultados finales) matan la felicidad. Nuestra fuerza de voluntad, por sí sola, nunca nos llevará a vivir la vida que deseamos.

Es muy posible que durante mucho tiempo hayas estado intentando usar la fuerza de voluntad para vivir desde el amor el momento presente y que, probablemente, te hayas echado la culpa a ti mismo por no haber sido capaz. Exteriormente, parte de ti parece vivir de ese modo, pero en tu interior estás hecho un lío. Quizá pienses que tu problema era demasiado grande o que hacías algo mal. Quizá, al comparar tu situación con el éxito (aparente) de otras personas, te preguntes si te pasa algo, ya que no has sido capaz de hacer lo que sabías que necesitabas hacer. Así es como yo me sentía antes de experimentar mi *ajá* transformacional y de descubrir las tres herramientas. Sobre la base de las asombrosas historias de éxito que leía y de los consejos que recibía, simplemente asumí que, si no podía hacerlo, era porque me pasaba algo. Te lo diré claramente: ¡NO SE TRATA DE TI! Por favor, entiéndelo. Deja marchar ese sentimiento de culpa y vergüenza. No ha sido *nunca* por ti. Tú solo intentabas hacer algo que era prácticamente imposible, dada tu programación en ese momento.

Mis hijos se llevan siete años. El mayor, Harry, podía trepar a cualquier parte: se subía a los árboles, trepaba por los postes y podía subir por una cuerda colgada. Cuando íbamos a visitar edificios, ¡trepaba incluso por las columnas! Cuando nos preguntábamos dónde estaba, lo encontrábamos ahí, subido por los aires. Todo el mundo se asombraba, y decía: «¿Cómo lo ha hecho?». Otros niños de su edad no podían hacerlo. Por supuesto George, que era siete años menor que su hermano, le miraba y debía pensar: *¡Yo también puedo hacerlo!*

En el jardín de nuestra casa había un sicomoro alto y recto que no tenía muchas ramas bajas. Harry tenía que dar un brinco y trepar, retorciendo todo su cuerpo, hasta llegar a la primera rama, pero, antes de que te dieras cuenta, ya había subido a lo más alto del árbol. Un día, cuando tenía doce años, Harry estaba sentado en la rama más alta del sicomoro cuando vio a George, que estaba abajo. Le gritó: «¡George, sube!» —sabiendo con certeza que no podía hacerlo. Así que George, de cinco años, vino a decirme emocionado: «Papá, voy a subir al árbol, ¿vale?» Traté de razonar con él. «George, tal vez no puedas trepar a ese árbol. Harry es más grande y más fuerte que tú. No hay ninguna rama baja. No vas a poder hacerlo». Él insistía en que podría. De modo que, al final, di un paso atrás y dije: «De acuerdo, adelante hijo». E inevitablemente, cuando se quedó atascado a dos metros del suelo, lejos aún de poder alcanzar la primera rama, tuve que ayudarle a bajar.

Nos sucede esto muchas veces. Vemos a otras personas en lo alto del árbol, por así decirlo, o al menos pensamos que lo están. De modo que decimos «¡Voy a subir yo también!». Nos ponemos en marcha y tratamos de hacer lo mismo recurriendo a expectativas y fuerza de voluntad. Pero lo que acaba sucediendo es que generalmente ellos no estás realmente en lo alto del árbol como pensábamos que estaban; solamente daba esa impresión, dada nuestra perspectiva desde el suelo. O puede que tuvieran una escalera, la herramienta adecuada. O tal vez quisieran que todo el mundo *pensara* que estaban en la cima, cuando en realidad no lo estaban. O puede que estuvieran efectivamente en la cima, pero que tuvieran una programación completamente diferente de la tuya. Como en mi ejemplo, llegar a lo alto de ese árbol sin ayuda adicional simplemente no podía a suceder.

Puede que, cuando nos ponemos estas expectativas y tratamos de usar la fuerza de voluntad para alcanzarlas, estemos actuando como un niño de cinco años. Pero como un padre amoroso tendría compasión y comprensión hacia un niño que actúa de acuerdo con los que piensa que está bien en ese momento, nosotros también deberíamos ser compasivos con nosotros mismos. Simplemente no lo sabíamos, no disponíamos de todos los hechos. Es como cuando todos creían que la Tierra era el centro del universo, o que la Tierra era plana, o como cuando no sabíamos que llevábamos en las manos todos esos organismos invisibles denominados gérmenes. Este libro te ofrece una nueva tecnología para aplicar conocimientos que siempre han estado ahí, pero para los cuales solo recientemente se han descubierto evidencias científicas.

La cuestión es que, para alcanzar el éxito que deseamos, debemos ser ese uno entre un millón capaz de superar la programación del subconsciente mediante la voluntad consciente; de lo contrario, necesitaremos una ayuda sobrenatural, milagrosa, o bien un nuevo plan y herramientas totalmente nuevas. He visto muchos, muchos milagros en mi vida y en las vidas de los demás, y yo siempre aconsejo, en primer lugar, una oración, incluso a día de hoy.

Pero también creo que tenemos algunas herramientas milagrosas —una nueva tecnología— que pueden programarnos de forma específica para el éxito, sin recurrir a la fuerza de voluntad. Por continuar con la metáfora del ordenador que hemos utilizado a lo largo de todo el libro, estas herramientas cargan un nuevo programa en tu disco duro, que automáticamente te desprograma y reprograma en los aspectos en los que lo necesitas. Todo cuanto tenemos que hacer es sentarnos delante del ordenador y utilizar el teclado, y seremos capaces de hacer cosas que nunca habíamos sido capaces de hacer antes. Comencemos, así pues, por algunos diagnósticos básicos.

Identificación de los virus básicos del disco duro humano

Cuando trabajo con clientes, casi todos requieren una «desprogramación y una reprogramación básicas» antes de poder empezar a trabajar sobre sus metas de éxito y a poner realmente en práctica el *Gran principio*. En este capítulo he incluido tres diagnósticos para el trabajo de desprogramación y reprogramación, que aconsejo aplicar a cualquiera antes de comenzar. Mi recomendación es no escoger uno o dos de ellos, sino hacerlos todos. En efecto, abordan los problemas desde ángulos distintos, pero actúan en sintonía para ayudarte a sanar completamente tus recuerdos de origen. Cuando hayas completado esta programación básica, estarás listo para empezar el procedimiento completo de cuarenta días que se detalla en el capítulo 7 y que prácticamente garantiza el éxito en cualquier área de la vida.

No obstante, has de saber que este tipo de reprogramación básica puede desenterrar tus problemas mayores y más complicados. Algunos de estos problemas pueden haber permanecido dormidos durante años, décadas o incluso generaciones. Si empiezas a ahondar en estos diagnósticos y te sientes empantanado o simplemente no sientes que estés tocando esos problemas ocultos antes de empezar a trabajar en uno o dos problemas de éxito con los que sabes que necesitas ayuda, sigue adelante y pasa al siguiente capítulo. Puedes comenzar este programa por los diagnósticos básicos o por el plan de éxito, pues el plan de éxito te permitirá trabajar sobre los mismos problemas que ponen de manifiesto los diagnósticos pero en un contexto más concreto —a saber, de qué manera estos problemas están bloqueándote e impidiendo que alcances el éxito que deseas, en estos momentos. Siempre existe la posibilidad de volver a este capítulo para realizar la desprogramación y la reprogramación completas cuando estés preparado.

Pero si realmente tienes interés y deseas trabajar en estos diagnósticos básicos, verás que el plan de éxito te resulta más rápido y fácil. Ciertamente, habrá cosas que te «sorprenderán» en la lectura de los diagnósticos básicos: sucede prácticamente siempre. Esa sorpresa puede acabar siendo una clave muy importante para alcanzar éxito.

Diagnóstico 1. EL BUSCADOR DE PROBLEMAS DE ÉXITO

Lo primero que te aconsejo que hagas es entrar en www.thegreatestprinciple.com y realizar nuestro test del Buscador de problemas de éxito. Es el único test de este tipo que existe en el mundo (que sepamos) y lo tienes gratis por haber comprado el libro. En todo el mundo, médicos, directivos, ministros, trabajadores sociales y profesores lo utilizan como herramienta fundamental para descubrir el origen subyacente de los problemas de clientes y estudiantes —en otras palabras, los virus de su disco duro. Este test diagnostica las causas originales de todos tus problemas y bloqueos para alcanzar el éxito, ya sean físicos, emocionales, espirituales o incluso circunstanciales.

El Buscador de problemas de éxito es un diagnóstico espiritual en diez minutos, aunque no tiene nada que ver con la religión. Pero se denomina diagnóstico espiritual porque diagnostica los problemas del corazón espiritual.

Hace cerca de veinte años, cuando descubrí los manuscritos antiguos acerca de los problemas del corazón, nuestras creencias inconscientes y subconscientes y su efecto sobre la salud y todo lo demás, busqué por todo el mundo alguna prueba que permitiera diagnosticar con precisión estos problemas subyacentes de origen. No pude encontrar ninguna. Traté entonces desesperadamente de crear una prueba que pudiera diagnosticar esos problemas. Ese intento no tuvo éxito. Afortunadamente uno de los núcleos de mi trabajo doctoral en psicología fue la psicometría, es decir el diseño y la administración de pruebas, y fue allí donde descubrí varias piezas que faltaban. Volví a trabajar en la prueba con un equipo de programadores informáticos, la psicóloga clínica Lorna Meinweiser y Tom Costello, una de las personas más brillantes que conozco, y, *voilà*, unos años más tarde nacía el Buscador de problemas del corazón y, después de eso, el Buscador de problemas de éxito.

Desde entonces muchas personas —después de décadas de asesoramiento y terapia, innumerables pruebas, estanterías enteras de libros de autoayuda y mucho probar y probar tanto física como psíquicamente— han compartido con nosotros que el test del buscador de problemas dio con la verdadera fuente de sus dificultades en diez minutos. ¿Cómo lo supieron? En primer lugar, muchos de ellos lo supieron de forma meramente intuitiva, como cuando sabes que estás enamorado. Pero, en segundo lugar, también lo supieron, porque, cuando empezaron a centrarse por primera vez en sanar la verdadera fuente de su problema identificada mediante esta técnica de valoración, sus síntomas de larga duración mágicamente desaparecieron.

NOTA: Tras publicar *El código de curación*, que daba a la gente acceso *on-line* al Buscador de problemas del corazón (enfocado fundamentalmente a cuestiones de salud), me preguntaron por qué no había incluido una copia impresa del test en el libro. La razón es muy sencilla: la prueba existe solamente *on-line,* porque se basa en un complicado algoritmo matemático y solo resulta práctica por ordenador. Lo mismo puede decirse del Buscador de problemas de éxito. Si la posibilidad de ofrecer esta maravillosa herramienta hubiese estado supeditada a su réplica completa en el libro (preguntas, puntuación e interpretación), no habría podido ponerla a tu disposición. Inmediatamente después de completar el test, se genera una interpretación personalizada en ocho a quince páginas de tus problemas espirituales subyacentes, relacionados con el éxito en la vida. En otras palabras, tendrás todos los detalles sobre la verdadera fuente de tus problemas de éxito y sus soluciones, adaptadas especialmente para ti. Y te alegrará saber que una de las cosas mejores del test es que es gratuito por la compra del libro. De hecho, no tiene coste alguno para ti y tu familia, desde este momento. Realízalo una vez al mes y, según vayas desprogramándote y reprogramándote, comprueba tu cambio en la puntuación.

Uso del test del Buscador de problemas de éxito

En función de tus respuestas, el test del Buscador de problemas de éxito genera una puntuación (entre -10 y +10) para dieciséis cuestiones distintas que es posible que se escondan tras los problemas visibles de tu vida, y que te estén apartando del éxito. Tu interpretación personalizada incluirá una sólida descripción de cada uno de los siguientes problemas potenciales:

- falta de perdón, frente a perdón
- actos dañinos, frente a actos beneficiosos
- creencias equivocadas, frente a creencias transformadoras

- egoísmo, frente a amor
- tristeza/depresión, frente a alegría
- ansiedad/miedo, frente a paz
- impaciencia, frente a paciencia
- rechazo/hostilidad, frente a amabilidad
- no ser lo suficientemente bueno, frente a bondad
- control, frente a confianza
- orgullo malsano/arrogancia/control de la imagen, frente a humildad
- control malsano, frente a autocontrol sano
- estados internos
- enfoque externo
- fijación de metas
- orientación al éxito

Te invito en este mismo momento a entrar en la página www.thegreatestprinciple.com y realizar el test. Asegúrate de responder a las preguntas a la luz de cómo sueles sentirte en general, en otras palabras, en un día medio. Si justo en este momento te sientes mal, tu tendencia será a responder a las preguntas basándote en tus malas sensaciones en este momento. O puede que te sientas excepcionalmente bien y entonces responderás a las preguntas sobre la base de tus sensaciones excepcionalmente buenas de ese momento. Esta tendencia puede distorsionar la prueba, de modo que, para una lectura más precisa, responde basándote en cómo te sientes habitualmente. También puedes realizar el test para identificar las causas subyacentes a un problema específico en tu vida, como tu trabajo o una relación en particular. Simplemente responde a cada pregunta (en la medida de lo posible) contemplando ese problema. Puedes completar el test múltiples veces para abordar tantos problemas específicos como desees.

Cuando recibas los resultados de la evaluación, en primer lugar fíjate en las puntuaciones más bajas. Pongamos que tus puntuaciones más bajas han sido para Paciencia (−5), Paz (−3) y Amor (−3). Es probable que estas puntuaciones más bajas identifiquen el origen más intenso de las cuestiones que más te preocupan en la vida, donde más necesitas una intervención sanadora y éxito. También suelen ser el origen de las metas finales que te has marcado y la razón por la que no sabes lo que realmente quieres. El dolor por estas cuestiones de puntuación más baja hace que te centres en tus circunstancias externas para encontrar alivio. Como aprendimos en el capítulo 2, tendemos a malinterpretar el origen del dolor como procedente de circunstancias externas, en lugar de identificar el origen en esos asuntos espirituales subyacentes que residen en nuestros recuerdos, a menudo con varias generaciones de antigüedad. En los resultados encontrarás la interpretación de lo que significa en la práctica tu puntuación en cada una de estas áreas. Por ejemplo, he aquí lo que dice el test para una puntuación de Paciencia de −5:

En el área de la Paciencia, tu puntuación es de −5 en una escala de −10 a +10.

Puede que te sientas a menudo impaciente o enfadado cuando las cosas no ocurren tan rápidamente como tú quisieras. Cuando quieres algo, te cuesta esperar por ellas. Tus metas están a menudo enraizadas en el egoísmo, y no en la verdad y el amor. Puedes aprender a marcarte metas verdaderas de amor y encontrar la paz y la alegría en la vida.

A continuación, observa tus puntuaciones más altas. Son tus dones y tus puntos fuertes, aquello en lo que eres mejor. Utiliza este conocimiento en tus relaciones, en tu carrera y en cualquier cosa que hagas, para potenciar tus resultados —así jugaría un equipo deportivo, aprovechando sus puntos fuertes—. Por ejemplo, yo fui a la universidad con una beca de tenis. En realidad, no era muy bueno, pero tenía fuerza y odiaba perder. De modo que recorría toda la pista de punta a punta para devolver cada bola, lo cual solía resultar frustrante a mi contrincante. Mi punto débil era el revés, así que debía compensarlo: corría para evitar el revés y golpear la bola del derecho. Debía colocarme en la pista en una posición que hacía difícil para mi oponente enviarme una bola de revés. Todo este trabajo de compensación y protección requería muchas energías, pero de hecho llegaba prácticamente a anular mi debilidad. De modo que creo en ambos enfoques: eliminar la debilidad y reforzar los puntos fuertes. ¡Haz ambas cosas! El Buscador de problemas de éxito te ayudará con ello.

No te desanimes si tu puntuación más alta no parece muy alta. Pongamos que tu mayor puntuación es +2 para Autocontrol. Esto es lo que diría el test:

En el área de autocontrol, tu puntuación es +2 en una escala de −10 a +10.

Puede que te sientas con derecho a todo, que tengas la sensación de que otros deberían hacer cosas por ti o de que el mundo te debe éxito. O tal vez sientas como si no fueras capaz de alcanzar el éxito y querrías abandonar. Cuando dejes marchar viejas creencias dañinas y recuerdos tóxicos de tu memoria celular, podrás vivir fortalecido por la verdad y el amor.

Puede que esto no te parezca precisamente un punto fuerte. Pero cuando se tiene una intensa programación basada en el miedo, esa programación negativa funciona como una presa respecto de los puntos fuertes, reteniéndolos en contra de su deseo. Puede que solo dispongas de la herramienta de tu voluntad para luchar contra esa fuerza exponencialmente mucho mayor (es decir, la programación de tu corazón espiritual). Pero una vez que desprogrames el miedo de tu corazón espiritual y lo reprogrames con amor utilizando las tres herramientas que has aprendido a utilizar en el capítulo 4, estos puntos fuertes quedarán libres y fluirán como una riada. Por ahora, utiliza tu mente consciente para aplicar amor a tu situación: considera que estás haciendo lo mejor que puedes hacer en todas las áreas, incluso en aquellas en las que presentas las puntuaciones más bajas. Sea cual sea tu puntuación, sé condescendiente contigo mismo, no te sentencies. Vamos a cambiarlas.

Uso de las tres herramientas con el diagnóstico del Buscador de problemas de éxito

Identificar exactamente dónde reside el origen de tus problemas de éxito puede ser la llave perdida que lo desbloquee todo en tu caso. En una ocasión tuve un cliente que vivía en Los Ángeles y que tenía tres trabajos. Había probado todos los planes de éxito existentes bajo el cielo y aún sentía que no sabía cuál era su problema. Cada profesional al que acudía en busca de ayuda le decía algo diferente, y se estaba quedando sin dinero. Realizó el test del Buscador de problemas de éxito y descubrió que la puntuación más baja era la correspondiente al enfoque externo. En un momento supo que ese problema era lo que estaba bloqueándole: sabía ya que un enfoque externo desencadena por naturaleza nuestra respuesta de estrés y actúa directamente oponiéndose al éxito y empezó a ver con claridad que el enfoque externo condicionaba su forma de vivir a diario. Cuando se dio cuenta de la conexión, rezó, meditó y utilizó las tres herramientas para sanar su programación subyacente en lo referente a esa tendencia. Un año más tarde me llamó para contarme que sus ingresos habían aumentado dieciséis *veces*. No un 16%, no 16.000 dólares más, sino dieciséis veces. Me decía que todo había sido gracias al Buscador de problemas de éxito, que le había permitido trabajar directamente sobre el verdadero origen de sus problemas para alcanzar el éxito. He visto otros casos de individuos que identifican por primera vez el verdadero origen de su problema y este sana inmediatamente, sin hacer nada más.

Pero como ahora ya sabes, la identificación de tus problemas de origen no suele se suficiente para sanarlos. Afortunadamente, ahora tienes las herramientas adecuadas para hacerlo. Para sanar los problemas de origen identificados mediante el Buscador de problemas de éxito, comienza por tu puntuación más baja y utiliza las tres herramientas presentadas en el capítulo 4: la medicina energética, la pantalla del corazón y las declaraciones de reprogramación. Volviendo al primer ejemplo, si tu puntuación más baja era la de la Paciencia, piensa en algún momento en el que te sentiste particularmente impaciente. Cuanto más atrás te remontes en tu memoria, mejor será, pues más cerca estarás del recuerdo de origen. Pero si solo eres capaz de recordar lo impaciente que te sentiste esta mañana, también vale. En este test puedes utilizar las tres herramientas de dos maneras: puedes aplicar la herramienta de la medicina energética, la herramienta de la pantalla del corazón o ambas al problema específico que presenta la puntuación más baja, siguiendo las instrucciones del capítulo 4 paso a paso. O puedes utilizar la técnica combinada del capítulo 4, pues las declaraciones de reprogramación también garantizan tu paso a través de todas las cuestiones de origen que pueden ser la causa de tu puntuación más baja. Puedes usar el planteamiento que más te guste; dan lugar a los mismos resultados, aunque de distinta manera.

Sigue aplicando estas herramientas a tu puntuación más baja durante un mes si es necesario, y retoma el test del Buscador de problemas de éxito al cabo de este tiempo para valorar tus progresos. Nota: si observas que el problema se ha arreglado en un día, ¡genial!; simplemente realiza de nuevo el test al día siguiente. Encontrarás que, a medida que las herramientas empiezan a sanar el problema en el que estás trabajando, tu puntuación más baja aumentará y seguramente no volverá a ser ya tu puntuación más baja. Cuando esto suceda, toma tu nueva puntuación más baja y comienza a aplicar las tres herramientas a esa cuestión, siguiendo el procedimiento anterior.

El objetivo evidente es obtener puntuaciones positivas altas en cada área. Pero he observado que cuando las personas aplican estas herramientas a sus puntuaciones más bajas del test, pasan con el tiempo por varios puntos de referencia naturales, que suelen ir acompañados de un gran logro que les permite avanzar al siguiente nivel de éxito. La primera referencia se produce cuando no tienes puntuaciones negativas; todas tus puntuaciones individuales (medidas de −10 a +10) son positivas. La segunda referencia se registra cuando todas las puntuaciones son iguales o superiores a +3. El tercer punto de referencia se da cuando todas las puntuaciones son +5. Y el cuarto cuando todas las puntuaciones son +7. Para medir y administrar tu mejoría, te animo a conseguir en cada momento la marca siguiente, en lugar de aspirar a obtener +7 en todo desde el principio. Además del hecho de que cada punto de referencia suele ir acompañado de un logro, fraccionar el objetivo más grande en pasos es mucho menos intimidador que, por ejemplo, tratar de pasar de −3 en la mayoría de las áreas a +7 en todas las áreas. La mayor parte de la gente encuentra este planteamiento mucho más factible.

Cuando alcances la cuarta referencia de +7 en todas las categorías (y lo harás, si sigues el procedimiento del libro), estarás viviendo en el amor, la alegría, la paz y la verdad, momento a momento, día a día, independientemente de tus circunstancias externas. Estarás viviendo en las alturas, respirando el aire que pocas personas han respirado. Te sentirás como si hubieses alcanzado el mayor éxito que pudieras alcanzar nunca. Pero hay algo más: con el tiempo, tu nuevo estado interior transformará milagrosamente tus circunstancias externas. Por supuesto, esto no es en absoluto un milagro; simplemente estás viviendo en armonía con las leyes espirituales y físicas de la naturaleza, del modo en el que el ser humano fue diseñado para vivir.

Diagnóstico 2. LAS PREGUNTAS DEL GENIO A LA INVERSA

La ansiedad es epidémica en nuestra sociedad actual. En Estados Unidos cuarenta millones de adultos han sido diagnosticados clínicamente como afectados por un trastorno de ansiedad (el 18 por ciento de los adultos de aquel país) y esta cifra no incluye el número mucho más elevado de personas que sufren ansiedad no diagnosticada, según un patrón diario y crónico [1]. Cuántos de nosotros nos hemos hecho adictos al miedo, viviendo constantemente en estado de estrés, cuando el miedo nunca debería ser la sensación principal en nuestra vida. Como ya sabes, la causa de nuestro miedo constante reside en que nos centramos en circunstancias externas y en resultados finales. Céntrate en cuestiones interiores (amor, alegría y paz), renuncia a los resultados finales, y el miedo y el estrés se disiparán.

Thomas Peris, de la Universidad de Boston, realizó uno de los estudios más extensos de la historia sobre personas centenarias. En-

---

[1] «Facts and Statistics», Anxiety and Depression Association of America, www.adaa.org/about-adaa/press-room/facts-statistics.

contró que estas personas tenían en común la tendencia a *no preo-cuparse*[2]. Lógicamente, esta observación concuerda con la afirmación que hemos realizado de que el estrés es la causa del 95% de todas las enfermedades y dolencias. Dado que el miedo es causa de estrés, tiene sentido que las personas que no se preocupan (no tienen miedo) sean mucho menos propensas a desarrollar dolencias y enfermedades que acortan la vida. Estudiosos de la Biblia me han hecho saber que las Sagradas Escrituras dicen «No temas» *365 veces*. Tendría sentido para el creador/origen de nuestro cuerpo y nuestra mente repetir esta frase tan a menudo, sabiendo lo que el miedo, la preocupación y el estrés podían hacernos.

El diagnóstico consistente en la realización a la inversa de las preguntas del genio identifica el miedo que está actuando en tu vida en el momento presente. ¿Recuerdas las tres preguntas sobre la meta fundamental de éxito que respondiste en el capítulo 1 y que identificaban lo que realmente más deseabas en la vida? Por si no las recuerdas, aquí las tienes otra vez:

1. ¿Qué es lo que deseas en este momento más que ninguna otra cosa? (es decir, tu deseo para el genio)
2. Si consiguieras lo que más deseas de la pregunta 1, ¿qué supondría para ti y en qué cambiaría tu vida?
3. Si consiguieras lo que expones en tus respuestas a las preguntas 1 y 2, ¿cómo te sentirías?

Este segundo diagnóstico incluye también tres preguntas, pero a la inversa. Estas preguntas revelarán aquello a lo que tienes más miedo y, en consecuencia, identificarán lo que necesitas despro-

---

[2] Para más información sobre el New England Centenarian Study del doctor Peris, véase www.bumc.bu.edu/centenarian.

gramar y reprogramar para eliminar tu virus interno. Puedes responder a cada pregunta ahora, a medida que avanzamos en la explicación.

1. **¿Qué es lo que temes más que ninguna otra cosa en este momento?** Tómate el tiempo necesario para pensar seriamente en esta pregunta. Cuando tengas tu respuesta, exponla con detalle.

Tu respuesta a la pregunta 1 revela la circunstancia negativa en virtud de la cual actualmente estás más centrado en la fuerza de voluntad, en expectativas negativas y en el estrés. Crees que si se produce esa circunstancia, no estarás bien. Pero esa circunstancia es también lo que tú estás creando en este preciso momento en tu vida.

¿Por qué? En primer lugar, no habrías podido dar la respuesta que has dado si esa imagen no estuviera ya en tu corazón espiritual. Tienes que ser capaz de ver en tu corazón espiritual, pues, de lo contrario, no podrías formar las palabras para describir esa imagen. En segundo lugar, nuestro corazón no diferencia lo que es real de los que es imaginado. Lo que es imaginado es real para el corazón, de manera que cualquier cosa que esté en nuestro corazón espiritual está sucediendo realmente y ahora mismo para él, y en consecuencia para nuestro cuerpo. *Recuerda:* la experiencia del corazón espiritual es 100% a tiempo real y con sonido envolvente. De modo que, cada vez que ves la imagen de lo que más temes, tu corazón espiritual altera tu fisiología orgánica para responder a la urgencia que se presenta en ese momento, con el fin de salvarte la vida. Siempre que piensas en eso que más temes, estás poniéndote a ti mismo en una situación de lucha o huida, sin que en realidad haya sucedido nada externamente.

2. Si aquello que más temes sucediera realmente (tu respuesta a la pregunta 1), **¿en qué cambiaría tu vida y qué supondría para ti?**

Tu respuesta a la pregunta 2 profundiza un poco más: revela las circunstancias externas de tu vida que, de forma subyacente, te da miedo perder, o que no tienes y temes que te sean impuestas. Como en la pregunta 1, tu respuesta aquí también lleva el nombre de las circunstancias concretas que estás creando en tu vida en este momento —posiblemente solo porque las temes, no porque sea probable que vayan a suceder por sí solas—. En otras palabras, nuestro miedo aumenta enormemente la probabilidad de que la respuesta a la pregunta 2 (y a la número 1, para esta cuestión) suceda realmente en el futuro, de manera completamente independiente de la probabilidad objetiva de que suceda por sí sola.

Con frecuencia, todas las respuestas imaginadas para la pregunta 2 no ocurrirían jamás, bajo ninguna circunstancia. Las estadísticas nos dicen que más del 90% de las cosas que nos preocupan nunca suceden e, incluso si ocurren, casi nunca son tan difíciles o terribles como las habíamos imaginado. En su charla TED, *The Surprising Science of Happiness* (La ciencia sorprendente de la felicidad), Dan Gilbert comparte datos de un estudio de investigación llevado a cabo entre ganadores recientes de la lotería y personas que acababan de quedar parapléjicas [3]. Al inicio del estudio, el estado subjetivo de felicidad de los nuevos ganadores de la lotería era llamativamente superior al de los parapléjicos. Seis meses más tarde, no había diferencia. Esto se denomina *adaptación psicológica*. (Una nota: la adaptación psicológica es un mecanismo de afrontamiento, no un signo

---

[3] Dan Gilbert, «The Surprising Science of Happiness«», *TED talks*, 26 de abril de 2012, www.youtube.com/watch?v=4q1dgn_C0AU.

de curación. De hecho, la adaptación psicológica significa que *no* se ha producido curación).

El punto crucial de este ejemplo es que las cosas que creemos que devastarán nuestra vida casi nunca lo hacen. Sin embargo, muchas cosas que pensamos que no son gran cosa, *llegarán* de hecho a destruir nuestra vida con el tiempo. La razón por la cual la mayor parte de la gente piensa en respuestas catastróficas para la pregunta número 2 es que creen que las circunstancias externas resultantes de la pregunta 1, de producirse, serían el mayor problema de su vida. Pero esto no es cierto: de hecho, esta mentira/mala interpretación es el origen del miedo. La verdad es que el mayor problema de nuestra vida sería responder a la pregunta 1 del capítulo 1 (¿qué es lo que deseas en este momento más que ninguna otra cosa?) *con una circunstancia externa*, ya que perseguir una circunstancia externa por encima de todo lo demás es lo que desencadena nuestra respuesta de estrés y causa todos nuestros problemas, tal y como hemos explicado a lo largo de la mayor parte del libro.

Ahora bien, si nuestro mayor problema es responder a la pregunta 1 del capítulo 1 con una circunstancia externa, nuestro *segundo* mayor problema viene dado por la respuesta a la pregunta 3 del Diagnóstico de preguntas de genio a la inversa. La identificación de este problema es el objetivo de dicho diagnóstico.

3. Si tus respuestas a las preguntas 1 y 2 ocurrieran realmente en tu vida, ¿cómo te sentirías?

Del mismo modo que en el capítulo 1 tu respuesta a la pregunta 3 reveló qué era lo que realmente deseabas, aquí la respuesta a la pregunta 3 identifica tu problema real, muy posiblemente el mayor (o segundo mayor) problema de tu vida. Probablemente sea tu estado interior en este momento lo que esté causando más estrés que ninguna otra cosa. Proviene de tu banco de memoria, de tu programación dolor/placer/miedo y de tus creencias fundamentales, tus pensamientos y sentimientos. A muchas personas les resulta muy difícil responder a esta pregunta. Según mi experiencia, la gente llega a la pregunta 3 y se derrumba por completo, porque su respuesta es realmente la peor experiencia que pudieran imaginar. Pero es que realmente lo están experimentando *ahora mismo*. El corazón espiritual siempre vive el presente y visualizar algo en la pantalla del corazón no es cuestión de «si» sucede: está sucediendo en la vida real, y en este preciso instante.

Afortunadamente, si sanas los recuerdos de origen de tu respuesta a la pregunta 3, notarás una diferencia monumental en prácticamente todas las áreas de tu vida. En algún lugar, sea cual sea el área a la que se refiera la pregunta 3, estás creyendo en una mentira sobre ti mismo, sobre los demás, Dios, tus circunstancias o todo al mismo tiempo. Sana la mentira y tus sentimientos internos y, al instante, tus circunstancias externas empezarán a transformarse.

Las preguntas del genio a la inversa: el caso de Neil

Cuando trabajo sobre estas preguntas con mis clientes, el tipo de cosas que la gente más teme en nuestros días tiene que ver con la cuestión económica. Este era el caso de Neil, que había sido despedido del trabajo tres meses antes y, desde entonces, solo había podido encontrar trabajos esporádicos aquí y allá. El estrés estaba empezando a paralizarlo y ello le llevaba a no hacer un buen papel en las entrevistas de trabajo, lo cual le estaba abocando a un círculo vicioso negativo. Su mujer estaba en casa con un bebé y un niño pequeño y sus ahorros empezaban a menguar a pasos agigantados. Cuando comenzamos con esta pregunta 1 (¿Qué es lo que temes más que ninguna otra cosa en este momento?), la respuesta de Neil fue muy concreta: «No voy a tener dinero suficiente a fin de mes para comer». Después hice a Neil la pregunta 2: «Si a fin de mes realmente no tuvieras suficiente dinero para pagar la hipoteca y comprar comida, ¿cómo cambiaría tu vida y qué supondría para ti?». Su respuesta fue: «El banco nos embargaría la casa, mi familia se quedaría sin hogar y pasaría hambre y tendríamos que irnos a vivir con mi cuñado».

Le expliqué a Neil lo que ya he explicado aquí. Comenzamos por entender que: *a)* era muy poco probable que el banco embargara su casa como resultado directo de no tener dinero suficiente ese mes para pagar la hipoteca, y *b)* era más probable que sucediera simplemente porque era lo que él temía. La verdad es que seguramente podría aceptar un préstamo temporal de su familia para pagar la hipoteca, incluso si no encontraba un trabajo de jornada completa en muchos meses. E incluso en el supuesto de que no quisiera pedirles un préstamo, seríamos capaces de encontrar un buen número de otras soluciones a corto plazo para responder al pago de la casa y conseguir comida suficiente para su familia. Comenzó así a comprender de qué modo su miedo se basaba en una mentira, aunque este entendimiento no había llegado aún a su corazón espiritual.

Entonces le pregunté a Neil lo siguiente: «Si lo que temes sucediera realmente, ¿cómo te sentirías?». Me respondió: «Estaría avergonzado. Me sentiría como un completo fracasado ante mi mujer, mis hijos, la familia de mi mujer y ante mí mismo». Le dije que la misma explicación que era cierta para la respuesta a la pregunta 2 era aplicable a la pregunta 3: no era una realidad que esa vergüenza fuera a producirse en el futuro. Lo que ocurría es que esa vergüenza ya existía en su corazón espiritual como un virus en su disco duro y tenía que ser eliminada inmediatamente, como un virus de ordenador, si esperaba tener alguna vez la vida que deseaba tener.

La buena noticia es que este diagnóstico había identificado un virus concreto del disco duro de Neil: la vergüenza. La sentía constantemente en su corazón espiritual y tarde o temprano se habría manifestado en sus circunstancias externas, ya fuera impidiéndole hacer un buen papel en las entrevistas de trabajo o encontrar un trabajo de jornada completa, ya fuera causándole un importante problema de salud o un sinfín de síntomas negativos. De modo que aplicamos las tres herramientas a su experiencia de vergüenza, con el fin de desprogramar ese miedo y reprogramarlo como amor. Esto no sucedió inmediatamente. Usamos una de las herramientas en una sesión y Neil fue capaz, en general, de valorar su sentimiento de vergüenza con una puntuación de 1 o inferior inmediatamente después de la sesión, pero reaparecería de nuevo una semana más tarde al inicio de nuestra siguiente sesión.

No obstante, al mismo tiempo, su estrés interno fue disipándose y fue encontrándose más relajado en sus entrevistas. Muy pronto encontró un trabajo a tiempo completo, que no era exactamente de su campo, pero que le proporcionaría un salario regular con el que cubrir los gastos básicos de la familia. Su estado interior y sus circunstancias externas daban pruebas de que el miedo de su corazón espiritual estaba siendo reprogramado en forma de amor. Y por si fuera poco, en una de nuestras revisiones telefónicas programadas, cuando le pregunté de nuevo qué es lo que le daba más miedo, no se le ocurrió nada. Las herramientas habían eliminado por completo el miedo, de tal modo que ahora no le asustaba nada.

Uso de las tres herramientas con las preguntas del genio a la inversa

Como hizo Neil, para eliminar el miedo y el estrés y dejar de crear la realidad externa que más temes sobre la base de tu estado interior, necesitas el tipo de curación interior que te permita responder a la pregunta 1 con un «nada». Si tu vida no está en peligro en este momento, la respuesta de una programación interior sana y en buen funcionamiento sería: «No tengo miedo a nada en este momento». Te lo prometo, es posible. Hay personas, en todo el mundo, que han seguido este procedimiento y que ahora experimentan esa realidad. Para eso exactamente sirven las tres herramientas.

Ahora quiero que lo hagas tú. Quiero caminar de la mano contigo para asegurarme de que tu respuesta a la pregunta 3 no es la descripción de tu vida a largo plazo. Vuelve a la respuesta que has dado más arriba. Siguiendo las instrucciones marcadas en el capítulo anterior, utiliza las tres herramientas en tu respuesta a la pregunta 3, hasta que tu respuesta a la pregunta 1 sea «No tengo miedo a nada». Puedes usar las herramientas una a una, puede utilizar la herramienta de la medicina energética y la de la pantalla del corazón juntas para tu respuesta a la pregunta 3 o puedes usar la técnica combinada, permitiendo que las declaraciones de reprogramación diagnostiquen y sanen la convicción esencial que se esconde tras tu respuesta a la pregunta 3. Tal vez tardes un día, una semana, un mes, incluso un año (si bien no es habitual). El tiempo que te lleve será el más adecuado para ti. Tendrás el resto de tu vida para vivir en el amor, libre de miedos.

Diagnóstico 3. VOTOS DE VIDA

A lo largo de los años he conocido a muchas personas que, en un momento dado, se han sentido atascadas en una u otra área de su vida. Lo han probado todo, pero simplemente parece como si no pudieran avanzar. Puede que incluso manifiesten un comportamiento adictivo o malos hábitos en múltiples áreas. La razón es, casi invariablemente, que hicieron un voto de vida.

Un voto de vida es una promesa que hacemos, generalmente en una etapa temprana de la vida y bajo extrema presión y dolor, para protegernos a nosotros mismos ante la posibilidad de volver a experimentar ese dolor. Consciente o inconscientemente, hacemos un voto que dice: «Si puedo conseguir esto (o evitarlo), renunciaré a eso». Por ejemplo, puede que tus padres discutieran mucho cuando eras niño, y que eso a menudo te asustara. Un día, tal vez tu mente subconsciente hizo una promesa, o un trato, para proporcionarte algo de alivio. Puede que tu mente dijera: «Haré lo que sea, con tal de alejarme de papá y mamá gritando». De modo que, desde niño, empiezas a hacer algo que te aparte del dolor de los gritos: te escondes en el sótano, fantaseas sobre un amigo o un lugar imaginario, lo que sea, sin importar las consecuencias. Has conseguido alejarte de los gritos distanciándote de tus padres, y puede que también de todos los demás.

Ese voto de vida se convierte en la programación del individuo para toda la vida. Ya de adulto, un voto temprano puede traducirse en algo así como «Puede que tenga que renunciar a la vida familiar que me gustaría tener, pero en ningún caso voy a estar en un lugar donde todo el mundo grita». Afecta a todas tus relaciones y no sabes por qué. Te obliga a vivir constantemente en modo de autoprotección, lo cual equivale a un estado de continuo estrés masivo. Un voto de vida es una fuerte convicción del tipo «Lo necesito para sobrevivir», que supone un círculo vicioso, incluso si tienes treinta y cinco años y no necesitas en absoluto esa situación para sobrevivir. Los votos de vida explican también el motivo por el cual puede parecer, por fuera, que las personas lo tienen todo, pero por dentro no son capaces de disfrutar de ello.

Los patrones de comportamiento autodestructivos y cíclicos proceden de votos de vida. Como adulto, si te preguntas «¿Por qué sigo haciendo esto? ¡Parece como si no pudiera parar!», probablemente hicieras de niño un voto de vida. Su fuerza no depende de ninguna definición objetiva de trauma ni de su comprensión consciente como adulto. Depende de cuánta adrenalina y cortisol inundaron tu cuerpo como parte de la respuesta de estrés en el momento de realizarse ese voto. Los votos de vida se realizan de forma característica durante el estado de onda cerebral delta/theta, cuando existe una cantidad excesiva de adrenalina liberada. Si en aquel momento, siendo un niño, viviste esa situación como extremadamente estresante, ese voto de vida puede estar guiando tu vida, incluso si tu mente adulta ve la experiencia original como si no fuera un problema o incluso si no tienes ni idea de la existencia de ese voto. La experiencia interior, la percepción y la interpretación lo son todo cuando se trata del corazón espiritual.

El diagnóstico del voto de vida: el caso de Stacey

Volviendo a la época en la que trabajaba como consejero o terapeuta a tiempo completo, tuve una clienta, Stacey, con múltiples adicciones: chocolate, alcohol, sexo, compras, telenovelas y muchas otras. Había seguido terapia durante años, pues era consciente de que tenía múltiples comportamientos compulsivos, y deseaba desesperadamente acabar con ellos, pero no había encontrado nada que la ayudara a largo plazo. Me dijo exactamente: «Siento como si nada en mi vida fuera real». De hecho, era la cara misma de la apatía. Si tuviera que describirla con una palabra, sería probablemente «apagada», en todos los sentidos del término: parecía como si la luz se hubiese escapado de sus ojos. Los numerosos terapeutas que la habían tratado antes que yo parecían alegrarse de que su paciente fuera a gastarse el dinero con algún otro. Llegué a hablar con varios de ellos, y ninguno tenía respuesta.

Dado que los votos de vida suelen desembocar en conductas adictivas, yo tenía fuertes sospechas de que Stacey había hecho un voto de vida. Le hice las preguntas y realicé otras pruebas diagnósticas, pero ella no podía recordar nada significativo. Un día vino a la consulta y lo primero que dijo fue: «Lo encontré».

«¿Encontró, qué?», le pregunté desorientado.

«He encontrado el voto de vida.» Al parecer, la noche anterior, cuando se disponía a dormir, había tenido un intenso recuerdo en el que aparecía, de niña, acostada en la cama, escuchando a sus padres gritarse entre ellos y a su padre pegar a su madre. Su padre era un alcohólico violento y el maltrato era habitual en su hogar. Sin embargo, hasta ese momento, aunque ella sabía objetivamente que su padre era un alcohólico maltratador, nunca había tenido ningún recuerdo personal de sus experiencia en aquella casa. En ese momento recordó también lo que pensaba entonces: *Haré lo que sea con tal de salir de esto, y no volveré a pasar por ello nunca más*. Efectivamente, había encontrado su voto de vida.

Y eso es exactamente lo que había hecho Stacey. A partir de ese momento tomó decisiones en su vida que garantizaran que no iba a volver a sufrir ningún conflicto ni ira. Y tampoco ninguna emoción intensa. Se casó con un hombre que, francamente, tenía la personalidad y el grado de actividad de un poste de teléfono, pero al menos nunca la gritaría. Vivía indirectamente a través de sus distintas adicciones, porque enfrentarse al mundo real con sus deseos era, sencillamente, demasiado arriesgado.

Una vez que fuimos capaces de identificar su voto de vida, pudimos aplicar las tres herramientas y desprogramar ese miedo concreto de su corazón espiritual y reprogramarlo como amor. Tiempo después supe que Stacey seguía trabajando aún con una o dos adicciones, de un mínimo de doce que habíamos llegado a identificar concretamente. Pero lo que es más importante es que todos sus sentimientos habían cambiado: la luz había vuelto a sus ojos, y tenía vida. Además, había empezado a comprometerse en mayor medida con su marido, sus hijos, el trabajo, los amigos, es decir, las cosas reales de su vida.

Uso de las tres herramientas con el diagnóstico del voto de vida

Si sospechas que también tú has hecho un voto de vida, basándote en tus síntomas actuales (y especialmente si luchas con una conducta adictiva), puedes curar esa programación. He aquí cómo diagnosticar cualquier voto de vida que esté actuando como un virus del disco duro en tu corazón espiritual:

1. En primer lugar, te sugiero que te «sientes bajo tu árbol», como yo lo llamo, o reces y/o medites de cualquier manera que te resulte natural. Cuando tu mente se encuentre en un estado abierto y relajado, pregúntate a ti mismo qué comportamiento en tu vida parece encajar en ese patrón cíclico autodestructivo que es característico de un voto de vida. Cuando eras joven, ¿sufriste dolor o estrés durante un largo periodo de tiempo o durante un periodo corto, pero bajo mucha presión? Si es así, ¿puedes recordar el momento en el que, consciente o inconscientemente, te dijiste a ti mismo: "Si tan solo pudiera hacer, tener o evitar ...., haría o viviría sin ...."?

2. Si no puedes encontrar un recuerdo de ese tipo, céntrate en el comportamiento repetitivo que está molestándote ahora y que está actuando contra tu capacidad para vivir la vida que realmente quieres: vivir en el amor momento a momento.

3. Aplica las tres herramientas a este recuerdo o al comportamiento repetitivo, siguiendo las instrucciones del capítulo 4. Una vez más, puedes usar cada herramienta por separado sobre tu voto de vida, una combinación de la herramienta de medicina energética y de la herramienta de la pantalla del corazón o la técnica combinada, simplemente permitiendo que las declaraciones de reprogramación diagnostiquen y curen la convicción esencial que se oculta tras tu voto de vida. Sabrás que la desprogramación y la reprogramación se han completado cuando los síntomas, hábitos o adicciones desaparezcan. Una vez más, no te preocupes por el tiempo que te lleve. Pueden ser varios meses o puede tardar un instante, aunque los resultados harán que haya merecido la pena.

¿Recuerdas lo que dije al final del capítulo 1, es decir, que probablemente no serías capaz todavía de vivir al margen del *Gran principio*, aun entendiendo plenamente lo que debías hacer? Pues bien, ahora deberías ser capaz, si has hecho lo que te he sugerido hasta ahora. En el capítulo 7 aprenderás el procedimiento práctico paso a paso para alcanzar el éxito en áreas concretas de tu vida, especialmente en aquellas en las que has sido tan esquivo en el pasado.

CAPÍTULO 7

El Plan de éxito del *Gran principio*

Ahora ya sabes que el verdadero éxito no consiste en alcanzar tus deseadas circunstancias externas, no importa lo impactantes que puedan ser. Vivir el momento presente —antídoto directo contra el estrés y el miedo— es la única manera de que nuestra mente consciente y nuestro cuerpo puedan alinearse, en paz, salud y felicidad. Centrarse en el pasado o en expectativas futuras o tratar de crear lo que deseamos mediante nuestra voluntad genera, por definición, estrés y fracaso, en los ámbitos físico y no físico.

Antes de abordar los pasos del Plan de éxito, me gustaría detenerme un poco a definir lo que entiendo yo por éxito o por esa «vida más allá» que menciono en la introducción. Yo creo que cada uno de nosotros tiene un destino personal, una «vocación», como me gusta decir a mí. Sin embargo, no creo que estemos destinados a acabar en un determinado y único lugar, no importa cuál sea. Si esto fuera cierto, y todo estuviera ya escrito y determinado, ¿para qué intentarlo? Aunque podamos tener un destino o una vocación especial, somos nosotros quienes creamos este destino viviendo en el miedo o en el amor. Estamos llamados a amar, en la medida en que la ley del amor se escribe en nuestros corazones a través de nuestra consciencia, proporcionándonos una guía perfecta en cualquier circunstancia. Pero sigue siendo decisión nuestra seguir o no esa vocación, cien veces al día, los 365 días del año.

Si vivo en el miedo en todo momento, me estoy apartando de mi destino, o posponiéndolo. Si vivo en el amor, por definición estoy dando un paso hacia el destino fundamental y perfecto para mí, porque si vivo así de manera coherente viviré la vida perfecta para mí. Vivir en el amor es la mejor y quizá la única manera de crear las circunstancias externas perfectas que son la manifestación visible de nuestro éxito. De acuerdo, se aprende de los errores cuando se actúa desde el miedo; son necesarios, como el acelerador de un cohete, para demostrarme que vivir en el miedo y el egoísmo no funciona a largo plazo y me aparta de mi vocación, de la felicidad y de la salud.

No obstante, no necesito estos errores una vez que estoy desprogramado, reprogramado y viviendo en amor el momento presente. Una vez que el cohete está en órbita, el acelerador ya no es necesario, ya ha hecho su trabajo, y se desprende. Retenerlo ahora actuaría en contra de la misión.

Además, tu «vocación perfecta» puede no ser perfecta para nadie más que para ti. Esta es una de las razones por las cuales la comparación ha arruinado tantos buenos días a tanta gente. Casi invariablemente, la comparación es algo más que inútil. Para mucha gente, la comparación es la raíz de sus expectativas. Este es uno de los grandes agujeros negros de nuestra energía espiritual en el planeta. Cuando podemos realizar una comparación que causaría agrado o satisfacción, a menudo no la hacemos. Insistimos en lo que *no* es como deseamos. Sin embargo, la clave de la satisfacción no está en desear.

La manera de alcanzar nuestra vocación perfecta *no* consiste en centrarse en un resultado final futuro, en hacer un plan para conseguirlo y en utilizar la fuerza de voluntad para alcanzarlo. Este método pocas veces funciona y además, muy probablemente, estarás «equivocado» en lo referente a cuál es para ti el resultado perfecto. La manera de alcanzar tu «vocación» perfecta consiste en vivir en el amor *ahora*. Este no es solo el resultado final que siempre es perfecto en el presente, sino que además producirá tu vocación perfecta para el futuro y es muy posiblemente la única manera de garantizarla. El hecho de centrarte en lo que «piensas» que es tu destino perfecto es como lanzar dardos en la oscuridad y te sitúa en un estado de estrés crónico. Por el contrario, hacer lo que es mejor para ti ahora (existiendo y actuando desde el amor) y renunciar al futuro por Dios/fuente/amor, crea tu futuro perfecto en cada momento, incluso si es algo con lo que nunca hubieras soñado. Y ocurre de manera automática y sin esfuerzo.

No importa donde hayas estado o lo que hayas hecho: siempre habrá un camino para tu vocación perfecta, desde donde te encuentres en cada momento. Simplemente empieza a vivir en el amor desde ahora —desprograma, reprograma y desiste del resultado final— y tu camino empezará a transformarse, primero por dentro y después por fuera.

He aquí la magia del Plan de éxito del *Gran principio*: si eres valiente y te comprometes a seguir este procedimiento exactamente como se describe, te prometo el éxito. De hecho, creo que es imposible que *no* alcances el éxito si vives estos principios, y cuento con miles de personas en todo el mundo como prueba.

Si te sientas bajo tu árbol (es decir, rezas y meditas) y descubres el deseo de tu corazón, recubres ese deseo con una meta de éxito, desprogramas y reprogramas tu corazón espiritual y caminas momento a momento en el amor, puede que, en un futuro próximo, reciba una llamada o una carta tuya.

Antes de comenzar con el plan, quiero recordarte que puedes empezar el programa por los diagnósticos básicos descritos en el capítulo 6 o puedes empezar por aquí y realizar los diagnósticos básicos más tarde. Cualquiera de los dos órdenes es válido.

Por otro lado, más abajo dispones de espacio para escribir tus respuestas directamente en el libro y que ello te ayude a aprovechar la inspiración en todo momento. Pero también puedes escribir tus respuestas en una libreta de notas o en un diario, o crear un documento para ello en tu ordenador, si necesitas más espacio para responder.

Una última cosa. Si empiezas a sentirte agobiado con los detalles del plan de éxito, tómate un descanso y utiliza tu herramienta favorita para abordar la ansiedad y la sensación de agobio antes de continuar. También puedes dar rienda suelta a tu creatividad a la hora de utilizar los principios y las herramientas. Al fin y al cabo, lo que te funciona y lo que te parece mejor *es* lo mejor para ti. No te estreses por querer hacerlo exactamente de la manera que yo digo. Experimenta y hazlo del modo que te funcione a ti.

Comencemos:

1. Identifica tu meta fundamental de éxito.

En el capítulo 1, identificaste tu meta fundamental de éxito mediante el ejercicio de las tres preguntas. Si no realizaste este ejercicio, responde ahora a las preguntas para saber cuál es el estado interior que más deseas. Una vez más, estas son las preguntas:

1. ¿Qué es lo que deseas en este momento más que ninguna otra cosa?
2. Si consiguieras lo que más deseas de la pregunta 1, ¿qué supondría para ti y en qué cambiaría tu vida?
3. Si consiguieras lo que expones en tus repuestas a las preguntas 1 y 2, ¿cómo te sentirías?

2. Determina un deseo de éxito por el que te gustaría trabajar en la vida y que te gustaría alcanzar.

¿Por qué objetivo quieres trabajar en este momento, con el propósito de alcanzarlo en la vida? Comienza por resultados que te gustaría alcanzar en diferentes áreas de tu vida, como una relación especial, la realización de una carrera, un logro concreto, mejorar tu economía o fortalecer tu salud. En un principio, no descartes nada de lo que se te ocurra. Después elige los deseos que te parezcan más intensos. ¿Cuál es el que te hace reír más? ¿Cuál es el que hace que te sientas mejor en profundidad? ¿Cuál es el que te produce más paz? ¿Cuál enciende tu corazón, despierta tu imaginación o satisface una necesidad? ¿Cuál supondría una mayor diferencia ahora mismo en tu vida?

Ahora pasa tus tres deseos más fuertes por los filtros básicos descritos en el capítulo 5: ¿se basan en la verdad y en el amor y están en armonía con tu meta fundamental de éxito? Si piensas que algo no es posible, dados los hechos objetivos de una situación, tienes que encontrar la manera de hacerlo posible, o encontrar un nuevo deseo de éxito. No queremos que pierdas meses o años de tu vida persiguiendo algo inalcanzable. No obstante, yo creo que *todo* es posible. Si echamos la vista atrás en la historia, veremos que nuestros mayores héroes han sido aquellos que hicieron lo que parecía imposible según las creencias populares e incluso según los llamados hechos objetivos. Si preguntara al señor de setenta y dos años del capítulo 5 si su deseo de jugar en la liga de fútbol americano era verdadero y él me dijera que había rezado, lo había buscado y se había preparado para ello, y era absolutamente verdad para él, mi respuesta sería: «¡A por ello!».

En segundo lugar, pregúntate a ti mismo si se basa en el amor. Describe, de modo que todo el mundo pueda entenderlo, por qué quieres alcanzar este deseo, en lugar de algún otro deseo de éxito. Convénceme de que vas a ganar/ganar/ganar, sin perdedores, y de que no te mueven razones estrictamente egoístas. *Recuerda:* Hacer algo estrictamente por dinero si te encuentras en una situación de gran necesidad económica puede considerarse esa cuestión de amor, siempre y cuando no haya perdedores. No puedes amar a los demás si no te amas a ti mismo y todos necesitamos un lugar donde vivir, ropa, alimento, necesitamos poder pagar las facturas y satisfacer cualquier otra necesidad básica. Hay una gran diferencia entre esto y el contratista del capítulo 5 que solo deseaba más y más caprichos.

En tercer lugar, deberías preguntarte a ti mismo si tu deseo está en armonía con tu meta fundamental de éxito (paso 1). Si el deseo contribuye a tu meta fundamental de éxito, habrá superado también este último filtro.

Escribe aquí tus tres mayores deseos de éxito:

1. ....

2. ....

3. ....

¡Estupendo! Pero hemos de elegir uno de ellos para empezar (si así lo decides, podrás abordar los tres posteriormente). ¿Cuál te parece que es el mejor para trabajar en él ahora, basándote en los factores arriba expuestos? Si crees que sabes cuál es, y yo siempre sugiero dejarse llevar por las entrañas, entonces empieza por ese. Puede que necesites hacer alguna averiguación y hablar con algunas personas para obtener la información necesaria para tomar esta decisión. Sigue adelante y hazlo. Si tienes problemas para escoger uno, entonces continúa con dos, o incluso con los tres, de momento. Generalmente, según se avanza en el procedimiento, hay uno que acaba emergiendo a la superficie. Si te resulta útil, escribe aquí abajo tu mayor deseo de éxito.

Tu deseo de éxito: ....

3. Visualiza ese deseo de éxito haciéndose realidad.

Sigue adelante: cierra los ojos y siente el resultado final de alcanzar este deseo de éxito. Sí, estoy diciendo que lo toques, lo saborees, lo huelas y te regodees en él. (Ya sé que en el capítulo 6 critiqué a otros expertos en cuestiones de éxito por hacer esto, pero aquí lo estamos haciendo por una razón diferente.) Visualiza vivamente cómo alcanzas el deseo, hasta que la sensación sea muy real para ti, y puedas verlo y percibirlo con mucho detalle. Cuando visualices tu deseo de éxito, intenta visualizar todos los aspectos, no solo los positivos, de modo que tu generador de imágenes pueda ofrecerte un cuadro detallado.

Si tu deseo de éxito era montar tu propio negocio en casa, esto es lo que podrías ver: tendrías la posibilidad de pagar todas tus facturas sin estresarte, porque dispondrías siempre de dinero de sobra en la cuenta; podrías hacerte socio de esa piscina que siempre les ha gustado a los niños; no tendrías que usar la calculadora cuando fueras al supermercado a hacer la compra; te sentirías más seguro al hablar con tus amigos y tu familia y podrías decirles que «tienes un negocio»; y te despertarías cada mañana sintiendo tranquilidad por poder tener una casa para tu familia y alegre ante la perspectiva de nuevos retos diarios. También tendrías que lidiar con el hecho de tener que trabajar en casa en medio de las distracciones de la vida familiar, tendrías que aprender paso a paso cómo se monta y se pone en marcha un pequeño negocio y puede que tuvieras que renunciar al aperitivo semanal con tus amigos.

Ahora escribe lo que ves. Describe los resultados de tu deseo de éxito con suficiente detalle, de modo que, si me lo estuvieras contando a mí, yo viera lo que tú ves y sintiera lo que tú sientes.

4. Haz una lista de los pensamientos, las creencias y los sentimientos negativos que surgen de la visualización de tu deseo de éxito y valóralos en una escala de 0 a 10.

Ahora quiero que retomes cualquier sentimiento negativo o creencia que te asaltó al visualizar este deseo de éxito en particular o que te asalta ahora, al planteártelo. En nuestro ejemplo anterior, incluso si estabas pensando en todas las cosas buenas que conllevaría alcanzar tu deseo de éxito, es posible que siguieras teniendo pensamientos del tipo: *La situación económica es demasiado mala. Con mi actual trabajo, no tengo tiempo para emprender un negocio propio. No sé por dónde empezar para montar un negocio en casa. No voy a averiguarlo nunca. No soy realmente bueno en nada: ni tan siquiera sé qué tipo de negocio emprender.*

Escribe cada uno de los aspectos negativos y puntúalos en una escala de 0 a 10 en función de que, en este preciso momento, te molesten en mayor o menor medida. También puede ser de ayuda considerar la emoción, la convicción o el pensamiento más negativo, aunque no es necesario.

Ya has identificado los virus del disco duro que son específicos para este deseo y que están bloqueando tu camino hacia el éxito.

5. Usa las tres herramientas para desprogramar los aspectos negativos que te asalten.

Tal como hiciste en el capítulo de «Diagnósticos básicos», puedes utilizar una o varias de las tres herramientas. Puedes utilizar la herramienta de la medicina energética y la de la pantalla del corazón juntas para una creencia negativa concreta, o puedes usar la técnica combinada que permite, mediante las declaraciones de reprogramación, diagnosticar y sanar la creencia central que se esconde tras la emoción, la creencia o el pensamiento negativo que estás experimentando. *Recuerda:* Para las declaraciones de reprogramación, lo único que tienes que cambiar es la oración antes de empezar a pedir específicamente por la sanación de todos los pensamientos, creencias y sentimientos negativos que están bloqueando tu actual deseo de éxito. Dado que esta herramienta también actúa como diagnóstico, te ayudará a identificar y sanar tus problemas automáticamente.

Sea cual sea la herramienta que utilices, tu inconsciente trabajará contigo y estará de acuerdo contigo en eliminar todo el miedo y en vivir en el amor, porque tú tienes en el corazón esa ley o brújula del amor. El grado de resistencia que tu programación basada en el miedo esté presentando puede determinar el tiempo que tarden en curarse lo bloqueos, pero *finalmente se curarán*. El amor siempre vence al miedo. Sin embargo, yo te animaría a incluir siempre la herramienta de la medicina energética porque, según mi experiencia, tiene una eficacia inmediata. Utiliza estas herramientas para cada pensamiento, emoción o creencia negativos, o utiliza la técnica combinada para trabajar con todas las declaraciones de reprogramación, hasta que des a todas ellas una puntuación de 0.

Usemos la convicción negativa «No tengo tiempo para emprender un negocio» del ejemplo anterior. Decides comenzar con una combinación de las herramientas de medicina energética pantalla del corazón. Estos son los pasos que debes seguir en este contexto:

- Imagina una pantalla en tu mente: una pantalla de tablet, una pantalla de ordenador, una pantalla de televisión o una pantalla de cine, lo que te resulte más fácil imaginar. No obstante, sea cual sea la pantalla en la que pienses, asegúrate de que tiene conexión inalámbrica a internet, en igual medida que la pantalla de tu corazón está conectada de modo inalámbrico con cualquier otra en el planeta. Piensa que la pantalla está dividida en dos partes: la consciente y la inconsciente. Ahora imagina una línea que cruza la pantalla aproximadamente a dos tercios de su altura (porque tu inconsciente es MUCHO mayor que tu mente consciente), para representar las porciones consciente e inconsciente de la pantalla interna de tu generador de imágenes. Esta es tu pantalla del corazón.

- Concéntrate en el pensamiento, la creencia o el sentimiento negativo que quieras abordar —«No tengo tiempo para emprender un negocio»— al que habrás dado ya una puntuación de 7.

- Imagina en la pantalla de tu corazón la experiencia de no tener tiempo, con palabras, imágenes, recuerdos de experiencias pasadas, o lo que prefieras. Puede que te veas a ti mismo presa del pánico tratando de terminar una tarea, o puede que recuerdes un incidente en el que tu madre se enfadó contigo por ser lento como un niño. O tal vez aparezca un reloj y oigas sonar una alarma.

- Una vez que veas esta imagen en tu pantalla del corazón, pide que deje de aparecer ahí y que todos los recuerdos de origen sean completamente sanados. Puedes decir: «Que haya luz y amor de Dios en la pantalla de mi corazón, y nada más». Puedes adaptar la frase para que se refiera más específicamente a lo que estás sintiendo en este preciso momento: «Que haya luz y amor y *paciencia* en la pantalla de mi corazón, y nada más, *tampoco pánico*». Puede que necesites dejar de concentrarte en el problema por un momento y decir: «Que haya luz y amor y paciencia en el lado *inconsciente* de mi pantalla del corazón, y nada más, *tampoco mi problema de sentirme agobiado por la falta de tiempo*». No vas a dejar de pensar que te falta tiempo, pero dejarás de hacerlo con sensación de pánico.

- Después imagina luz y amor en tu pantalla del corazón, de la manera que sea más viva y evocadora para ti. Puede ser una luz continua de una fuente divina, una hermosa puesta de sol, una vista impresionante, tu mascota o cualquier otra imagen que represente para ti pureza de luz y amor.
- Ahora introduce la herramienta de la medicina energética. Mientras sigues imaginándote la luz y el amor en la pantalla de tu corazón, coloca las manos sobre tu corazón, en la frente y en la coronilla, durante uno a tres minutos en cada posición.
- Sigue imaginando luz y amor y repite el ciclo de las tres posiciones dos o tres veces en cada lugar, o hasta que el malestar en tu mente y en tu cuerpo haya desaparecido y otorgues a ese pensamiento, esa creencia o ese sentimiento negativo una puntuación por debajo de 1, lo cual significa que ya no te molesta. Si lo crees necesario, puedes añadir las declaraciones de reprogramación, bien por separado, bien mediante la técnica combinada, siguiendo las instrucciones que se facilitan en el capítulo 4.
- Sigue utilizando estas herramientas para cada una de tus creencias negativas hasta que dejen de molestarte. Puede llevarte un día, una semana o tres meses. Es insólito que se tarden tres meses, pero no te preocupes por el tiempo. ¡Tienes el resto de tu vida para disfrutar del éxito!

6. **Cuando todo lo negativo haya desaparecido (por debajo de 1 en una escala de 1 a 10 puntos), utiliza las mismas herramientas para crear un recuerdo de superéxito, o para reprogramar el deseo de éxito positivo que te gustaría conseguir.**

Si los pensamientos, las creencias y los sentimientos negativos son los virus de nuestro disco duro, tenemos que desprogramar y después *reprogramar* ese disco duro con lo que yo llamo recuerdos de su-peréxito, o el equivalente al *software* correcto para tu corazón espi-ritual y para tu meta de éxito. Para reprogramar tu corazón espiri-tual, utiliza las mismas herramientas que utilizaste anteriormente para desprogramar, pero esta vez céntrate en la imagen de éxito del resultado final positivo.

Vuelve a lo que visualizaste en el paso 2 e imagina que este re-sultado final está ocurriendo realmente, con todos los detalles ex-puestos más arriba. Valora cómo te sientes en relación con la pro-babilidad de que este resultado final se produzca, en una escala de 0 a 10, en la que 0 significa «Esto nunca va a sucederme a mí» y 10 equivale a «Sé que este es mi futuro; veo con absoluta claridad que me va a suceder esto». Continuando con el mismo ejemplo, te verías a ti mismo pagando tranquilamente todas tus facturas dentro de plazo, sabiendo que tienes dinero más que suficiente en la cuenta corriente; te verías a ti mismo diciéndoles a tus hijos que les habías apuntado a la piscina del barrio y verías las miradas entusiasmadas y sorprendidas de los niños; te verías hablando a tus conocidos sobre tu nuevo negocio; te verías a ti mismo despertándote cada mañana con sensación de paz y alegría ante el nuevo día; y así sucesivamente. Cuando imaginas este escenario, sientes que es posible, aunque en cierta medida fuera de tu alcance, de modo que tu puntuación es de 4.

Utiliza la herramienta de la medicina energética, las declaraciones de reprogramación y la herramienta de la pantalla del corazón, por separado o combinadas, para trabajar sobre esta imagen positiva, hasta que puedas darle una puntuación de 7 o mayor, que equivale al sentimiento positivo «Creo que puedo hacer esto. ¡Manos a la obra!» (Recuerda, si utilizas las declaraciones de reprogramación, simplemente necesitarás adaptar la oración inicial, pidiendo por la solución de cualquier bloqueo de manera que puedas alcanzar tu imagen de resultado positivo, y trabaja con las declaraciones tal y como están escritas.)

7. Comienza un periodo de cuarenta días con el objetivo de mantener las puntuaciones en el mismo nivel: lo negativo por debajo de 1 y lo positivo por encima de 7.

En el momento en el que tus pensamientos, creencias y sentimientos negativos acerca de tu deseo estén por debajo de 1 (es decir, que no te molesten) y tu sensación en lo referente a la realización de tu deseo esté en 7 o por encima, comenzará inmediatamente un periodo de cuarenta días. Recuerda, es posible que tardes apenas un día en estar listo para emprender el periodo de cuarenta días, o puedes tardar tres meses. Cuando comiences el periodo de cuarenta días, puedes pensar en una oruga avanzando hacia la fase de capullo. Tu objetivo durante este periodo (y sí, ¡esta meta cumple los cuatro criterios!) es simplemente mantener las sensaciones negativas por debajo de 1 y las sensaciones positivas acerca de tu capacidad para alcanzar tu deseo por encima de 7, mediante la repetición de los pasos 4, 5 y 6 arriba indicados. He aquí cómo debe ser el periodo de cuarenta días:

- Comienza cada día con una revisión por la mañana (Si te funciona mejor por la tarde o por la noche, también está bien). En primer lugar, pregúntate a ti mismo qué puntuación darías a la fuerza de cada convicción negativa concreta que identificaste en el paso 4. En nuestro ejemplo de emprender un pequeño negocio, citamos las siguientes convicciones negativas: *la situación económica es demasiado mala; con mi trabajo actual no tengo tiempo para emprender un negocio; no voy a averiguarlo nunca; realmente no soy bueno en nada.* Puntúa cada convicción, sobre la base de tus sensaciones subjetivas físicas y no físicas, en una escala del 0 al 10. Si cada convicción estuviera en 1 o por encima, deberías repetir utilizando las herramientas, trabajando en cada convicción hasta que puedas dar a todas tus creencias negativas una puntuación por debajo de 1, o que ya no te molesten en este momento (paso 5).

- Ahora visualízate logrando tu deseo, como hiciste en el paso 3. En nuestro ejemplo deberías visualizarte comenzando con éxito un pequeño negocio en casa que te supone unos ingresos extras al mes de 1.000 dólares y considera cómo hace esto que te sientas. Si puntúas tu sensación positiva de conseguirlo por debajo de 7, deberías usar las herramientas para la imagen positiva hasta otorgarle una puntuación de 7 o superior (paso 6).

- Sigue este procedimiento todos los días durante cuarenta días. Cuando las puntuaciones negativas aumenten, sigue el paso 5 para bajarlas como hemos hecho antes; cuando la sensación positiva disminuya, sigue el paso 6 para aumentarla. Si no hay cambios, no hagas nada; solo controla cada día. Nota: No comiences de nuevo el periodo de cuarenta días cuando necesites utilizar las herramientas para abordar pensamientos/emociones/creencias negativos o tu visión de éxito positivo —simplemente corrígelos, y continúa con tus cuarenta días.

Tras este periodo de cuarenta días, la mayor parte de la gente es capaz de despertarse cada mañana con sus sensaciones negativas por debajo de 1 y sus sensaciones positivas acerca de la realización de su deseo de éxito en 7 o por encima. Cuando alcances esta marca, sabrás que te has desprogramado y reprogramado con éxito en lo referente a tu problema de éxito en particular. En lugar de que tu mente inconsciente y subconsciente te bloquee impidiendo que llegues al éxito, te conducirá hacia ese éxito, como el timón de un barco. Los virus referentes a esa cuestión han sido eliminados y ahora tienes un potente software nuevo.

Si, pasados los cuarenta días, aún no te sientes preparado, comienza otro periodo de cuarenta días. Puede que al cabo de estos cuarenta días estés todavía dando a tus sensaciones negativas puntuaciones de 1 o superiores y/o a tu sensación positiva de alcanzar tu deseo una puntuación por debajo de 7 al inicio de tu revisión diaria. Si es así, no pasa nada. Comienza otro periodo de la misma duración y sigue el mismo procedimiento durante todo el periodo, o durante todo el tiempo que necesites para que lo negativo esté por debajo de 1 y lo positivo por encima de 7. Y si aun así no te sientes preparado después del segundo periodo de cuarenta días, comienza otros cuarenta días. Personalmente, nunca he visto a nadie que haya hecho más de tres periodos de cuarenta días. Pero, una vez más, no importa cuánto tiempo te lleve. El tiempo que tardes es el tiempo correcto en tu caso.

Sabrás que la desprogramación y la reprogramación se han completado cuando en tu vida diaria sientas que los aspectos negativos han dejado de molestarte y tengas una fuerte sensación positiva de «Puedo hacerlo», y¡ realmente comiences a hacerlo!

8. **Márcate tus metas concretas de éxito utilizando el *Gran principio*.**

Ahora que te has desprogramado y reprogramado completamente en relación con cualquier asunto que pudiera estar bloqueando la realización de tu deseo, ha llegado el momento de determinar y de poner en marcha tus *metas* de éxito o lo que harás en cada fracción siguiente de treinta minutos cuando camines en la dirección de tu deseo. Recuerda que una meta de éxito consta de tres partes: debe plantearse desde la verdad, debe surgir del amor y debe estar 100 por cien bajo tu control (y habitualmente en el momento presente).

Comencemos por la verdad de tu meta. Ya has pensado acerca de la verdad en términos amplios más arriba, cuando estabas identificando tu deseo. ¿Cuáles son los hechos prácticos y objetivos para alcanzar tu deseo? Piensa en todo lo que necesitas, en todo lo que ya tienes y en todo lo que tienes que hacer. Si vas a montar un negocio en casa para aportar al hogar 1.000 dólares extra al mes, ¿cuánto dinero necesitas para empezar? ¿Dispones del espacio adecuado en casa? ¿Quién te va a diseñar la página web? ¿Qué vas a vender? ¿Vas a externalizar el servicio al cliente? ¿Qué equipamiento necesitas? ¿Cuándo vas a empezar? ¿Dónde vas a conseguir clientes? Anota todo lo que sepas que necesitarás para que tu deseo se haga realidad.

....

....

....

....

....

Es posible que necesites un poco de formación práctica para tener éxito en un área determinada, como técnicas de venta, carpintería o diseño de páginas web. Yo buscaría datos válidos y fiables de los numerosos autores, estudiosos y profesores que hay por ahí e integraría tus nuevos conocimientos en tu práctica diaria. A decir verdad, la integración de habilidades y conocimientos concretos va a ser muy fácil después de la desprogramación y la reprogramación. Es la programación subyacente lo que hace que estas cosas resulten difíciles; tu programación basada en el miedo es lo que se interpone en el camino del aprendizaje fácil. Yo lo habría dado todo por ser desprogramado y reprogramado antes de graduarme en la universidad. ¡La estadística habría sido entonces una nadería!

Tómate un momento para examinar la lista anterior y reflexiona sobre si las tareas están planteadas desde la verdad para tu deseo de éxito. ¿Necesitas comprobar alguna otra información? Por ejemplo, si escribiste arriba: «Que Mike diseñe la web» y, tras reflexionar, no estás seguro de que Mike sea el más adecuado para diseñar tu página web, reescribe como «Investigar las mejores páginas web en mi campo» o «Averiguar quién realizó la página web de Mónica», sea cual sea el siguiente paso lógico en la búsqueda de lo que necesitas hacer.

Ahora veamos el aspecto del *amor*. Para cada una de las tareas que figuran arriba, considera si puedes llevarlas a cabo desde el amor, de manera que su realización con éxito dé lugar a una situación de victoria/victoria/victoria sin perdedores. Si no es así, necesitas eliminarla de tu lista, o bien encontrar la manera de llevarla a cabo desde el amor. Anota todas las tareas que puedan llevarse a cabo desde el amor y especifica cómo deben realizarse para crear una situación de victoria/victoria/victoria para todas las partes implicadas.

....

....

....

....

....

Examina la lista anterior y piensa detenidamente si cada tarea se basa efectivamente en el amor. ¿Es tu lista realista? Por ejemplo, si querrías contratar trabajadores autónomos como parte de tu estrategia de negocio y has encontrado de este modo la mano de obra disponible más barata, pero aún así no estás seguro de que las tarifas que te piden sean justas, puedes cambiar tu tarea «Contratar trabajadores autónomos de la Compañía XYZ» por «Buscar tarifas de autónomos» para el trabajo que necesitas externalizar.

En tercer lugar, ¿cada tarea que figura en la lista está al 100% bajo un control sano por tu parte? En otras palabras, ¿puedes completar cada tarea con éxito haciendo lo que tengas que hacer desde la verdad y el amor, durante los próximos treinta minutos? ¿La realización de cada tarea depende de circunstancias fuera de tu control o implica perseguir expectativas de resultado final con la fuerza de tu voluntad?

Este paso es la prueba de fuego, de modo que deja que te guíe por él. Siguiendo con nuestro ejemplo, digamos que para poner en marcha tu negocio en casa, una de las tareas que has enumerado arriba es hablar con una compañía telefónica para añadir una línea y cambiar a una cuenta de pequeña empresa. Parece cumplir con todos los criterios de una meta de éxito: actúas desde la verdad (sabes que necesitas una segunda línea para tu negocio y este es el procedimiento correcto a seguir), lo haces en el amor (la realización con éxito de esta tarea no va a quitarle nada de forma inherente a ninguna persona implicada) y está al 100% bajo tu control (puedes buscar el número de teléfono de la compañía y marcarlo).

Pero tan pronto como marcas el teléfono, te sientes atrapado en las arenas movedizas de contestadores automáticos y mensajes de voz, con múltiples derivaciones y solicitud de clave para acceder a tu supersecreto código de cliente (del que tú nunca has oído hablar). Al cabo de unos veinte minutos, no puedes estar más lejos del amor, la alegría y la paz. Si eres como la mayor parte de la gente, te sentirás frustrado e irritado, y querrías arrojar el teléfono por la ventana y gritar ¿por qué? Aunque *pienses* que tu objetivo es hablar con la compañía telefónica para añadir una línea y cambiar a una cuenta de empresa, tu ira es un signo seguro de que tu meta real, oculta, es muy distinta. Tu meta real es llegar al resultado final de tener una cuenta de empresa y una línea telefónica adicional rápida y fácilmente.

En otras palabras, te centraste en el resultado final en lugar de hacerlo en el procedimiento, y en consecuencia estás desviándote hacia un control poco sano. ¡Lo que estás persiguiendo ahora es una meta de estrés, no una meta de éxito!

Recuerda que tu estado interior revela tus auténticas metas. Es posible identificar una meta de estrés de inmediato, en cualquier momento, en ti mismo o en cualquier otro, por la presencia de ira o de cualquier emoción de la familia de la ira: irritación, frustración, resentimiento, amargura, agobio, etc. Si tienes ganas de gritar y tirarías el teléfono por la ventana, puedes estar seguro de una cosa: tienes una meta de estrés relacionada con el asunto por el que estás furioso.

De modo que ¿cómo podemos cambiar esta meta de estrés concreta por una meta de éxito? Antes de llamar a la compañía telefónica, decides que tu meta *no* es conseguir rápida y fácilmente tu nueva línea y la cuenta adicional —en realidad tu control sobre este aspecto es nulo—. Tu meta de éxito concreta es realizar esa llamada desde el amor, con la atención puesta en el momento presente durante los siguientes 30 minutos. No es una broma.

¿Cómo sería entonces la situación? Antes de descolgar el teléfono, te dices a ti mismo: *Esta llamada me va a llevar el tiempo que me tenga que llevar. Puede que tenga que pasar por largos tiempos de espera o por un laberinto de mensajes de voz o incluso que me cuelguen. No puedo controlarlo. Lo que sí puedo controlar es hacer esa llamada desde el amor. Cuando realmente consigo hablar con el representante de la compañía telefónica, mi meta no es conseguir la línea de teléfono. Mi meta es hacer la llamada desde el amor. Mi meta es que el representante, después de hablar conmigo, se sienta mejor de como se sentía antes, o mejor que si no hubiese llegado a hablar conmigo.*

Pongamos que es una mujer quien responde como representante de la compañía telefónica. Tan solo es una persona haciendo su trabajo, ¿de acuerdo? Ella no es responsable del buzón de voz, ella no puso las normas de la compañía y probablemente tiene un marido que la quiere, a ella y a esos niños que corren a su encuentro diciendo «¡Mami!» cuando llega a casa. Si me la encontrara por la calle, podríamos caernos bien y ser amigos. Si me enfado con ella, estoy hiriéndola a ella *e* hiriéndome a mí mismo. Esta ira afecta negativamente a todos los aspectos de tu fisiología, como recordarás: aturde, produce un pico y luego un desplome de energía, altera la digestión, deprime tu sistema inmunitario y hace que seas negativo en relación con cualquier cosa que hagas el resto del día. Y probablemente esté teniendo el mismo efecto en la persona que está al otro lado del teléfono.

¿Llamarías a esto éxito? Probablemente no. Casi todo el mundo que conozco reacciona de este modo en situaciones en las que los resultados están fuera de su control. Las expectativas externas son un asesino de la felicidad en cualquier momento. No quiero que esto siga sucediéndote a ti. Quiero que vivas tu vida, todos los días y cada momento, con felicidad, salud, amor, alegría, paz, tranquilidad económica, relaciones ricas y estrechas, en otras palabras, quiero que experimentes un éxito escandaloso, por dentro y por fuera. Realmente esto puede comenzar en este preciso momento, si estableces metas de éxito en lugar de metas de estrés.

Recuerda: el paso de metas de estrés a metas de éxito pasará a estar en un 100% bajo un control sano por tu parte *solamente* después de que hayas sido desprogramado y reprogramado. Si encuentras que está fuera de tu control —en otras palabras, sigues experimentando de forma incontrolable ira, ansiedad u otras emociones negativas, incluso después de intentar cambiar a una meta de éxito—, entonces deberás continuar con la desprogramación y la reprogramación hasta que *tengas* un control sano y puedas continuar actuando desde el amor los treinta minutos siguientes (quizá no de manera perfecta, pero sí en su mayor parte).

Ha llegado la hora de estar seguro de que tus metas concretas de éxito están bajo un control sano por tu parte, al 100%. Este principio es aplicable independientemente de lo que hagas los treinta próximos minutos, ya sea un trabajo administrativo, papeleo, negociaciones, reuniones, escribir, comprar o investigar. Los hechos (la verdad) que anotaste en relación con tu deseo concreto determinan lo que haces en este momento. El amor es el porqué. Y el *Gran principio* determina cómo lo haces: en el amor durante los próximos treinta minutos, a partir de un estado interior de amor, alegría y paz, visualizando resultados finales concretos como un deseo, no como una expectativa o una meta, siendo tú capaz de hacer todo esto porque has sido desprogramado y reprogramado.

Hacer desde el amor cualquier cosa que tengas que hacer por periodos de treinta minutos durante el resto de tu vida puede parecer muy difícil ahora. Pero te prometo que te resultará más fácil a medida que sigas curando y cambiando tu programación subyacente. Con la programación correcta, es tan sencillo como sentarse frente al teclado y teclear comandos básicos. ¡La parte difícil pasará a ser no proceder en el amor y no centrarse en el momento presente!

Para finalizar este paso, anota aquí abajo cómo te ves realmente realizando y completando las metas de éxito concretas que anotaste arriba, en el primer campo de espacios en blanco. ¿Qué vas a hacer? ¿Cómo lo vas a hacer del mejor modo posible y desde el amor? ¿Qué preparación mental necesitas para avanzar hacia tu resultado deseado?

....

....

....

....

....

9. Encuentra o desarrolla un sistema de organización para realizar las tareas del modo más eficaz para ti.

Este es el momento de volver a un punto que mencioné en la introducción. Cuando vivir en el amor durante los treinta minutos siguientes es la meta práctica no se ignoran los detalles de la realización de las cosas. De hecho, abordarás todos los detalles necesarios para avanzar en la dirección de tu deseo. Verás que, si sigues este plan de éxito, completarás todos los detalles incluso mejor que si te hubieras centrado en los detalles externos, porque tu respuesta de estrés ya no te estará saboteando.

Necesitas analizar tu personalidad y hábitos de trabajo y determinar cómo trabajas mejor, así como encontrar o desarrollar un sistema de organización (como *The 7 Habits of Highly Effective People —Los 7 hábitos de gente altamente eficaz—* de Stephen R. Covey, *Getting Things Done —Organízate con eficacia—* de David Allen, o cualquier método de productividad probado y demostrado) que te ayude a abordar todos los detalles que necesitas gestionar para trabajar de modo responsable y eficaz. Para algunos de vosotros ello incluirá calendarios y agendas, ya sea en papel o en medios electrónicos. Para otros, más que tomar notas, puede suponer hacer cosas que sabes que necesitas hacer en el momento. Por ejemplo, Hope, mi mujer, se preocupa extraordinariamente por los detalles y siempre lo anota todo con mucha antelación; planea cada acontecimiento y tarea mucho tiempo antes, realizando listas muy detalladas y revisando una y otra vez esas listas. Yo soy más de «dejarme llevar»: solo hago lo que sé que tengo que hacer en el momento, y de alguna manera todo se arregla para que quede hecho. (A mi mujer le asombra todo lo que soy capaz de hacer de esta manera y a mí me asombra su capacidad para estar atenta a cada detalle.)

Si investigas un poco y preguntas a tu alrededor, encontrarás docenas de sistemas para aumentar la productividad, «garantizados» y listos para su uso, pero yo he encontrado que la mejor manera es aplicar tu propio sistema, un sistema que sea sencillo e intuitivo para ti. El sistema correcto aumentará tu productividad, en lugar de parecer una pesada tarea extra. Lo importante es encontrar un sistema de organización que te funcione a ti, incluso si requiere un poco de «ensayo y error» hasta dar con el enfoque correcto.

10. **Camina en la dirección de tu deseo completando las tareas anteriores durante los siguientes treinta minutos, con dos metas: realizar tus tareas desde el amor y estar seguro de que están en armonía con tu meta fundamental de éxito del paso 1.**

Una vez que has sido desprogramado y reprogramado en lo referente a tus problemas de éxito y has seguido el procedimiento arriba descrito, solo te quedan dos cosas que hacer:

1. Completar tus tareas en armonía con el amor, abierto siempre al cambio, a nuevas direcciones y a gente nueva.
2. Asegurarte de que tus tareas están en armonía con tu meta fundamental de éxito. *Recuerda:* yo nunca he hecho esto perfectamente. Nadie lo hace. Si tengo un día en el que no meto la pata cinco veces, es un día extraordinario. Este Plan de éxito está diseñado para ayudarte a caminar en el amor, pero castigarte a ti mismo no se basa en el amor. Viola el sistema, te causa estrés y socava todo el procedimiento. De modo que ¡no lo hagas!

Prosigue hasta que se produzca ese *resultado* perfecto para ti. Tu verdadero resultado final puede parecerse al deseo que visualizaste, puede no parecerse en nada o puede ser algo intermedio entre estas dos imágenes. Por ejemplo, según avanzas hacia el deseo de montar tu propio negocio, es posible que decidas emprender un servicio de diseño gráfico. Comienzas por algo pequeño, haciendo trabajos por tu cuenta para la organización sin ánimo de lucro en la que eres voluntario y luego, hablando con la gente sobre tu nueva actividad, consigues tu primer proyecto remunerado. Después consigues otro, y otro. Dieciocho meses más tarde, uno de tus primeros clientes, que había quedado muy contento con tu trabajo, te dice que su compañía está buscando un diseñador a tiempo parcial para el departamento de marketing y te invita a solicitar el puesto. Decides enviarles tu curriculum y alguna muestra de tu trabajo. Después de una entrevista, te ofrecen el puesto y, francamente, un puesto de trabajo te resulta mucho más atractivo para ti que la presión del autoempleo. Decides aceptar el empleo.

¿Significa esto que has fracasado en el intento por conseguir tu deseo? ¡No! Porque estabas centrado en vivir en el amor y en el momento presente y fuiste capaz de construir una relación positiva con un cliente, que no solo quedó impresionado por tu trabajo, sino que además notó que serías un elemento positivo en su equipo. Si hubieses estado centrado obsesivamente en emprender tu negocio como meta fundamental, quizá hubieses estado menos atento a ese cliente o simplemente hubieses pensado que la oportunidad laboral no era para ti porque tu meta era emprender tu propio negocio. En lugar de esto, mantuviste en tu mente la meta fundamental de éxito para ti (la paz), así como las razones por las que, en primera instancia, tuviste este deseo de emprender un negocio (para aumentar los ingresos mensuales). La oportunidad de un trabajo asalariado a tiempo parcial acabó convirtiéndose en un éxito igual o incluso mejor para ti, porque supiste desactivar tu respuesta de estrés y porque estabas abierto a cambiar de rumbo.

11. **Cuando comiences a avanzar hacia este deseo, y te sientas preparado, puedes repetir los pasos del 2 al 10 para trabajar sobre otra cuestión de éxito.**

Ten un poco de cuidado aquí. Trabajar sobre múltiples asuntos a la vez puede resultar estresante en sí mismo. Haz siempre aquello que te produzca paz. Pero si te sientes preparado, una vez que hayas establecido el hábito y avances en la dirección de tu deseo de éxito, puedes repetir el proceso y comenzar a trabajar en otra cuestión. Si te encuentras avanzando hacia el éxito en el inicio de un pequeño negocio, puedes volver al paso 1 y comenzar a trabajar, por ejemplo, en tu relación matrimonial. Tengo algunos clientes que han alcanzado diez deseos de éxito y actualmente están trabajando en cinco más, acudiendo con regularidad a mi consulta para revisión.

Por otro lado, además de utilizar el plan de éxito para cuestiones a largo plazo, también puedes usarlo para cuestiones a corto plazo o de mantenimiento. Si sientes estrés, desaliento o ira, o percibes creencias o pensamientos negativos como *¿Por qué me he metido en esto? No sé lo que estoy haciendo. Nunca voy a ser capaz de hacer esto,* simplemente utiliza el mismo procedimiento y las mismas herramientas para esa sensación o creencia en el momento.

Quiero insistir en lo que dije antes: no te empeñes en seguir a la perfección el plan de éxito. Cuando empieces a seguirlo, meterás la pata, tropezarás y de vez en cuando caerás. No te preocupes. La forma de reaccionar en el amor en tales situaciones consiste en perdonarte a ti mismo, volver al camino y reemprenderlo de nuevo. Cuanto más tiempo lleves siguiendo el plan, mejor lo harás. Y cuanto mejor lo hagas, más feliz serás. Cuando hayas aprendido a vivir en el amor el momento presente, no te sorprenda que la gente empiece a decir cosas como «¿Qué está pasando contigo?» o «¿Qué te ha pasado?». En realidad, lo que están pensando es *¡Oh, quiero un poco de* *eso que tú tienes!* Porque eso es lo que realmente todo el mundo quiere: vivir en el amor cada momento de cada hora de cada día. Éxito, felicidad, salud y todo lo demás que queremos emana sin esfuerzo del amor.

Además, en realidad, si piensas en la lógica subyacente a este plan de éxito, si lo *pones en práctica*, es prácticamente imposible que no funcione. Consiste simplemente en hacer lo que está al 100% bajo tu control lo mejor posible y desde el amor. No hay nada externo que tenga que cambiar; todo está en tu interior. Y ahora tienes todas las herramientas para realizar estos cambios internos. Si contemplas objetivamente el plan, ¡no puede fallar! Ahora bien, he visto a algunas personas desistir del plan de éxito, pero no es lo mismo. Creo con todo mi corazón que, si hubieran continuado, habrían alcanzado el éxito.

Creo asimismo con todo mi corazón que el éxito te está esperando también a ti: *tu éxito perfecto*, diferente del éxito de cualquier otro. Puede implicar o no dinero, fama o logros. Pero será el adecuado para ti y lo notarás en tus entrañas cuando des con él. Este éxito no se basa en intentarlo con más fuerza, en la paz mundial, en una economía de mercado boyante, en otras personas o en tu fisiología corporal. No tienen que producirse cambios en huesos, sangre ni tejidos, y el lugar en el que te encuentras ahora mismo es el sitio perfecto para empezar. De hecho, el lugar en el que te encuentras ahora mismo puede ser el lugar desde el que has estado esperando empezar toda tu vida, aunque sea debajo de un puente. Para que alcances tu éxito, nada interno ni externo ha de cambiar físicamente. Ahora cuentas con los principios, el procedimiento y todas las herramientas que necesitas.

Al mismo tiempo, quiero recordarte la paradoja del *Gran principio*: renunciar a la expectativa de resultados externos es la *mejor*, y quizá la *única* manera de obtener los mejores resultados externos para ti. El *Gran principio* representa en verdad la manera en la que puedes tenerlo todo: éxito interno *y* externo, con felicidad, alegría y paz.

Recuerda que, a largo plazo:

¡El amor nunca falla!

¡El miedo nunca alcanza el éxito!

¿Qué eliges?

Los diez pasos del plan de éxito del *Gran principio*

1. **Identifica tu meta fundamental de éxito:** el estado interior, como amor, alegría o paz, que más deseas.

2. **Nombra un deseo de éxito** en el que quieras trabajar y que quieras lograr en la vida, desde la verdad y el amor, y que esté en consonancia con tu meta fundamental de éxito del paso 1.

3. **Visualiza cómo ese deseo de éxito** se cumple realmente.

4. **Enumera las sensaciones o creencias negativas** que genera la visualización de tu deseo de éxito y puntúalas en una escala de 0 a 10.

5. **Utiliza las tres herramientas (medicina energética, declaraciones de reprogramación y pantalla del corazón) para desprogramar los aspectos negativos del paso 4.** Utiliza estas herramientas hasta que tus creencias negativas hayan dejado de molestarte (o les hayas dado una puntuación por debajo de 1 en una escala de 10 puntos).

6. **Cuando todos tus sentimientos negativos hayan desaparecido, utiliza las mismas herramientas para reprogramar un recuerdo de superéxito** relacionado con el deseo positivo de éxito que han visualizado en el paso 3. Utiliza las herramientas hasta que tengas una sensación positiva de «¡Creo que puedo hacerlo!» (o puedas dar a tu sensación positiva una puntuación de 7 o superior en una escala de 10 puntos).

7. **Comienza un periodo de cuarenta días con el objetivo de mantener estas puntuaciones en el mismo nivel,** es decir las convicciones negativas sobre tu deseo por debajo de 1 (es decir, «Han dejado de molestarme») y la sensación positiva acerca de la realización de tu deseo por encima de 7 (es decir, «¡Creo que puedo hacerlo»). Al cabo de cuarenta días, la mayor parte de la gente está totalmente desprogramada y reprogramada en lo referente a su problema de éxito, con sus aspectos negativos por debajo de 1 y la sensación positiva en 7 o por encima, sin haber utilizado las herramientas. Si tus creencias negativas te siguen molestando y/o todavía no te sientes preparado para empezar a trabajar con tu deseo, emprende otro periodo de cuarenta días.

8. **Márcate metas de éxito concretas,** utilizando el *Gran principio.* Se basan en la verdad, el amor, están al 100 por cien bajo tu control y pueden hacerse realidad en el momento presente (una vez que hayas sido reprogramado).

9. **Encuentra o desarrolla un sistema de organización** para que tus metas de éxito concretas se hagan realidad del modo más eficaz para ti.

10. **Camina en la dirección de tu deseo completando tus metas de éxito concretas desde el amor, centrado en el momento presente** (o en los treinta minutos siguientes).

Ama de verdad

Me gustaría volver a la promesa que hice al principio de este libro: yo creo que el Plan de éxito del *Gran principio* es la clave para triunfar en cualquier área de la vida. No es cuestión de plantearse si va a funcionar en tu caso. La única cuestión es *si* vas a ponerlo en práctica. Si lo haces, *funciona*. *Siempre*. Y ahora dispones de todas las herramientas y de las instrucciones completas para vivir la vida más allá de la voluntad y alcanzar la felicidad y el éxito más allá de tus esperanzas y sueños.

Como ya te dije antes, creo que dentro de veinte años contados a partir de ahora, la aplicación del *Gran principio* (o algo similar) será la norma en asesoramiento y terapia, máximo rendimiento en deportes, realización personal, capacitación corporativa y muchas otras áreas. Yo lo he utilizado en todos estos contextos, con fabulosos resultados. Proporciona algo que nuestros actuales paradigmas pasan por alto, pero que es desesperadamente necesario: desprogramar nuestro disco duro para eliminar virus, reprogramarlo para el éxito y después centrarnos en el máximo rendimiento positivo y en el momento presente.

La verdad es que puedo ayudar a las personas, una a una, a encontrar el éxito en la vida, por un periodo de tiempo muy prolongado. Tengo lista de espera de clientes, imparto seminarios *on-line* y realizo *coaching* a distancia. He intentado multiplicarme a mí mismo formando a preparadores que practican el método por todo el mundo y hemos creado la red de este tipo más extensa que existe en el mundo, con clientes en los 50 estados de Estados Unidos y en 158 países (y en aumento). Pero ¿a cuántas personas podría ayudar de esta manera? Sea cual sea el número, no es suficiente.

Necesitamos que millones —*decenas* de millones— de personas en todo el mundo vivan en el amor. El amor es la respuesta a todos los conflictos mundiales, a todas las dificultades en las relaciones étnicas, a todos los problemas económicos y a todos los casos de degradación medioambiental. El amor es la solución más antigua a cualquier problema que podamos tener. Escribí este libro para que cualquiera pudiera tener acceso a esta solución del modo más sencillo y directo posible y que, así, esta forma de compartir no dependería de los esfuerzos de unos pocos elegidos.

De modo que tengo una misión. Mi misión es el *Gran principio* y ayudarte a vivir la vida más allá de la voluntad y de las expectativas, pero también es mucho más. Mi misión es vivir de acuerdo con los principios de la espiritualidad práctica, no religiosa, y ayudar a otros a hacer lo mismo. Es ayudar al individuo a dejar de vivir en el miedo, centrado en el pasado y en el futuro, para vivir en el amor, centrado en el momento presente. Cualquier problema o crisis —enfermedad, relaciones personales, terrorismo, desastre económico— puede atribuirse a alguien que no ha pasado las decisiones a través de dos filtros esenciales, que son los criterios que rigen todo lo que hago, pienso, siento y creo:

1. ¿Se halla esto en armonía con mi meta fundamental de éxito y con el estado interior que «realmente» yo más deseo?
2. ¿Ser halla esto en armonía con vivir en el amor los próximos treinta minutos?

Este filtro de dos puntos es la esencia de la espiritualidad práctica, no religiosa. Determina todas y cada una de mis decisiones. Mi filtro no es considerar si algo me lleva a ganar dinero. No es un logro concreto. El procedimiento de cuarenta días es mi deseo, o lo que espero, y marca la dirección en la que camino. Pero en términos de acciones y metas cotidianas, si la acción no se realiza desde la verdad o desde el amor, si se basa en el miedo o la falsedad, yo no la acometo.

He llamado a esta misión «Amar de verdad». No «amor verdadero», que parece referirse a algo encontrado por casualidad, como una moneda en el suelo. Estoy hablando de un verbo activo, no de un sustantivo. *Amar de verdad* es un sentimiento, una creencia, una experiencia, el compromiso del corazón que va más allá de las palabras, y es la intención consciente de actuar siempre en el interés de todos en la vida, tanto en el mundo físico exterior como a través de tu tecnología del corazón espiritual. Amar de verdad es algo por lo que puedes optar en todo momento, cada día, una vez que te hayas desprogramado y reprogramado, bien con las herramientas bien en virtud de un *ajá* transformacional, para conectarte después con Dios/fuente/amor. Si tú «amas de verdad», el amor te cambiará por dentro, después te cambiará por fuera y finalmente transformará tu hogar, a tu amigos, tu trabajo, tu economía, etc. Si, después de desprogramarte y reprogramarte, amas (como verbo que denota acción) consciente e intencionadamente en el momento presente, el amor (el sustantivo) te llegará procedente de todas partes. Sin embargo, esto no suele ocurrir a la inversa. Si estás tratando de encontrar el amor o esperas que este te caiga del cielo, puede que nunca suceda.

El movimiento «ama de verdad» no juzga, y tiene lugar independientemente de las circunstancias de cada uno o de cómo respondan los demás. Estoy buscando nuevos hermanos y hermanas espirituales a quienes dar la mano, uno a uno, en esta misión. No hermanas y hermanos en sangre, sino en espíritu (que es mucho más poderoso y elevado).

De modo que tengo dos peticiones que hacerte. En primer lugar, aplica el procedimiento a tu propia vida. Recuerda, es casi imposible que no funcione. Ninguna circunstancia externa ni relacionada con sangre, huesos o tejidos tiene que cambiar. Este procedimiento depende solo de lo que hay en tu interior (no físicamente). No quiero decir que no te puedas confundir. Eso forma parte también del procedimiento. Aprender a vivir desde el amor significa perdonarte a ti mismo cuando no avanzas, pero dando marcha atrás e intentándolo de nuevo.

Me gustaría retomar aquí el final del capítulo 1, donde te aconsejaba que empezaras por pedir un *ajá* transformacional. Antes de comenzar con el plan, te animaría una vez más a orar y meditar sobre estos conceptos básicos y a darte a ti mismo la oportunidad de experimentar esta transformación. Según mi experiencia, si rezas y meditas con regularidad y durante el tiempo suficiente (es decir, el tiempo correcto para ti, personalmente), a menudo se produce. Puedes hacerlo al mismo tiempo que utilizas las tres herramientas. Estos dos planteamientos no deben abordarse por separado. Una vez más, no se trata de fuerza de voluntad, sino de permitir que el amor actúe en ti. Y, por supuesto, siempre está el «modo manual», consistente en la aplicación del Plan de éxito del *Gran principio*, que encontrarás en la última página del capítulo 7.

La segunda de mis peticiones es que, una vez que hayas completado el procedimiento y estés de verdad viviendo todos sus efectos positivos, si crees realmente que el *Gran principio* ha sido la llave del éxito de todo aquello por lo que has estado luchando, lo compartas. De hecho, aquí estoy de rodillas, rogándote que lo compartas. Y aún más, te pido que difundas la palabra de vivir de acuerdo con una espiritualidad práctica, no religiosa. Esta es exactamente la razón por la que escribí en primera instancia este libro. No me malinterpretes: no lo digo para vender más libros. Puedes prestar tu libro a alguien o explicar los principios y las herramientas a un amigo mientras os coméis una pizza. Si vives en el amor y tienes un antídoto para los males que afligen a tu familia, a tus amigos y a tus vecinos, no vas a ser capaz de guardártelo para ti solo. ¡Eso es amor!

Si, después de hacer todo esto, te das cuenta de que te gustaría ser parte de la misión «Ama de verdad», te invito a leer a continuación el epílogo. Con todo, no necesitas el epílogo para poner en práctica el *Gran principio*, pues en los capítulos anteriores te has hecho ya con todo lo que necesitas. Pero si has completado la labor de desprogramación y reprogramación y te gustaría tener una visión rápida de lo que realmente significa vivir en el amor de forma práctica a largo plazo, sigue leyendo.

Si deseas compartir conmigo tus experiencias en relación con el *Gran principio*, me encantaría conocerlas.

Visita www.thegreatestprinciple.com.

Mi amor está contigo, ¡continuamente!

Espiritualidad práctica

Imagínate que vas a ver a un amigo y, cuando llegas a la puerta de su casa, te das cuenta de que, en la entrada, hay un coche para chatarra. Tienen un aspecto horrible: la carrocería está toda oxidada, el capó levantado, el motor ha desaparecido y la tapicería no tiene desperdicio. Miras el coche, entornas la mirada y dices: «No habría manera de que ese coche volviera a funcionar». La vez siguiente que vas a ver a tu amigo, el coche ya no está ahí. Un año más tarde, le visitas otra vez y tu amigo tiene un coche nuevo aparcado en la puerta. La pintura roja brillante de la carrocería y los embellecedores cromados relucen, la tapicería de piel es lo último en tapizados para automóviles y cuando tu amigo abre orgulloso el capó descubres un motor nuevo, de marca, de 300 caballos. «¡Hala! ¿Desde cuando lo tienes?», le preguntas a tu amigo. «Ah, es el coche para desguace en el que he estado trabajando», contesta. Te quedas boquiabierto. ¡Qué transformación!

Así es cómo me siento yo cada vez que veo a alguien que ha pasado de vivir en el miedo a vivir en el amor. No tengo palabras para describirlo. Los resultados son literalmente como pasar de la noche al día. El *Gran principio* ofrece exactamente este tipo de restauración total. Proporciona las herramientas que necesitas para suturarte a ti mismo y aplicarte el antiséptico que necesitas para que no sufrir infecciones durante el proceso. Pero, por muy milagroso y transformacional que sea el *Gran principio*, solo es el principio, como solo fue el principio para el coche restaurado. ¿Tú no querrías dejar el coche aparcado en la entrada de casa, ¿verdad? No, claro, querrías conducirlo allá donde fueses. Hay un mundo a tu disposición mucho más allá de lo que imaginas.

Este epílogo me gustaría que sirviera para dejar unas miguitas en el camino que conduce mucho más allá del éxito personal, hasta la cima de la montaña de la vida. Si miras directamente hacia donde conducen las miguitas de pan, verás antes una vieja puerta. Tiene aspecto como de no haber sido abierta en siglos y habrías pasado de largo si las miguitas de pan no te hubieran conducido hasta ahí. Sin embargo, ahora que te has dado cuenta, te sientes extrañamente atraído por ella. Algo figura escrito encima de esta puerta antigua, aunque resulta difícil leerlo. Con un poco de esfuerzo, reconoces las palabras *Espiritualidad práctica*. Entonces descubres un papel ajado y descolorido clavado en la puerta. Con letra emborronada, la primera línea dice: «Los principios de la física espiritual: el camino de la verdad, del amor y de la gracia para todo el que desee entrar».

Este capítulo no incluye todo el contenido del documento clavado en la puerta, pero será suficiente para que decidas si quieres abrir esa puerta y pasar por ella. Durante toda mi vida he rezado, buscado, viajado, estudiado y probado varios principios hasta llegar a este sistema de creencias. Querría invitarte a considerar las siguientes verdades con mente abierta. Si no te resultan afines, no importa: te agradezco que las hayas tomado en consideración. Si tienen sentido para ti, sería para mí un honor tenerte como compañero de viaje.

Por supuesto, si entras, puedes decidir en cualquier momento si prefieres abandonar. Sin embargo, nunca he visto que nadie eligiera esa opción. Lo que suelo escuchar es algo así como «¡No me puedo imaginar viviendo de ninguna otra manera!».

La espiritualidad práctica trata de resultados. Probablemente compraste este libro porque buscabas éxito y felicidad y querías superar el fracaso, los problemas de salud y la infelicidad. Quieres resultados. Entonces, ¿qué visión del mundo, sistema de creencias o paradigma te da lo que deseas y cuál te lleva adonde no quieres ir?

Para responder a esa pregunta, comencemos por lo que puede ser un aspecto sorprendente: el cuerpo humano. Tal y como vimos en el capítulo anterior, no contamos en nuestro organismo con ningún mecanismo para la producción de infelicidad, emociones negativas o enfermedades, solo con mecanismos para producir felicidad y salud. Cuando experimentamos síntomas negativos, físicos o no, siempre son el resultado de un mal funcionamiento de estos mecanismos productores de éxito y salud. De modo que cabe preguntarse qué es lo que hace que nuestro cuerpo funcione mal.

Ahora ya conoces la respuesta a esta pregunta: el miedo. Si no estamos en una auténtica situación de amenaza para la vida, en nuestra mente inconsciente, subconsciente y consciente el miedo provoca siempre un funcionamiento inadecuado (conocido como estrés) que conduce a la oscuridad en las células y en el sistema de energía del organismo, lo cual, con el tiempo, da lugar a enfermedad, fracaso e infelicidad.

Por otro lado, el amor en nuestra mente inconsciente, subconsciente y consciente siempre elimina los efectos del miedo y del estrés, lo cual permite que los sistemas de curación del organismo funcionen del modo en el que han sido diseñados, y la consecuencia es éxito, felicidad y salud. El amor en la mente siempre se manifiesta en forma de luz en las células y los sistemas de energía de nuestro organismo, lo cual da lugar a un funcionamiento correcto y, en consecuencia, a salud, éxito y felicidad, tal y como confirmaba el estudio conocido como The Harvard Grant Study: «La felicidad es amor. Y punto»[1].

---

[1] «75 Years in the Making: Harvard Just Released Its Epic Study on What Men Need to Live a Happy Life», *FEELguide*, 29 de abril de 2013, http://www.feel-

Aquello que es verdad desde el punto de vista físico lo es también desde el punto de vista espiritual. Si tu visión del mundo se basa en el miedo, o en cualquier versión del principio dolor/placer, del principio causa y efecto o de la tercera ley del movimiento de Newton, desembocará en enfermedad, fracaso e infelicidad. No importa durante cuánto tiempo la hayas practicado ni quién la respalde.

En nuestra digresión sobre la espiritualidad práctica, comencemos por el término «espiritual». Creo que existen cuatro puntos que demuestran la existencia de la dimensión espiritual, o amor/fuente/Dios:

1. **La pantalla del corazón y los últimos trabajos de investigación neurológica.** Como ya sabemos, la pantalla del corazón es la fuerza creativa a partir de la cual tiene origen todo lo que vemos. Pues bien, la ciencia no ha sido capaz aún de encontrar ninguna prueba de una pantalla o mecanismo físico para la imaginación. Yo creo que esto se debe a que la pantalla del corazón se encuentra en el reino espiritual. Así fue como el neurocirujano Eben Alexander experimentó su «prueba del cielo» cuando todos sus mecanismos neurológicos habían dejado de funcionar.

Recuerda que, sobre la base de las últimas investigaciones neurológicas, el factor número uno que cura y previene problemas a largo plazo en nuestro cerebro es nuestra conexión con lo espiritual, concretamente a través de la oración y las creencias [2]. La salud de

---

guide.com/2013/04/29/75-years-in-th-making-harvard-just-released-its-epic-study-on-what-men-require-to-live-a-happy-life/. Los datos completos pueden consultarse en George Vaillant, *Triumphs of Experience: The Men of the Harvard Grant Study* (Belknap Press, 2012).

[2] Diane Cameron, «Dose of 'Vitamin G' Can Keep You Healthy», *The Denver Post*, 4 de mayo de 2009, http://www.denverpost.com/search/ci_12281410. Para más información sobre los neurocientíficos Andrew Newberg y Mark Robert

nuestro cerebro determina si nuestro mecanismo de fracaso está encendido o si lo que está encendido es nuestro sistema de éxito. Como dijimos ya en el capítulo 3, la única clase de creencia que realmente funciona a largo plazo es la creencia «de facto», o creer en la verdad. De modo que si creer en una realidad espiritual produce resultados fiables a largo plazo, ¡esta creencia tiene que ser verdad!

2. **La inmensa mayoría de la gente creen en lo espiritual (alrededor del 97%, basándonos en estadísticas), aun sin tener mínimas pruebas empíricas.** Hemos mencionado este punto en el capítulo 3. Galileo fue condenado al ostracismo cuando afirmó que la tierra giraba alrededor del sol en lugar de lo contrario, aunque tenía razón. El doctor Ignaz Philipp Semmelweis fue denostado por el estamento médico de su tiempo porque insistió en que había que lavarse las manos antes de cada operación quirúrgica, al considerarlas portadoras de organismos invisibles llamados gérmenes, viéndose con el tiempo forzado a abandonar el ejercicio de la medicina. Los médicos nos dijeron durante años que los suplementos nutricionales solo servían para producir «orina cara». Sin embargo, en todos estos casos, ahora creemos casi de manera universal lo contrario. ¿Por qué? ¡Ahora podemos ver la evidencia! A lo largo de la historia, la creencia mayoritaria ha sido casi siempre aquello que es claramente observable y empíricamente medible. En este caso cabría esperar que la inmensa mayoría creyera que no existe nada más allá de lo físico, de lo que podemos ver y medir. Pero lo contrario es verdad. No sé si podrías encontrar un grado de acuerdo universal del 97%

Waldman y sobre su libro *How God Changes Your Brain*, véase el capítulo 3. Para consultar la lista de los efectos de la respuesta de fracaso/estrés (regulada por la liberación de cortisol) y de la respuesta de éxito/amor (regulada por la liberación de oxitocina), véanse la introducción y el capítulo 4.

en cualquier otro tema, ¡aunque sea sobre que el cielo es azul! ¿Cómo puede suceder esto? Porque tenemos algo dentro de notros que nos dice que lo espiritual es real. Y esto nos lleva al número 3.

3. **La existencia de amor y gracia.** A las personas a las que amamos de verdad las tratamos de manera natural y automática con gracia. Gracia significa simplemente amor incondicional, aceptación y ofrecimiento de perdón y amabilidad, incluso cuando alguien no se lo merece, y es también la fuerza para hacer lo que no puede hacerse con la voluntad o por naturaleza. A las personas a las que no amamos tendemos a tratarlas de forma innata de acuerdo con el karma o la ley (es decir, a tratarlas exactamente como se merecen de acuerdo con una lista de reglas, o según ese WIIFM —ese «¿Qué hay para mí?» del que hemos hablado). Si dejamos de amar a alguien, tendemos a pasar de la gracia al karma; si empezamos a amar a alguien, tendemos a pasar del karma a la gracia. El amor procede de la gracia y conduce de vuelta a ella. Como comentaremos con más detalle más adelante, la gracia es sobrenatural por definición, porque viola cualquier ley natural del universo físico —tercera ley del movimiento de Newton, estímulo/respuesta, causa/efecto, se recoge lo que se siembra y recibes lo que das. De hecho, la mayor parte del tiempo, el amor desafía la lógica humana básica, como lo hace todo lo sobrenatural. De modo que el amor es la prueba de la gracia y la gracia es la prueba de lo sobrenatural, o espiritual.

4. **La experiencia personal.** Esta última prueba es la que más significado tiene para mí, aunque posiblemente la que menos tenga para ti. Y es que yo la he experimentado. De hecho, la estoy experimentando ahora mismo. Si no crees que no existe prueba más convincente que nuestra propia experiencia personal, intenta decirle a una persona que está perdidamente enamorada de alguien que en

realidad no están enamorados, que simplemente se trata de una anomalía química de sus respectivos cerebros. Después intenta decirles que la otra persona no le corresponde con su amor. Por último, dile que el amor ni tan siquiera existe. Pero haz todo esto con mucho cuidado, pues de lo contrario podría recibir un puñetazo en la nariz. Verás, no pasa nada porque alguien te diga que no le gusta tu coche o porque esté en desacuerdo con el partido político de los Demócratas o porque crea que la gente del nordeste de Estados Unidos es más inteligente que la del sur. Esas opiniones suelen propiciar una conversación animada, con opiniones por ambas partes. La mayoría de las veces estas discusiones incluso terminan amistosamente, con ambas partes de acuerdo o en desacuerdo. Pero cuando alguien siente «algo real» muy dentro de su ser, si tú le dices que eso no es real, entonces ¡son palabras mayores! Nadie puede convencerte de que lo que estás sintiendo no existe, porque tú lo *has* experimentado.

Hablemos ahora del aspecto «práctico» de la espiritualidad práctica. A lo largo de los años he observado cuatro categorías distintas de espiritualidad:

1. **Religiosa.** Las personas religiosas tienden a crear espiritualidad en torno a una serie de reglas y al juicio asociado a la adhesión a esas reglas, en lugar de hacerlo en torno al amor y a la libertad. Su credo es que «se recoge lo que se siembra» y su atención se centra en objetivos externos y expectativas que se alcanzan con la fuerza de voluntad. Otro nombre para ello es *karma*, que es la ley natural del universo. Sobre la base de todo lo aprendido hasta ahora, sabemos que este enfoque se basa en el miedo y no en el amor. En ocasiones los líderes de grupos religiosos tienen puntos en común con los políticos, entre los que imperan el poder, el control y el dinero, aunque no siempre.

2. No espiritual. Las personas que niegan totalmente la existencia de lo espiritual creen solo en las leyes naturales, de manera que su vida se rige por el principio de causa/efecto, o karma, y en consecuencia poseen también una visión del mundo basada en el miedo. Temen llegar al efecto o al resultado que no desean, temen no obtener el efecto que realmente desean.

3. Espiritualidad no práctica. Esta categoría engloba a aquellas personas que hablan de lo espiritual. Es posible que se refieran a sí mismos como «Nueva Era» y, por lo general, siguen la ley de la atracción, conocida también como la ley de los «similares». Puede que se encuentren entre los más cercanos a la espiritualidad verdadera, pero su espiritualidad es poco práctica, porque pocas veces les conduce a los resultados que ellos desean. Hablan de vivir en el amor y sin juzgar (y lo dicen en serio), aunque su credo tiende a ser la ley de la atracción, que no es más que otra denominación del principio causa/efecto, con el juicio inherente basado en esa ley física. El miedo, no el amor, procede de la ley física de causa y efecto. El amor procede de la gracia espiritual y transgrede las leyes causa/efecto. Por otro lado, la ley de la atracción dice que se obtiene lo que se da. Los similares se atraen. Si lo que ofrezco son buenos pensamientos, sentimientos, creencias y actos, obtendré de vuelta también una buena respuesta. Si ofrezco energía positiva, recibiré a cambio cosas positivas. Si lo que ofrezco es energía negativa, obtendré cosas negativas. Sin embargo, generar energía positiva se deja en manos de la fuerza de voluntad, con objeto de asegurar resultados positivos en el futuro. De modo que si tengo un problema, la solución pasa por centrar mi voluntad en una expectativa, lo cual sabemos que no puede dar lugar a amor real ni a un éxito perfecto y duradero. La palabra *manifestarse* es común en la espiritualidad no práctica, en declaraciones del tipo «¡manifiesta algo ahora! ¡Lo que en realidad se manifiesta ahora es el estrés, y un funcionamiento deficiente! Esta visión del mundo tiende a ser miedo disfrazado de amor.

Los tres puntos anteriores se centran en el logro de expectativas futuras mediante la fuerza de voluntad y, lo que es peor aún, tratan de crear una dimensión espiritual (amor, alegría, paz) a través de leyes y mecanismos físicos. Una vez más, los principios de causa y efecto, estímulo/respuesta, «recoges lo que siembras», karma, ley de los «similares» y ley de la atracción se basan en la tercera ley del movimiento de Newton: para cada acción existe una reacción igual y contraria. Una búsqueda rápida *on-line* revela que los médicos especialistas y las enseñanzas convencionales de estos principios dicen todos lo mismo: sabes lo que vas a obtener, en cada momento. Pero, también por definición, estos principios físicos desvían tu cuerpo y tu mente hacia el estrés, que te lleva a un mal funcionamiento, ¿Durante cuánto tiempo vas a funcionar mal? Pues mientras vivas bajo estas leyes, que para la mayor parte de la gente es toda su vida. ¡Simplemente no dan resultado!

4. **Espiritualidad práctica.** Por el contrario, la espiritualidad práctica se basa en el principio del amor. El amor transgrede directamente las leyes físicas universales de la naturaleza y, en particular, la tercera ley de Newton. ¿Por qué? Lo similar no siempre atrae a lo similar. Con amor, nunca se sabe lo que se va a obtener. A veces obtienes amor de vuelta, pero otras muchas veces no. Es siempre una aventura. Piensa en la verdadera naturaleza de las relaciones parentales, del matrimonio y de la amistad. No existen garantías en lo referente a los resultados finales. Ello se debe a que el amor no pertenece al mundo físico, pertenece a la esfera espiritual.

Este «camino menos transitado» incluye a esos pocos que conectan de manera genuina con lo sobrenatural y renuncian al control.

Es decir, abandonan las expectativas externas (aunque no la esperanza) y saben que no pueden vivir en el amor solo con su fuerza de
voluntad. Al renunciar al control y conectar con Dios/fuente/amor,
reciben automáticamente la gracia, la única forma de vivir basada de
verdad en el amor, y la fuerza para producir resultados sobrenaturales
en la vida. Así pueden vivir el momento presente, partiendo de un
estado interior de amor, que produce de forma constante los resultados externos perfectos para ellos. En este grupo se puede incluir a
Gandhi, a Madre Teresa de Calcuta y a muchos otros espíritus pací-
ficos menos famosos. Yo creo que si una persona abierta de mente
es capaz de comprender toda la verdad y desprogramarse y reprogramarse a través de la oración, de un *ajá* transformacional o de herramientas basadas en la energía, elegirá de manera intrínseca este
camino, con o sin ayuda de mi libro.

Creo que en este «camino menos transitado» hay personas por
todo el mundo, en todos los grupos arriba citados y reunidas en
edificios con todo tipo de nombres en su puerta. Espiritualidad
práctica simplemente significa vivir desde un corazón de amor, conectado a la fuente de amor. Quienes siguen la espiritualidad práctica viven según la «ley escrita en sus corazones», sin importar cómo
fueron criados, cuál es su dolor, qué desean pero no tienen o el
nombre del grupo al que pertenecen.

De hecho, es prácticamente imposible decir si alguien vive de
acuerdo con la espiritualidad práctica sobre la base del grupo al que
se le asocia o de las palabras que utiliza. Solo hay una manera de saberlo con seguridad: «aman de verdad» y viven en paz casi todo el
tiempo, sin importar las circunstancias. Existen al menos dos maneras de saber cuándo alguien no está viviendo de acuerdo con la
espiritualidad práctica. La primera es que experimentan emociones
dentro de las categorías de la ansiedad o la ira. Incluso si están constantemente hablando de amor y luz, o sonríen y abrazan con faci-

lidad y dicen «amar a todo el mundo», las personas con una visión del mundo religiosa, no espiritual y no práctica son algo propensas a experimentar ansiedad, ira, irritación o a juzgar (especialmente en relación con gente de otros grupos), así como a tener problemas de salud. Como aprendimos en el capítulo 5, sentir cualquier emoción de la categoría de la ira es una prueba de que tienes una meta de estrés, o una meta basada en el miedo y centrada en una circunstancia externa que se alcanza mediante la fuerza de voluntad. En otras palabras, casi cualquier expresión de ansiedad o ira (con la excepción de la ira «justa») indica que el individuo vive según un sistema basado en la ley de causa y efecto en su corazón espiritual, aunque nunca lo admitirían o no se den cuenta de ello. Por ejemplo, según mi experiencia, a las personas no espirituales no suelen gustarles la gente de los grupos espirituales o religiosos y en ocasiones pueden incluso sentirse superiores a ellos. «*¿Cómo pueden ser tan crédulos?*», piensan. La persona religiosa parece tener miedo o sentir ira hacia las personas de los otros grupos e incluso puede considerarlas el enemigo. Quienes viven de acuerdo con la espiritualidad no práctica aceptan en general a cualquiera, excepto a los religiosos, y a menudo les enfada la mentalidad estrecha. El individuo espiritual no práctico suelen además pensar que vive en la espiritualidad práctica, aunque sienta/piense/crea de acuerdo con el principio de causa y efecto, o la ley basada en el miedo.

Por otro lado, la prueba de la espiritualidad práctica está en experimentar aceptación y amor incondicional casi al 100%, en no juzgar y en sentir, como resultado interno, alegría, paz, salud, felicidad, paciencia y comprensión, al margen de las circunstancias o de si el grupo al que perteneces está o no de acuerdo contigo. Según mi experiencia, las personas que viven en la espiritualidad práctica realmente aman y respetan a la gente de cualquier grupo y religión. Consideran que su labor no es juzgar ni convertir, sino amar, sin ataduras.

La segunda señal que indica que no estás viviendo de acuerdo con la espiritualidad práctica es la falta de perdón. No he visto nunca un problema de salud sin un problema de perdón. Mi colega Ben Johson dice que nunca ha visto un caso de cáncer sin un problema de perdón. La ausencia de perdón se experimenta en la senda del miedo, acción/reacción, causa/efecto y ley. El perdón se experimenta en la senda de la gracia y del amor. Por «perdón» quiero decir perdonarse a uno mismo, perdonar a los demás, perdonar a *cualquiera*, sin exigir que paguen por sus errores. Sabrás cuándo has perdonado realmente a alguien si lo aceptas al 100%, incondicionalmente, como persona, sin que tenga que «hacer lo correcto».

La mayoría de las personas que tienen problemas para perdonar, o simplemente se niegan a hacerlo, viven según una ley, no según la gracia, y es posible que tiendan a aplicar esta norma también a ellos mismos. Viven en un infierno en la tierra, porque nadie puede «hacerlo todo bien»: todos tropezamos en el camino. De acuerdo con la ley de causa y efecto, «hacer las cosas mal» significa obtener los resultados que no deseábamos o que temíamos.

En este sentido, la aceptación al 100% de la persona no significa aceptar su comportamiento. Puedes aceptar a la persona sin aceptar su comportamiento. El comportamiento no define a esa persona, del mismo modo que tu comportamiento no te define a ti. Si juzgáramos de acuerdo con nuestro comportamiento, todos estaríamos condenados.

La espiritualidad práctica, o vivir el momento presente en el amor, no se considera basada en la fuerza de voluntad, o al menos no en mayor medida que la fuerza de voluntad que se requiere para lavarse los dientes. Una forma importante de reducir el grado de fuerza de voluntad necesario para amar es, por supuesto, desprogramar el estado interior de miedo y reprogramar un estado de amor interior, de manera que el amor se convierta en tu estado por defecto y lo sientas casi sin esfuerzo. Pero existe otra forma muy importante y es la que consiste en conectar intencionadamente con la fuente misma de amor.

Como ya hemos visto anteriormente en el libro, todo problema se reduce a una cuestión de relaciones, incluida nuestra relación con Dios/fuente/amor. No estoy aquí para definirte esa relación, pero creo que es la razón por la cual todas las civilizaciones a lo largo de la historia han creído en algo más allá, incluso si no era lógico para la mente humana. Por naturaleza sabemos que necesitamos y queremos amor más que ninguna otra cosa, lo supimos mucho antes de que tuviéramos pruebas científicas que relacionaban el amor con la felicidad y el éxito. Del mismo modo, sabemos también por naturaleza que existe un Dios o una realidad espiritual, aunque no tenga sentido lógico (si nos atenemos a lo que podemos ver y medir en la naturaleza). Creemos en una realidad espiritual y en el amor porque tenemos un mecanismo interior que busca la dimensión Dios/fuente/amor, que es el origen del amor y es aquello para lo que estamos programados internamente y que más necesitamos. En otras palabras, necesitamos estar conectados a la pantalla del corazón de Dios/fuente/amor, es decir, a nuestro «servidor».

Prácticamente cualquier cosa existente puede clasificarse según su *frecuencia* (energía) y *amplitud* (fuerza). La frecuencia es la cosa específica, y la amplitud es la cantidad que existe de esa cosa, o cuánta fuerza tiene. De modo que para vivir en la verdad y en el amor, necesitas una frecuencia de gracia/amor/verdad con amplitud suficiente para eliminar la programación de miedo/falsedad. Para elegir amor, simplemente tienes que conectarte a la fuente de amor. Si piensas que *tú* eres la fuente de gracia y amor, de manera que no necesitas «conectarte» a la fuente, te pediría que hicieras lo siguiente. Ejerce tu fuerza y haz que las cosas que deseas en la vida ocurran ahora y que las cosas que no deseas sean eliminadas ahora. La investigación clínica en este campo indica que las personas que creen esto e intentan hacerlo, alcanzan el éxito aproximadamente una vez entre un millón. Mi posición es que si realmente fueses «la fuente» y fueses «la fuerza», el porcentaje sería considerablemente más alto, es decir, sucedería lo que tú quieres un 97% de las veces (el porcentaje de veces que yo diría que tiene éxito el *Gran principio*). El amor acaba con el miedo y la luz acaba con la oscuridad, pero tiene que haber amor y luz suficientes para la cantidad de miedo y oscuridad. Una linterna de bolsillo no alumbrará un estadio, pero las luces del estadio sí lo harán.

Yo me he dado cuenta de que no tengo fuerza suficiente para eliminar o superar mi programación interna de miedo/falsedad, dolor/placer. Sin embargo, también he descubierto que la dimensión amor/fuente/Dios está en todas partes y en todo. Y amor/fuente/ Dios tiene frecuencia específica y amplitud más que suficientes para eliminar mi programación miedo/falsedad y permitirme vivir en la luz y el amor. Dado que amor/fuente/Dios es todo y está en todo, puedo conectar con este servidor espiritual vía Wi-Fi en cualquier momento y en cualquier lugar y permanecer conectado exactamente a lo que necesito.

Todos estamos diseñados para vivir en amor, alegría y paz. Después de todo, si no fuera así, nuestros mecanismos empezarían a fallar. Se supone que la respuesta de miedo solo se dispara cuando nos encontramos en situación de peligro inminente; después se desactiva inmediatamente cuando el peligro ha pasado. Estamos preprogramados con nuestra propia radiobaliza espiritual incorporada (lo que alguno denominan conciencia y yo llamo brújula del amor). Sin embargo, a menos que sigamos activamente esta radiobaliza, busquemos la fuente de amor y nos conectemos a ella, no tendremos frecuencia y amplitud de amor/luz suficientes y adoptaremos por defecto el pensamiento, las creencias, las acciones y la fisiología miedo/oscuridad y causa/efecto.

La espiritualidad práctica vive el momento presente en el amor real y la verdad, al margen de las circunstancias o del comportamiento de otros, conectada interiormente a la fuente de amor, y recibiendo constantemente la gracia. Por el contrario, la espiritualidad no práctica busca «ganar y producir» amor a través de la ley causa/efecto de la atracción. El que vive en la espiritualidad no práctica intenta conseguir amor haciendo lo correcto, o ganándoselo. El religioso también intenta «conseguir» amor mediante el principio «recoges lo que siembras» (es decir, karma o ley): tiene que «ser lo suficientemente bueno». Ninguna de estas visiones están en consonancia con la naturaleza del amor real (*agape*, no *eros*). El amor real, el *agape*, es «libre» y no se puede ganar, ni perder. No tiene nada que ver con lo bueno o lo malo que seas.

No me malinterpretes, la ley de causa y efecto (o karma, o tercera ley del movimiento de Newton) es absolutamente real, actúa todos los días, durante todo el día, en el mundo físico, del mismo modo que la gravedad. Es una ley natural que existe ahora y desde el principio de los tiempos. Pero en mi opinión, la gracia es sencillamente una ley superior. De hecho, es exactamente lo contrario de los principios de acción/reacción, estímulo/respuesta y «se recoge lo que se siembra». Significa recibir el bien de Dios/fuente/amor, independientemente de lo que uno merezca. La gracia es la única elección que el amor haría como objeto de su amor: perdón, indulgencia, la oportunidad para comenzar de nuevo en una pizarra limpia y volver a intentarlo. Para que recibamos la gracia es necesario que *dejemos de* vivir centrados en el mundo físico y material y de perseguir resultados con la fuerza de voluntad. Recibir la gracia requiere conectarse a la dimensión fuente/amor/Dios y ceder el control a la creencia/esperanza/fe/verdad, en lugar de tratar de ser tu propia fuente (lo cual te limita al poder de tu fuerza de voluntad). La gracia sustituye el paradigma natural causa/efecto y está gobernada en armonía por el amor espiritual.

En una entrevista reciente, Bono, el cantante de U2, comentaba esta misma cuestión. Soy un fan del grupo desde hace años, de modo que leí entusiasmado su opinión. Decía que, planteada la elección, él no quería obtener lo que merecía en función del karma o de la ley de la atracción. Quería obtener lo que no merecía: gracia. He aquí lo que dijo al respecto:

> Es un concepto que da que pensar, el de que el Dios que creó el universo pudiera estar buscando compañía, una relación real con la gente, pero lo que realmente me desarma es la diferencia entre gracia y karma... Yo de verdad creo que nos hemos trasladado de la esfera del karma a la de la gracia... Verás, en el centro de todas las religiones se encuentra la idea del karma. Ya sabes, aquello que das vuelve a ti: ojo por ojo, diente por diente. O en la física. Según las leyes de la física a cada acción se opone otra equivalente y contraria. Para mí está claro que el karma está en el centro del universo. Estoy absolutamente seguro de ello. Pero llega al mismo tiempo esta idea llamada gracia para echar por tierra todo eso de «para recoger tienes que sembrar». La gracia desafía la razón y la lógica. El amor interrumpe, si lo prefieres, las consecuencias de tus acciones, lo cual en mi caso es una buena noticia, de hecho, porque yo he cometido un montón de estupideces... Tendría un gran problema si finalmente el karma fuese a juzgarme. Me hundiría en la m... Esto no es una excusa para mis errores, pero espero la gracia [3].

La gracia es una paradoja, como lo es el éxito. Debes renunciar a desear y debes luchar por lo que quieres con el fin de recibirlo. El karma se halla en armonía con el modo en el que funciona todo en el universo físico; es correcto de acuerdo con la lógica y la razón,

---

[3] Michka Assayas, *Bono: In Conversation with Michka Assayas* (Riverhead, 2005), 204-205.

nuestro sistema legal, nuestra idea de equidad y justicia. La gracia —el recibir no solo lo bueno sino lo mejor en absoluto, sin importar lo que hagas— violaría todas las leyes físicas y lógicas. Simplemente no tiene sentido y para la mayor parte de la gente parece imposible de explicar. ¡No es natural! De existir, la gracia estaría fuera del funcionamiento natural del universo. Tendría que ser *sobrenatural*. En otras palabras, tendría que ser un milagro.

¡Bingo! Es así exactamente. La gracia es un milagro, del mismo modo que el amor es un milagro. Es sobrenatural y es la evidencia de lo espiritual. Piensa en ello: ¿por qué aplicando la lógica optarías por no hacer muchas de las cosas que el amor nos lleva a hacer? En el caso del matrimonio y de tener hijos, por ejemplo, el amor nos ocasiona un dolor que de otro modo no sentiríamos, nos supone cientos de miles de dólares y nos priva de la libertad para hacer lo que queremos hacer cuando queremos hacerlo. La elección del amor se regiría por una razón que es ilógica, no de acuerdo con las leyes naturales. Pero existe una explicación: tenemos un conocimiento interno, inherente a cada uno de nosotros, que va más allá de las palabras y que es lo único capaz de darnos lo que queremos y más necesitamos en lo más profundo de nuestro ser.

De modo que esta vida es algo así como una prueba. ¿Seguirás las leyes naturales, o las leyes espirituales? ¿Elegirás amor o miedo? ¿Vivirás de acuerdo con acción/reacción o según la gracia? La elección es nuestra, con cientos de oportunidades distintas para elegir cada día. Nunca lo haremos a la perfección, pero podemos avanzar por la senda correcta.

La comprensión de la naturaleza espiritual y práctica del amor y del miedo cambia completamente nuestro concepto de libertad y esclavitud. Si vivo y actúo totalmente desde el amor y la luz, puedo hacer cualquier cosa que quiera, y la haré bien. Si vivo en el miedo y la oscuridad, cualquier cosa que haga (desde el miedo y la oscuridad) probablemente estará mal. Cualquier cosa que no se haga desde el amor lleva a resultados perversos, nunca a los resultados que «realmente» quieres. Cualquier cosa que se haga desde el amor lleva, con el tiempo, a los resultados perfectos, incluso si son resultados que nunca hubieses imaginado. De hecho, esa es la única manera en la que se pueden obtener los resultados perfectos en la vida.

Pero cuando eliges una visión del mundo basada en el miedo, o en la ley de causa y efecto, estás eligiendo la esclavitud, porque estás escogiendo tener que ser un perfeccionista virtual para tener alguna esperanza de obtener resultados máximos mediante ese sistema. Y, lo que es peor, tienes que ser un perfeccionista con éxito, y cualquier psicólogo o terapeuta te dirá que existen pocas cosas interiormente más dañinas que el perfeccionismo, debido al estrés masivo que provoca. ¿Por qué? No solo vives centrado en la creación de circunstancias externas mediante tu fuerza de voluntad (que ya sabemos que conduce al fracaso), sino que tienes que hacerlo todo a la perfección, o el resultado ¡no estará bien para ti!. El próximo traspiés puede llevarte al fracaso, o causarte cáncer. ¡Por no hablar del estrés! Tenemos miles de millones de personas estupendas y bien intencionadas que han caído sin saberlo «víctimas» de una de las más viejas leyes del universo y que ahora viven inocentemente esclavas del miedo. Yo creo que esto ha sucedido en gran medida porque personas como yo empezaron un día a estar hartas de una religión basada en el miedo, de modo que lo tiraron todo por la borda y se lanzaron a la búsqueda de un camino mejor. Sin embargo, su nuevo paradigma acabó siendo otro principio de causa y efecto, solo que con en otro envase y pintado de otro color. Y ese paradigma sigue manteniendo a la gente esclava de los resultados finales sobre la base de la voluntad, lo que a la larga acaba en fracaso, de forma similar a lo que hacía la religión basada en el miedo de la que estaban decididas a alejarse.

El amor verdadero y la gracia nos liberan de los resultados finales. Cuando vivimos de acuerdo con el *Gran principio*, nos centramos interiormente en el amor y en el momento presente, no en los resultados finales. No tenemos que hacer nada a la perfección; ni tan siquiera tenemos que hacerlo bien. Tenemos un número ilimitado de cartas de «sal de la cárcel», porque el amor perdona cada error, cada fallo, cada elección del miedo por encima del amor, *incluso cuando es intencionadamente y sabemos que podríamos haberlo hecho mejor*. Y los resultados finales que se producen no dependen de mi fuerza de voluntad, sino de la fuerza sobrenatural que puede producir el resultado perfecto, más allá de mis capacidades. De modo que no tengo que preocuparme ni que estar enfadado. Puedo relajarme y confiar en que todo resultará bien para mi al final. Eso es verdadera libertad.

¡Espero y rezo para que consideres la opción de vivir de acuerdo con la gracia, el amor y la espiritualidad práctica! Yo nunca volví, ni volvería, a la ley ni al karma.

Desde hace unos años, se está produciendo un cambio fundamental en todo el mundo. Lo he estado observando con entusiasmo durante los últimos veinte años. En realidad, lleva siglos produciéndose. Sin embargo, ahora parece estar acelerándose, precipitándose a toda carrera hacia un final inevitable. Me referiré a este cambio fundamental como una polarización de luz y oscuridad. La oscuridad del mundo está volviéndose más densa y se está propagando. Pero también la luz. El miedo está creciendo a pasos agigantados, reclutando a decenas de miles de nuevos conversos cada mes, pero el amor está haciendo lo mismo. La falsedad y la crítica han pasado a modo de ataque más que nunca en la historia, al igual que la verdad y la aceptación sin crítica. Tal vez tú estés más de un lado de la polaridad que del otro. Yo veo que la política, la religión, la economía, la raza, el color de piel y la nacionalidad son algunos de los principales aspectos responsables de la oscuridad, y también su refugio.

Si crees en el amor y en la aceptación, no puedes juzgar a otro por elegir el miedo y el rechazo. Si lo haces, significa que eres culpable precisamente de lo que acusas a los demás. El acto de juzgar está *siempre* vinculado a la comparación. Y la comparación se basa casi siempre en cuestiones de inseguridad o insignificancia. En función de nuestra inseguridad e insignificancia, nos comparamos con otros y sentimos superioridad o inferioridad. Esto da lugar a preocupación en relación con los resultados que necesitamos para estar bien y nos lleva a tratar de manipular acontecimientos y personas para generar esos resultados. Todas estas acciones se basan en el deseo, no en la paz y, recuerda, desear algo se basa casi siempre en el miedo.

Si la experiencia de nuestro corazón es segura, no tenemos necesidad de comparar para quedar por encima de nadie, ni necesitamos dar una determinada imagen ni manipular nada para conseguir un determinado resultado final. Y en algunos casos, la comparación puede ser de ayuda.

En general, no podemos descansar, o sentir paz, porque nos sentimos insignificantes e inseguros; en lo más profundo de nosotros mismos no nos encontramos «bien», nos falta algo. De modo que sentimos que debemos seguir intentándolo *exteriormente* para sentirnos bien *interiormente*, que es la esencia de vivir en la necesidad. Pero si estamos bien interiormente (es decir, nos sentimos importantes y seguros), podemos vivir en paz si importar las circunstancias externas, incluso si no son la que hubiésemos preferido. Lo único que puede hacernos sentir bien interiormente es que nos desprogramemos del miedo y nos reprogramemos, nos conectemos a Dios/fuente/amor y elijamos el camino del amor y de la luz en el momento presente y de manera continua.

Según mi experiencia, solo en torno al 1% ciento de la gente escoge el camino del amor y de la luz, mientras que el otro 99% elige el camino del miedo y la oscuridad, a menudo de forma inconsciente. ¿Cómo puedes saber qué camino has elegido? Una vez más, sabrás que has elegido el camino de ese 1% si experimentas paz y alegría, amor y aceptación hacia todos, independientemente de las circunstancias o del comportamiento de los demás (recuerda, puedes aceptar de manera incondicional a los demás y, al mismo tiempo, no aceptar su comportamiento y no pasar tiempo con ellos, si hacerlo no es sano). Tu legado será el bando que hayas elegido, no en el pasado, sino a partir de este momento.

¿Cómo podemos saber qué bando vencerá? Dicho de otro modo, ¿qué opción da los mejores resultados? Gandhi ya nos dijo: «El camino de la verdad y del amor siempre ha vencido» y, al final, también ganará esta batalla que se está librando ahora. De modo que, si no perdonas, tu aceptación es inferior al 100% o juzgas, querrá decir que has elegido vivir bajo la ley, que eres el culpable y que estás en el bando perdedor, incluso si estás haciendo lo que haces en nombre «de la luz y del amor».

Así pues, si estás de acuerdo con estos principios de la espiritualidad práctica y decides vivir verdaderamente en amor/luz/gracia, ¿qué es lo siguiente que debes hacer? Pues bien, el primer paso es el *Gran principio*. Necesitas tener un *ajá* transformacional, o desprogramarte y reprogramarte, para ser capaz de vivir en el amor, y después comenzar a vivir en el amor el momento presente, conectado interiormente a la dimensión amor/fuente/Dios de manera continua.

Pero incluso si ya has decidido vivir en el amor el momento presente y te sientes capaz de hacerlo, conectado a la fuente, la elección entre el camino del amor y el camino del miedo no siempre es una tarea fácil. Todos los días se presentarán cientos de situaciones y opciones diferentes en las que la distinción entre el camino del amor y el del miedo puede no estar absolutamente clara.

Lo sé por experiencia. De hecho, durante los últimos veinticinco años, he estado documentándome y buscando soluciones para cientos de episodios prácticos de este tipo que ocurren a diario, y lo he hecho por amor a mis dos hijos, Harry y George. Sabía que algún día serían adultos y quería que si, por alguna razón, yo no estaba por aquí para entonces, tuvieran un manual de instrucciones escrito por mí sobre cómo vivir este tipo de espiritualidad práctica en sus vidas. Yo las llamo las Leyes espirituales de la naturaleza.

Pero este es un tema para debatir en otro momento. Por ahora, pido en oración amor, luz y éxito para ti, todos los días y en todos los ámbitos.

Otros recursos

Accede al test *on-line* Buscador de problemas de éxito (*Success Issues Finder*) y a otros recursos útiles para la aplicación del *Gran principio* en www.thegreatestprinciple.com. Podrás conocer otros medios desarrollados por el doctor Alex Loyd, como:

- Los **Códigos de curación** *(Healing Codes)*, que en buena medida salvaron la vida de Hope, la esposa de Alex, aquejada de una grave depresión clínica, y que están orientados a sanar el origen de problemas de salud. También puedes aprender a usar estos códigos en el libro del autor *El código de curación*, escrito en colaboración con el doctor Ben Johnson.
- El programa de **Códigos del éxito** (*Success Codes*) sigue los mismos principios que se exponen en *El principio*, aunque desde un punto de vista y con procedimientos de aplicación radicalmente distintos. Ofrece otra técnica de medicina energética muy potente para abordar los problemas subyacentes que nos impiden alcanzar el éxito y que se describen en este libro.
- La llamada **Llave maestra** *(Master Key)* sigue también los principios planteados en este libro y propone intervenciones diferenciadas para espíritu, mente y cuerpo, en formato de pulsación de botones: colócate los cascos y pulsa *play*. La Llave maestra encaja a la perfección con *El principio*. Requiere apenas 10 minutos al día y puedes aplicarla al mismo tiempo que el *Gran principio*.

Nota

Con la información que se recoge en este libro, la mayor parte de las personas no necesitan ninguna otra herramienta o procedimiento. Sin embargo, si te sientes bloqueado o deseas obtener resultados más rápidamente, puedes hacer uso de estos otros recursos. El Plan de éxito del *Gran principio* constituye, ciertamente, un recurso plenamente dotado de aplicación práctica, en tanto que los otros programas aquí citados son medios especializados complementarios.

Sobre el autor

Alexander Loyd tiene sendos doctorados en Psicología y Medicina Natural. Ha llegado a constituir una de las mayores consultas del mundo en este ámbito, habiendo comenzado desde cero, con escasa financiación y sin publicidad. En su momento consideró que, para resolver realmente los problemas generadores de síntomas en la vida, era necesario abordar y curar los problemas espirituales subyacentes y, a partir de 1988, desarrolló un completo programa para ello.

El doctor Loyd ha sido entrevistado en directo en las principales cadenas de televisión de Estados Unidos —ABC, NBC, CBS, Fox o PBS— en su calidad de experto en la curación del origen que subyace a los problemas referentes al éxito, a las relaciones personales y a la salud.

Su primer libro, *El código de curación*, es un *best seller* internacional publicado en más de veinticinco idiomas.